Олександр Іщенко
Олександра Полівана
Лада Меркулова
Олександра Пахуріна

МОНСТР:
Лезо Темряви

Науково-фантастичний роман

Кишинів
2016

ISBN 978-3-9504217-1-2
serendii publishing, Siegendorf
DREAMICON VALLEY

(serendii)

© ОЛЕКСАНДР ІЩЕНКО
ОЛЕКСАНДРА ПОЛІВАНА
ЛАДА МЕРКУЛОВА
ОЛЕКСАНДРА ПАХУРІНА

© Монстр. Лезо Темряви.

Текст та оформлення Олександр Іщенко.
Переклад Олександра Полівана та Лада Меркулова.
Редакція Олександра Пахуріна.
Ілюстрації Керт Вільяло та Олександр Іщенко.
Ілюстрація на обкладинці Катерини Старостенко.

Олександр Іщенко, Олександра Полівана, Лада Меркулова, Олександра Пахуріна.
Монстр. Лезо Темряви. Науково-фантастичний роман. 2000 – 2016 р. – Кишинів, 2016.

Загадковий острів, жахливе чудовисько, заклик на допомогу, герої-американці… Здавалося б, це початок стандартного, нічим не примітного, пригодницького твору. Однак, заглиблюючись в сюжет науково-фантастичного роману «Монстр. Лезо Темряви», читач все більше розуміє, що кожну наступну подію, як і фінал, передбачити неможливо. Автор видає істину по крихтам, надаючи змогу читачеві самому поступово нанизувати її на нитку оповідання.

Роман унікальний не лише своїм сюжетом, але й переплетінням різноманітних жанрів. Це екзотична страва зі смаком фантастичних пригод з реальними науковими фактами та роздумами, приправлена ніжною романтичною історією та підсолоджена щіпкою гумору та іронії. І насолодження цією стравою буде супроводжуватись філософськими дискусіями автора про взаємовідносини Природи та Людини як в сучасному світі, так і в недалекому майбутньому.

Для більш детальної інформації про роман та всю трилогію «Монстр» відвідайте веб-сторінку: www.themonster.info.

Вдячність.

Кожна частинка в природі, лист, краплина, кристал, момент часу – все пов'язане в єдине ціле і бере участь в його досконалості.

Ральф Уолдо Емерсон

Дорогий читачу,

Ви тримаєте в руках книгу, створення і публікація якої стали можливими завдяки дружній підтримці багатьох моїх друзів, близьких та просто чудових людей. Кожний з них зробив свій особливий внесок для реалізації цього роману: один допоміг в редакції тексту твору, другий надав консультації у сфері екології та медицини, третій яскраво проілюстрував, четвертий надав фінансову підтримку і так далі. Таким чином, видання цього роману стало свого роду літературним експериментом, під час якого я намагався знайти відповідь на питання:

Чи можливо створити та опублікувати літературний твір без достатніх коштів і часу, але з підтримкою численних знайомих і незнайомих людей?

Можливо, тому що зараз Ви тримаєте цю книгу в руках. Експеримент був вдалим!

І за це дозвольте висловити велику подяку всім чудовим людям, які сприяли здійсненню цієї літературної мрії та експерименту:

Вірі та Віктору Іщенко, Віоліні Миколаївні Міхалівській, Єкатерині Старостенко, Керт Вільяло (Kärt Viljalo),Ериці Рудергард (Erika Rydergard), Барбарі Джу (Barbara Jue), Олександрі Поліваній, Ладі Меркуловій, Олександрі Пахуріній, Любомиру Полярушу (Liubomyr Poliarush), Андреі Ротару (Andreea Rotaru), Сзіларду Буксу (Szilárd Bücs), Сергію Матею, Аліні Русу, Міхаю Стіпанову, Вольфгангу Стрікеру (Wolfgang Stricker), Тоомасу Трапідо (Toomas Trapido), Харальду Каценшлегеру (Harald Katzenschlaeger), Раулю Качора (Raul Caciora), Анні Войгт (Anne Voigt), Олені Скутару, Евеліні Зубрікайте (Evelina Zubrickaite), Майклу Ваттсу (Michael Watts), Тетяні Шевченко, Еріку Фолею (Eric Foley), Навеєну Нісшалу (Naveen Nishchal), Єві-Вероніці Ренберг (Eva-Veronika Rønberg), Крістіїні Керге (Kristiina Kerge), Каді Кенк (Kadi Kenk), Міхаілу Шалвіру.

НИЗЬКИЙ УКЛІН І ВЕЛИКА ВДЯЧНІСТЬ ВСІМ ВАМ, ЧУДОВІ ЛЮДИ!

Висловлюю вдячність Олександру Іщенку за допомогу в організації моїх спогадів в книгу, її редакцію, переклад та публікацію... і в цілому за те, що почув мій голос.

Джессі Сірок

Слово автора.

… Все в цьому світі, як і сам світ, прагне до рівноваги та гармонії. Електрон тяжіє до протону, чоловіча стать до жіночої, світло змінює темряву, життя врівноважується смертю і навпаки. Так і зло з одного боку терезів неодмінно призведе до появи добра на іншій. Людина – на одному, тварина – на іншому.

Та для цього спочатку необхідна противага …

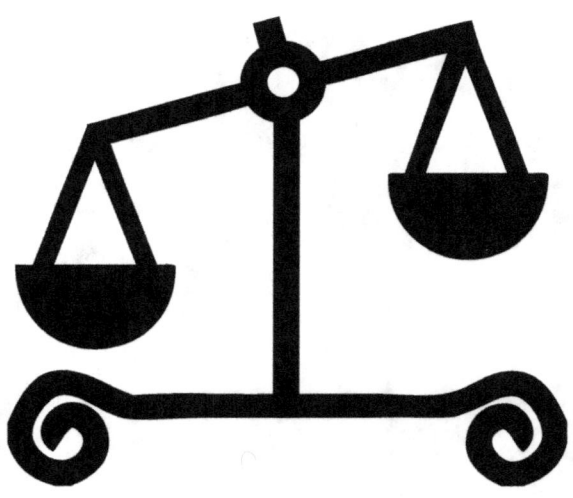

Вступ.

Мене звати Джессі, Джессі Сірок.

Я зоолог-дослідник, працюю в міжнародному Дослідницькому центрі біологічних наук у США. Окрім цього, я беру активну учать у діяльності глобальної екологічної організації та її різноманітних проектах по збереженню біорозмаїття на нашій прекрасній планеті. Роботи у нас, звісно, неймовірно багато, як і проблем з чиновниками-бюрократами, політиками та масштабними корпораціями, яким так і кортить прибрати до рук усі природні ресурси Землі, поки їх не випередили конкуренти.

Та я не шкодую про свій вибір, хоча в зараз зоологи та екологи не у великій пошані. Адже саме завдяки своїй професії, інтересу в цих сферах та одному доленосному рішенню, у мене з'явилось багато друзів-однодумців та я одружилась з найкращим чоловіком у світі! Спочатку він мені не сподобався, навіть, викликав певну неприязнь. Та під час наших пригод я, нарешті, побачила всю його красу та ніжні почуття до мене. І тепер ми насолоджуємось сімейним життям у його розкішному маєтку та разом працюємо на користь науки та природи.

Розповідаючи про пригоди, а їх у нас було достатньо: полювання на таємниче чудовисько у нетрях тропічного лісу на загубленому серед океану самотньому острові, зустріч з ним обличчям до обличчя... точніше, до морди, розслідування зникнень та загибелі місцевих жителів, прогулянка у мороці печери, повної загадкових малюнків та написів, битва з механічними пушками та бойовими роботами, штурм будівлі міжнародної корпорації та багато чого іншого. Про все це я розкажу в наступній історії.

Однак, перш ніж почати, я хочу ще додати, що завдяки всім цим пригодам я познайомилась з найбільш незвичайним, дивовижним та кмітливим створінням з усіх, яких я зустрічала протягом своєї кар'єри зоолога. Зараз воно живе у нас в Дослідницькому центрі та насолоджується нашою турботою та увагою. Судячи з неймовірних характеристик та здібностей нашого унікального вихованця, він здатен вразити сучасну науку багатьма цікавими та корисними фактами... і, завдяки цьому, істотно вплинути на розвиток людства. Та про все по черзі.

Отже, ось моя історія...

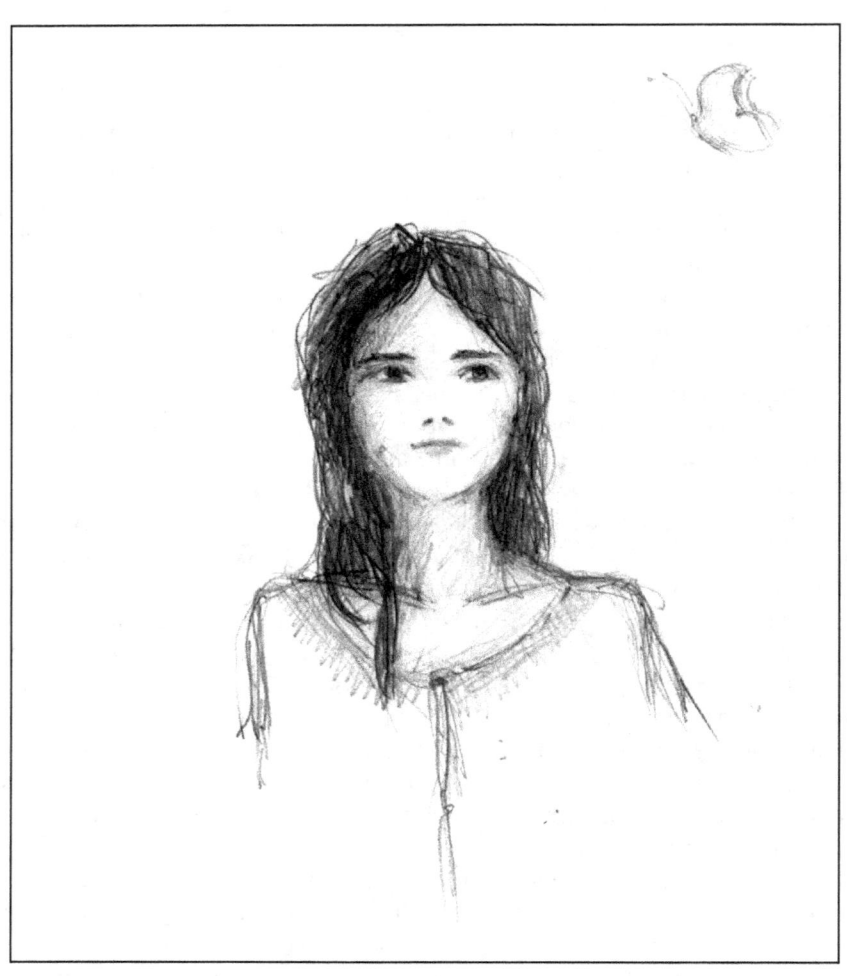

Джессі Сірок. Ілюстрація Керт Вільяло.

Розділ І.
Зустріч серед дерев.

Джунглі. Як зараз пам'ятаю безкрайні простори зеленого килима з верхівок дерев, ліан та орхідей, що відкрились переді мною. Неймовірне видовище!

Ми летіли над цим килимом на гелікоптері, що нам надала "Genetical Enjoyment Company (GEC)"[1]. Нас запросив директор цієї компанії для проведення розслідування. Схоже, від них втекла якась піддослідна тварина, і тепер вона потроху поїдає співробітників компанії. І ми летіли в головну лабораторію GEC на острові С*** на зустріч з її головою. Я говорю ми, оскільки зі мною в команді летів Джек Андер, професійний мисливець. Тоді я ще не знала його, і на перший погляд цей вбивця тварин здавався мені огидним та грубим.

Величезного зросту з кремезним тілом, ця гора м'язів з волохатою груддю та пахвами була втіленням рішучості та впертості. Його обличчя було засіяне хитромудрим рельєфом рубців та укусів, очі чорними впадинами виблискували з-під нависших густих бров, коротке чорне волосся було нашвидкуруч зачесане та очевидно давно потребували гелю для волосся, а нижня щелепа була обрамлена жорсткою щетиною, яка вже кілька днів не бачила бритви. Поміж пожовтілих зубів постійно стирчала м'ята цигарка, що окутувала його голову сірим димом.

Одягнений він був у злегка пом'яту майку кольору хакі та коричневі штани. На поясі у Джека справа висіло вражаючого вигляду мачете[2], а зліва – пістолет в кобурі. Через плече був перекинутий шкіряний пасок, що утримував крупнокаліберний автомат. Якщо коротко, він був озброєний та небезпечний.

На довершення всього, Джек весь час набридав мені своїми плоскими жартами та невдалими каламбурами. «Ну що, красуне, - казав він, - вб'ємо ми сьогодні звіра і зробимо тобі гарну шубку… а з кишок – спідницю з бахромою». Й заливався оглушливим реготом.

Нарешті джунглі порідшали і нам відкрилася простора галявина. В самому її центрі стояла будівля лабораторії GEC, напічкана різними антенами та локаторами, а поруч від неї розташовувалось місцеве село, що складалась з 10-12 дерев'яних та солом'яних хатинок.

---

[1] "Genetical Enjoyment Company (GEC) / Дженетікал Енджоймент Компані (Джей-Ей-Сі)" –англ. – «Компанія генетичних насолод». *Тут і далі примітки автора.*

[2] Мачете (ісп. "machete") – довгий (зазвичай понад 50 см), тонкий (до 3 мм) та широкий ніж (тесак). Використовується як сільськогосподарське приладдя для розчистки дороги в джунглях, а також як бойова зброя.

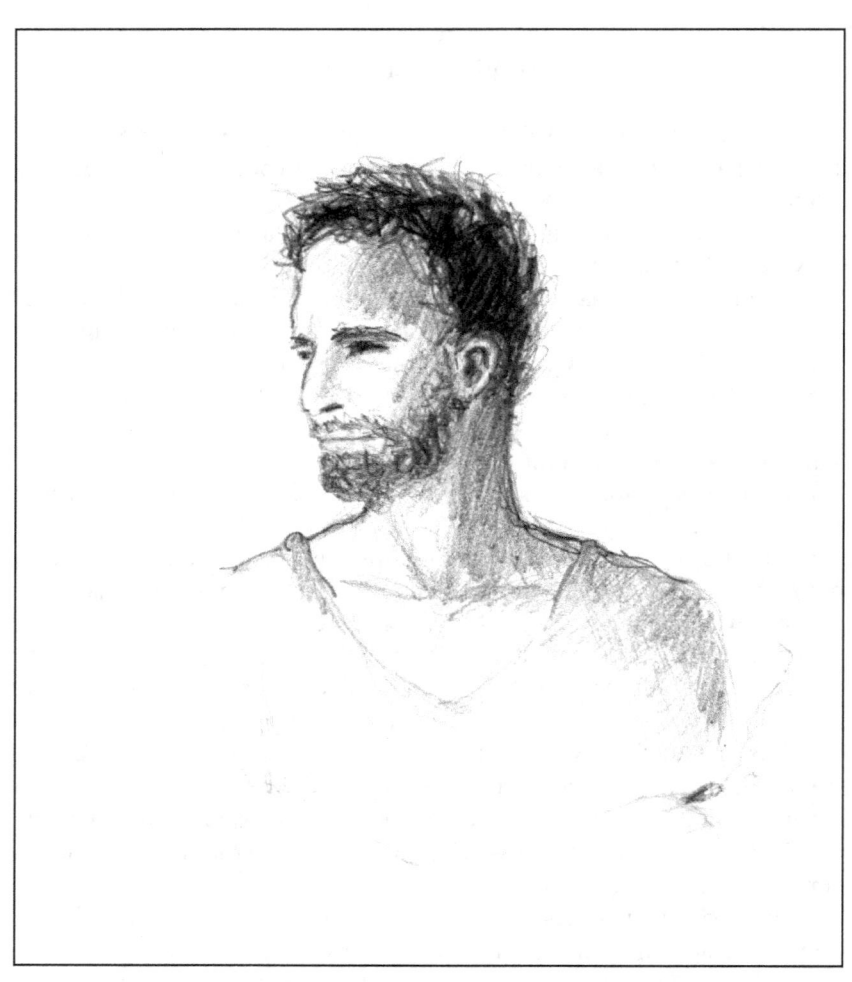

Джек Андер. Ілюстрація Керт Вільяло.

Гелікоптер приземлився на невеликий майданчик навпроти входу в лабораторію. Ми вийшли з нього та подивились навкруги.

- Начебто нас хтось має зустрічати, - сказала я, оглядаючись на двері лабораторії.

- Ау-у! – пролунав громовий голос Джека. – Тут є хто-небудь?!

В цей час вхідні двері лабораторії GEC розчинились і з'явився чоловік.

- Нарешті! – рявкнув Джек та направив свої військові черевики до нього.

Наблизившись, я з цікавістю оглянула незнайомця. Одягнений в елегантний чорний костюм з краваткою червоного кольору, він був похилого віку, та очі світились якимось дитячим азартом. Округлий животик його смішно коливався, коли він йшов. Голова та обличчя також мали округлі форми. Побачивши нас, його брови повільно поповзли догори по широкому лобі майже до самої лисої маківки, а декілька підборідь підстрибнули, коли незнайомець розтягнув свої пухлі губи в засліплюючій посмішці.

Він привітно махнув нам своєю дитячою долонею та зашкутильгав до нас напрямку. Я ледь не приснула зі сміху, коли цей Колобок трохи більший п'яти футів[3] зросту порівнявся з гігантом Джеком висотою не менш шести футів[4]. Той подивився на коротуна зверху вниз, його густі брови заворушились від здивування.

- Вітаю, вітаю! – голос чоловіка виявився напрочуд м'яким та рівним. – Ласкаво просимо! О, Ви, мабуть, Джессі Сірок. Я багато чув про Ваші роботи, - тараторив він, енергійно тиснучи мою руку. – А ось же відомий мисливець Джек Андер! Дуже приємно! – його маленька рука потонула у волохатій лапі Джека.

Після цього коротун задоволено оглядів нас та продовжив:

- Ну що ж, дозвольте відрекомендуватись. Я – Леонардо Мірандерік, але для вас – просто Лео. Я – генеральний директор компанії GEC. Це я попросив вас прилетіти, - сказав чоловік, не перестаючи посміхатись.

- Пане Мірандерік... е-е... Лео.. Я не впевнений, що... - спробував щось сказати Джек, та директор його перебив.

- Ні-ні, пане Андер, про справу потім. Спочатку вам треба поїсти – ви ж хочете їсти? А потім вам необхідно поспати. Політ був довгим та виснажливим. І не сперечайтесь! Я тут головний, хі-хі, - хіхікнув пан Мірандерік та пошкутильгав до дверей в лабораторію.

Ми переглянулись та пішли за ним.

- Відчуваю, полювання буде захоплюючим, - пробурчав Джек,

---

[3] Фут (англ. "foot" – ступня) – одиниці вимірювання довжини та відстані в різних країнах. У тексті використовується британський/американський фут, рівний 0,304799472 метра. Таким чином, 5 футів дорівнює приблизно 1,5 м.

[4] Приблизно 1 м 80 см.

заходячи в будівлю компанії.

- Еге ж, з таким керівником сумувати не доведеться, - додала я, крокуючи слідом за мисливцем.

Двері за нами автоматично зачинились, і сонячне світло перетворилось у штучне освітлення світлодіодних ламп[5], вмонтованих у стелю та стіни довгого коридору попереду.

Розділ ІІ.
Суть загрози.

Їдальня головної лабораторії GEC була просто величезною – понад три тисячі квадратних футів[6], всю площу якої займали довгі столи з білосніжними скатертинами та безліч зручних стільців зі шкіряною оббивкою. Та всі вони наче тіснились до високих стін, звільнюючи місце для обіднього столу керівного складу GEC. Від всіх інших він відрізнявся більшою довжиною, більш вишуканою скатертиною та столовими приборами, та планктонними лампами[7], що стояли вздовж посередині столу. Лампи були заповнені водою з мікроскопічними водоростями та рачками, які випускали м'яке блакитне світло.

В даний момент лише цей стіл був заставлений приборами та запашними стравами. Джек та я сиділи за ним поодаль один від одного та жадно ласували різноманітним делікатесами, які підносили офіціанти з усіх боків.

На чолі столу на великому різьбленому стільці з підлокітниками зі слонової кістки та логотипом GEC на шкіряній спинці сидів пан Мірандерік та розповідав нам про історію цього острову, про створення своєї компанії, її структуру та діяльність на міжнародному ринку. В стіні за ним, трохи вище голови, був вмонтований широкий плазмовий екран[8], що ілюстрував різними фотографіями та відео фрагментами розповідь Лео.

---

[5] Світлодіодна лампа – лампа, що працює на основі світлодіодів – напівпровідникових приладів, що випромінюють світло при пропусканні через них електричного струму.

[6] Квадратний фут – одиниця вимірювання площі в різних країнах. Рівний 0,09290304 квадратних метра. Так, 3000 квадратних футів тут налічує близько 278 квадратних метрів.

[7] Планктон (греч. "πλαυκτον" – блукаючі) – сукупність різноманітних дрібних організмів (бактерій, водоростей, рачків, личинок риб і т.д.), вільно дрейфуючих в товщі води і не здатних пливти проти течії.

[8] Плазмовий, або газорозрядний екран – монітор, що функціонує на основі явища електричного розряду в газі та світіння речовини - люмінофора, що ним збуджується.

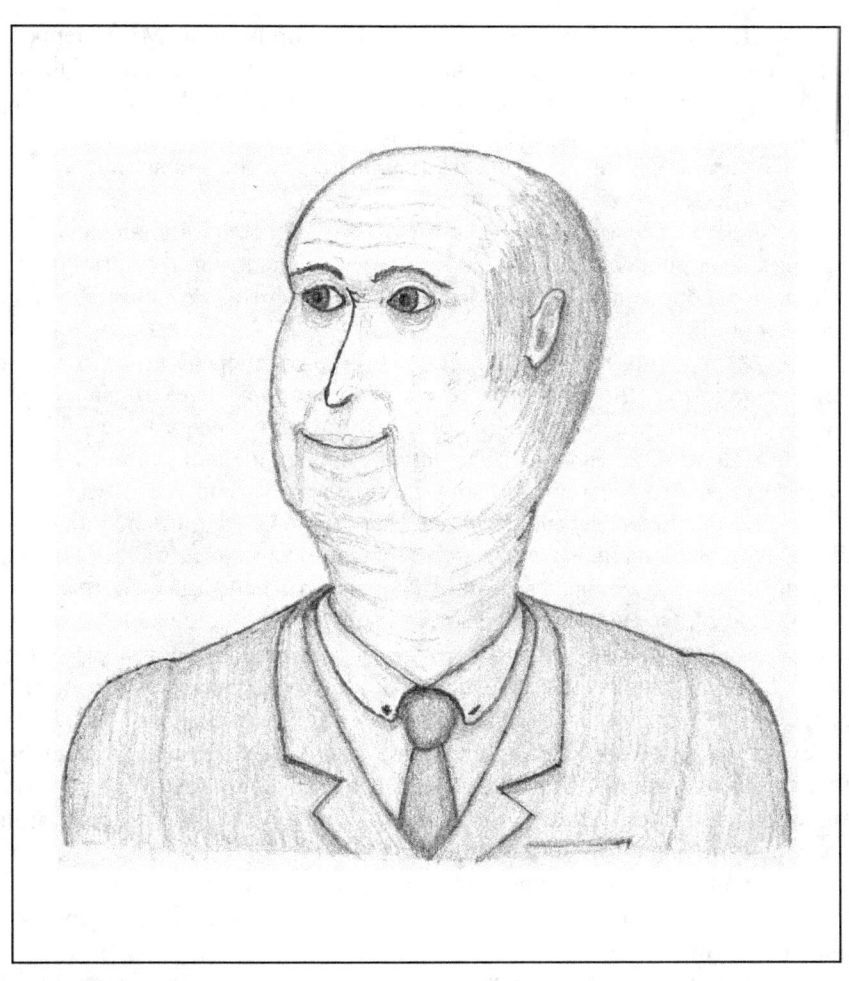

Леонардо Мирандерик. Иллюстрация Александра Ищенко.

- Декілька сотень років назад, - говорив пан Мірандерік, - через сильне зіткнення тектонічних плит[9] в Тихому океані відбувся колосальний викид магми[10], що породив острів С***. Згодом на цьому клаптику землі сформувалась біоекосистема…
- Взаємопов'язана сукупність тварин та рослин, - пояснила я.
- Саме так, - підтвердив директор.
- Але ж яким чином на самотньому острові, віддаленому від материків на десятки кілометрів, змогла настільки швидко утворитись стійка біоекосистема? Для цього ж необхідні не сотні, а тисячі та десятки тисяч років!
- Абсолютно вірно, Джессі. Вчені досі сперечаються з цього приводу, але так і не прийшли до єдиного висновку. Дехто вважає, що насіння рослин було занесене на острів з материків вітрами та течіями, інші запевняють, що флора та фауна перекочували сюди з іншої ділянки суші, яка начебто знаходилась поруч з островом і згодом затонула.

Однак це ще не всі місцеві дива. На острові С*** виникло унікальне біосередовище – на ньому виростають рослини та мешкають тварини, які більше ніде не зустрічаються. Звісно, пояснити цей феномен теж поки ніхто не може. Тим не менш, це факт. І, на мій погляд, найцікавішим живим організмом, який живе лише на цьому клаптику суші, є Херба скорпіоніс.

При цих словах пана Мірандеріка на екрані позаду нього пейзаж острова С*** змінився зображенням великої темно-синьої квітки на товстому м'ясистому стеблі, суцільно покритому бурими волосками та гострими шипами. Від чашечки квітки відходив такий же товстий відросток, що вигнувся над ним наче «хвіст» скорпіона. Це порівняння зумовлювалось ще й тим, що відросток закінчувався довгим та гострим шипом, який, як і стебло, увесь був покритий волосками.

- Скорпіонова трава! – рявкнув Джек, відірвавшись від тарілки з омарами та поглянув на екран.
- Так-так, - закивав головою Леонардо, - це так звана Скорпіонова трава. Ще вона відома як «Жало скорпіона», «Укус змії», «Кіготь дракону», «Прокляття василіска» та ще під сукупністю інших страхітливих назв.

---

[9] Тектонічні, чи літосферні плити – крупні, тверді ділянки (блоки), з яких складається зовнішня тверда оболонка Землі – земна кора. Плити постійно рухаються відносно одна одної, то розколюючись на частини, то сполучаючись в більш крупні плити. В результаті цієї динаміки утворюються землетруси, виникають та вивергаються вулкани, формуються гори.

[10] Магма (від грец. "μάγμα" - тісто) – вогненно-рідкийрозплав речовин, що виникає в земній корі та верхніх шарах мантії. Магма, що вилилась на поверхню називається лава. При охолодженні та застиганні утворює магматичні гірські породи.

І всі вони були дані цій рослині не просто так, адже… - Лео зупинився, поглянув на мене і посміхнувся, - хоча, я думаю, Джессі знає про неї набагато більше ніж я. Правда ж, моя мила? Так що давайте надамо слово їй. Ви не проти, Джек?

Мисливець байдуже хрюкнув з-під омарів.

- Ну що ж, прошу Вас, Джессі, - директор знову підбадьорююючи мені посміхнувся.

- Скорпіонова трава, чи на латині Херба скорпіоніс, зустрічається лише на цьому острові, - із захопленням почала я, - і тому ще дуже погано вивчена. Біологи і до сьогодні не можуть прийти до єдиного висновку щодо її класифікації. Одні відносять Скорпіонову траву до однодольних[11], інші – до дводольних[12] рослин, оскільки, хоч її насіння і складається з двох частин, або доль, у самої рослини наявні ознаки класу однодольних. Також продовжуються дискусії щодо її приналежності до різних сімейства: трояндових[13], пасленових[14], складноцвітних[15] або лілейних[16]. Деякі навіть вважають Скорпіонову траву комахоїдною рослиною та виділяють її в окреме сімейство Скорпіонових трав. Що стало основою такої теорії, сказати, на жаль, не можу…

На кілька секунд я зупинилась, щоб перевести подих, а потім продовжила:

---

[11] Однодольні (лат. "Liliopsida", "Monocotyledones", "Monocotyledoneae") – клас покритонасінних чи квіткових рослин. Нараховує приблизно 50 000 видів та 60 сімейств, тим самим є другим за величиною класом серед покритонасінних. Сюди відносять такі рослини, як очерет, лілія, орхідея, осока, панданус, тюльпан, частуха, а також різноманітні види злаків та пальм.

[12] Дводольні ("Dicotylédones", "Magnoliópsida") – клас квіткових рослин. Нараховує приблизно 180 00 видів та 350 сімейств, є найбільшою групою у відділі квіткових. Прикладами дводольних рослин можуть бути береза, виноград, дуб, картопля, льон, соняшник, буряк, тютюн, яблуня.

[13] Трояндові (лат. "Rosáceae") - сімейство дводольних рослин. Нараховує приблизно 3000 видів. До трояндових відносять грушу, суницю, троянду, сливу, шипшину, яблуню.

[14] Пасленові (лат. "Solanaceae") – сімейство дводольних рослин. Нараховує більше 2700 видів. До цього сімейства відносяться баклажан, блекота, дурман, картопля, паслін, тютюн, томат.

[15] Складноцвітні (лат. "Compósitae") або астрові (лат. "Asteráceae") – одне з найбільших сімейств дводольних рослин. Нараховує більше 25000 видів. Сюди відносять астру, кульбабу, маргаритку, соняшник, полин, ромашку, топінамбур, цикорій.

[16] Лілейні (лат. "Liliáceae") – сімейство однодольних рослин. Нараховує приблизно 470 видів. Приклади лілейних: гіацинт, гусиний лук, лілія, цибуля, рябчик, кандик, тюльпан.

- Як я вже казала, ця дивовижна квіткова рослина виявлена лише на острові С*** і при цьому представлена лише одним видом. Скорпіонова трава – багатолітня рослина; період цвітіння в травні та червні; коренева система стержневого типу, тобто головний корінь чітко виділяється; листя довгі, вузькі, з паралельним жилкуванням; плід – коробочка[17] з розкидуванням насіння через спеціальні пори. Перша унікальна властивість цієї рослини – доволі швидка очистка повітря від парникових газів (в особливості – вуглекислого газу та метану), які в основному спричиняють глобальні зміни клімату, а також від таких токсичних сполук, як монооксидвуглицю, чи чадний газ. Сьогодні його основним джерелом є вихлопні гази двигунів сучасних транспортних засобів. Проникаючи у пори листя Скорпіонової трави, молекули цього газу СО вступають в реакцію з воднем і в результаті певних хімічних процесів всередині рослини утворюють метанол, або метиловий спирт. Він накопичується у великих кількостях у шипах біля кореня та у найсильніша отрута, що діє на нервову та судинну системи тварини та людини. Так, один укол шипом Скорпіонової трави викликає головний біль, нудоту, блювоту, а попадання великої кількості цієї безбарвної отруйної рідини у кров може призвести до сліпоти і навіть смерті.

Я витримала паузу, щоб підкреслити останнє слово, після чого відновила опис:

- Крім цього, у волосках та шипах на стеблі рослини міститься велика доза висококонцентрованої метанової, чи мурашиної кислоти – НСООН.

При потраплянні такої кислоти на шкіру виникають сильні хімічні опіки, так що навіть дотик до стебла цієї незвичайної рослини може бути дуже небезпечним.

Ці дві отруйні речовини - метанол та метанова кислота – утворюються за участі в хімічних реакціях каталізатора[18] басиліcколіна. Ця органічна сполука ще й досліджується, оскільки було знайдено виключно у стеблі, листі та шипах Скорпіонової трави. Відомий про неї факт – басиліcколін одна з найсильніших отрут в природі: навіть незначна кількість призводить до швидкого руйнування клітин організму, включаючи їх генетичний матеріал. У рослині, окрім прискорення реакцій отруйних речовин, про які я зазначала раніше, басиліcколін ще й посилює їх небезпечну дію.

---

[17] Коробочка – тип сухого плоду, що складається з кількох частин (плодолистків). При дозріванні вони розділяються (розкриваються), щоб звільнити насіння, що в них зберігалось.

[18] Каталізатор – хімічна речовина, що прискорює реакцію, але не входить у склад продуктів.

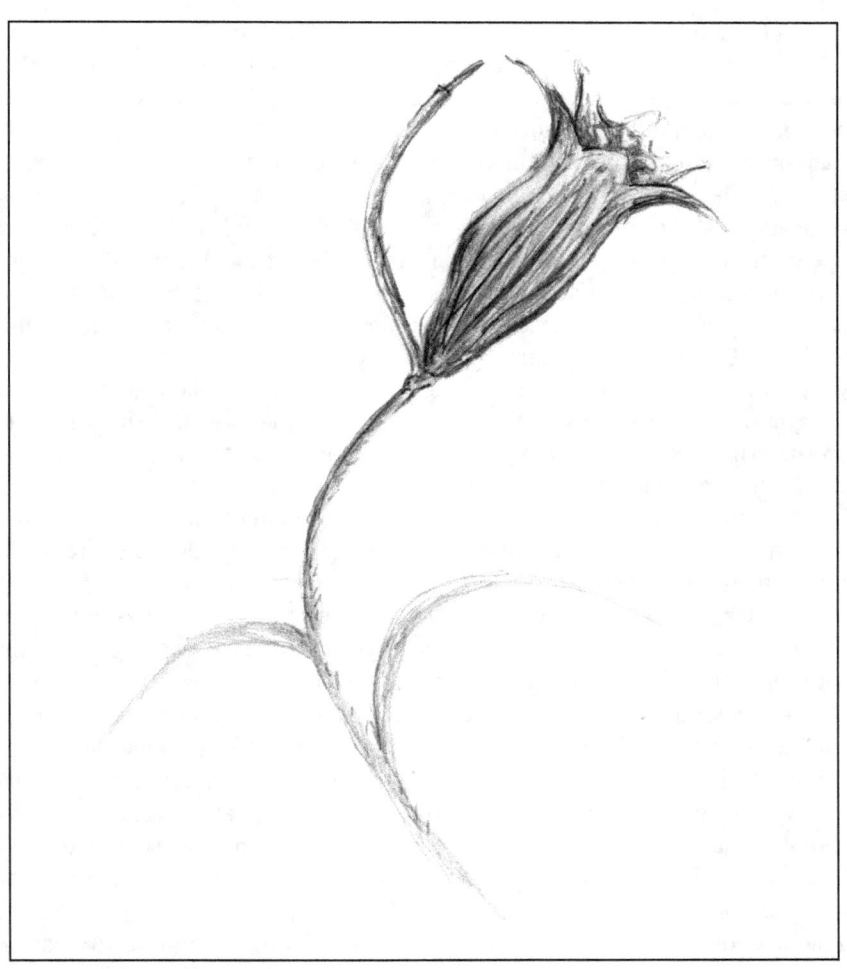

Скорпіонова трава. Ілюстрація Керт Вільяло.

- Не забудьте про насіння, - підказав Леонардо.

- Так, насіння... Кожна насінина Скорпіонової трави оснащена двома крилоподібними виростами, що сприяє їх більш широкому розповсюдженню за допомогою вітру. До того ж, вони можуть переноситись тваринами. Для цього насінини мають ще по два мікроскопічних гачки, якими прикріплюються до волосків шерсті або до голої шкури. І хоча вони містять лише слабку дозу метанолу, насіння цієї рослини все ж таки представляє серйозну небезпеку для здоров'я через свій малий розмір – одна насінина сягає в довжину максимум одну лінію[19]. В кінці липня – на початку вересня дозріває плід-коробочка і починається розкидування насіння. Воно через носову порожнину може з легкістю потрапити у дихальні шляхи та легені, де гачки з метанолом всередині почнуть дратувати слизову оболонку бронхів та їх розгалужень – бронхіол. Це може призвести до їх запалення, хронічного кашлю, ускладненому диханню та за відсутності своєчасного лікування – до загибелі.

- Нічого собі! – прохрипів Джек, вдавившись шматочком м'яса. – Таку квіточку коханій дівчині не подаруєш... Хіба що тещі на Міжнародний жіночий день.

- Дякую, Джессі! Ваша розповідь виявилась доволі захоплюючою та пізнавальною, - в який раз посміхнувся мені Лео. – Та думаю, що час перейти до короткої історії заснування моєї компанії. У розповіді Ви сказали про речовину – басіліхолін, одну з найсильніших отрут, знайдених у природі. Однак приблизно 60 років тому вчені виявили, що при змішуванні у певних умовах басіліхоліну, глюкози[20], метилового спирту та мурашиної кислоти, взятих зі Скорпіонової трави, можна отримати сполуку, названу в честь її першовідкривача – російського біохіміка Олександра Павловича Гетеродоновича - метилгетеродоноліном. При відповідній обробці на атомарному рівні ця органічна сполука набуває дивовижної властивості відновлювати живі клітини і тканини, тим самим виліковуючи рани, усуваючи ракові пухлини і, навіть, сприяючи повній регенерації[21] страчених органів та цілих частин тіла!

Пан Мірандерік зачекав, доки ми зрозуміємо цю карколомну новину, а потім продовжив:

- Так от, коли вчені опублікували результати своїх досліджень з метилгетеродоноліном, мій батько – відомий підприємець Фредерік

---

[19] Лінія – одиниця вимірювання довжини та відстані у російській та англійській системах мір. 1 лінія це 6 точок, або 1/12 дюйма, або 2,1167 мм.
[20] Глюкоза, чи «виноградний цукор» - шестиатомний цукор (гексоза), що зустрічається в соці багатьох фруктів та ягід.
[21] Регенерація – процес відновлення організмом пошкоджених тканин та органів.

Мірандерік, купив цей острів і всі його лабораторії, що вивчали Скорпіонову траву. Потім він оформив патенти на методи обробки та використання метилгеродоноліну в медицині, тим самим отримавши монопольне право на виготовлення з нього ліків. Фредерік заснував тут фармацевтичну компанію, яка спочатку називалась «Healthy Life Company (HLC)»[22] та спеціалізувалась на виготовленні та продажі різноманітних лікарняних препаратів із Скорпіонової трави. Бізнес йшов більш ніж чудово: медикаменти виявились надзвичайно ефективними і попит на них, а, відповідно, і продажі стрімко росли. Натхненний успіхом, мій батько вирішив розширити асортимент продукції та послуг.

Він придбав великі партії медичного обладнання для операцій на клітинному та генетичному рівнях та використовував їх для відкриття лікувальних центрів у багатьох країнах світу. Тоді ж Фредерік перейменував своє дітище в «Genetical Enjoyment Company».

Після його смерті вся компанія перейшла до мене. І тепер під мсїм керівництвом вона швидко розвивається та розквітає. Філіали GEC існують по всій земній кулі і надають своїм клієнтам широкий спектр продукції та послуг: від простих пастилок від кашлю до вишуканих настоянок Скорпіонової трави з ефектом омолодження та від відновлення пошкоджених чи втрачених кінцівок до повного клонування[23] організму чи особистості. Крім того, компанія абсолютно безкоштовно поставляє медикаменти в країни, що розвиваються, в якості благодійної допомоги, а також надає медичну допомогу найбіднішим верствам населення у світі.

Пан Мірандерік гордо подивився на нас, смішно вип'ятив нижню губу. Настала хвилинна пауза.

- Це все дуже добре, Лео, - нарешті промовив Джек, - та чи не пора перейти до суті справи? Що за страшний звір бігає по цій землі та обідає вашими співробітниками?

- Так, я саме збирався про це розказати. Як бачите, всі наші препарати та обладнання ми спочатку випробовуємо на тваринах… Не сильно засуджуйте нас, мила Джессі, - звернувся до мене Леонардо, помітивши ознаки обурення на моєму обличчі. – Люди це роблять завжди, і ми змушені це робити. Крім того, з огляду на важливість наших досліджень, закон дозволяє таким науковим установам, як лабораторії GEC, проводити досліди на тваринах. Ви ж не хочете, щоб ми пожаліли якусь тваринку і не перевірили ліки? Погодьтесь, людське життя все ж таки важливіше і дорожче життя тварини.

---

[22] «Healthy Life Company (HLC) / Хелсі Лай Компані (Ейч-Ел-Сі)» - буквально з англ. «Компанія здорового життя».

[23] Клонування (давньо-грец. "κλών" – гілочка, пагін, нащадок) – процес відтворення об'єкту (клітини, тканини чи цілого організму) певну кількість раз.

Аргумент був надзвичайно вагомий. Тому я промовчала, опустивши очі, а пан Мірандерік продовжив пояснення:

- Так от, ми виловлюємо необхідних тварин, перевіряємо на них дію розроблених медикаментів, слідкуємо за їх ефектом та станом піддослідних, а потім, якщо тваринки виживають, відпускаємо їх на волю. В іншому випадку, щоб запобігти мукам тварини, ми застосовуємо евтаназію[24], тобто «усипляння». Мисливців для лову тварин ми наймаємо з місцевого племені Сололєадас[25] – ви, напевно, бачили з гелікоптеру їх поселення неподалік від головної лабораторії. Сололєадас відмінно знають цей острів, і у них прекрасно розвинені усі п'ять відчуттів. В цілому, вони відмінно справляються з цією роботою.

На ці слова Джек хмикнув з недовірою. Леонардо у відповідь лиш посміхнувся та продовжив:

- Все йшло добре: Сололєадас за певну плату ловили та доставляли нам тварин, і ми використовували їх для випробовування своїх розробок, тим самим усуваючи негативні побічні ефекти та покращуючи лікувальну дію. Але одного разу один з мисливців приніс доволі велике яскраво забарвлене яйце, що було відкладене, як ми вважали, самкою якогось великого варану... Варан – це така велика ящірка, пан Андер.

- Надклас чотириногі, клас плазуни, відділ лускаті плазуни, підряд ящірки, сімейство варани[26], - уточнила я, видав їх класифікацію в царстві тварин.

- Абсолютно вірно, - підтвердив Лео.

- Знаю, знаю, - пробурчав Джек. - Полював я на таких у Новій Гвінеї[27].

- Отже, розрахувавшись з мисливцем, ми вирішили негайно перевірити на цьому яйці дію нашої найновішої розробки... е-е... ксі-хвильового мітомейотичного гіперакселератора, який... м-м-м... сприяє прискоренню поділу яйцеклітини, а також усуненню різноманітних генетичних захворювань на ранніх етапах розвитку зародка. І от ми піддали яйце впливу ксі-хвиль при визначених умовах і почали чекати

---

[24] Евтаназія (грец. "ευ" – хороший; "θάνατος" – смерть) – практика умертвіння невиліковно хворого організму з ціллю припинення страждань, яких він зазнає.

[25] Sololeadas / Сололєадас – буквально з ісп. «сонячні хвилі» або «одинокі».

[26] Варани (лат. "Varanidae") – сімейство ящірок. Від інших представників свого відділу відрізняються повністю окостенілим черепом. Варани – хижаки та харчуються різноманітними дрібними тваринами. Мешкають в Африці, Азії та Австралії. Сімейство нараховує майже 70 видів.

[27] Нова Гвінея – другий за величиною (після Гренландії) острів Землі. Площа його складає приблизно 786 тисяч квадратних метрів. Розташований в Тихому Океані на північ від Австралії.

результату. Але щось пішло не так…

Пан Мірандерік зробив драматичну паузу, ковтнув Василіскової горілки, безсумнівно, приготовленої на основі екстракту Скорпіонової трави, та відновив свою розповідь:

- Так, маю визнати, що десь ми припустилися помилки. За попередніми розрахунками дитинча мало вилупитись через десять годин. Та пройшло два дні, а датчики не реєстрували жодних значних змін у структурі зародку. Ми спробували опромінити яйце ксі-хвилями ще раз, та це знов не призвело до бажаних наслідків. Деякі вчені вже висловлювали думку про недосконалість гіперакселератора, як раптом на сьомий день після отримання яйця в мій кабінет увірвався один із співробітників і зі спантеличеним виглядом повідомив, що дитинча вилупилось з яйця і тут же зникло. Як це йому вдалось протиснутись між металевими прутами клітки з яйцем та проскочити непомітним через інфрачервоні та ультрафіолетові датчики, а також повз камери спостереження та роботів – охоронців, для нас і по сьогодні залишається таємницею. З тих пір ми не бачили його протягом трьох місяців.

Лео зробив ще один ковток і уважно подивився на нас.

- Та не так давно він повернувся та став нападати на жителів поселення та на наших співробітників. Ця кровожерлива тварина атакувала раптово та і лічені секунди роздирала своїх жертв на шматки, залишаючи після себе місиво з трупів… Наші найкращі мисливці намагались його піймати чи вбити, та ще жоден не повернувся назад… живим.

Настала тяжка пауза. Пан Мірандерік сидів, мовчки нахиливши голову, мабуть, згадуючи криваве повернення «дитинча». Джек похмуро колупав вилкою в салаті. Я вирішила першою порушити мовчання та спитала директора:

- Так що ж собою являє ця тварина? Як виглядає цей жахливий хижак? Як себе веде?

Леонардо підняв голову та задумливо глянув на мене.

- Так, думаю, настав час показати вам головну лабораторію та представити керівника генетичних проектів і доглядача нашого розплідника доктора Краймерса. Він краще за мене знає про анатомію та повадки наших піддослідних тварин – він вам все розповість. Ходімо!

Ми дружно встали з-за столу та пішли за паном Мірандеріком по широким яскраво освітленим коридорам лабораторії.

Розділ III.
Вигляд чудовиська.

- Комплекс головної лабораторії GEC складається з шести секторів: фармацевтичного, генетичного, біонічного, конструкторського, розплідника для піддослідних тварин і сектору персоналу компанії, - розповідав Леонардо Мірандерік, ведучи нас по лабіринту коридорів, ліфтів і сходів. - Всі вони ретельно охороняються напівавтоматичною системою безпеки, що включає в себе камери, різні сенсори і охоронних роботів. Кожному співробітнику в долоню імплантований наночіп - крихітна мікросхема, що містить всі його особисті дані і дозволяє отримати доступ до певних секторів. Контроль над охоронною системою здійснюється двома комп'ютерними мегакомплексами, один з яких розташований у начальника охорони, а інший - в моєму особистому кабінеті. Таким чином, в будівлю лабораторії практично неможливо потрапити непоміченим, як і втікти з неї, - гордо завершив Лео.

- Але дехто все ж виявився набагато розумнішим ваших роботів і сенсорів, чи не так? - єхидно зауважив Джек.

- Так, - зам'явся директор. - Ніяк не збагну, як це йому вдалося ... Ну добре, ми ще повернемося до цього питання. А зараз я покажу вам фармацевтичний сектор - головний корінь нашої компанії, з якого вона, власне кажучи, і виросла.

Ми підійшли до величезної відполірованої титанової двері, над якою блищали лінзи відеокамер та інфрачервоних датчиків. Пан Мірандерік приклав долоню до зчитувального пристрою збоку від дверей, потім глянув у невеликий отвір над ним і набрав щось на клавіатурі пристрою.

- П'ятий рівень ідентифікації особистості, - пояснив він. - Зчитування інформації з імплантованого в кисть руки наночіпу, порівняння візерунка на пальцях, структури сітчатки[28] ока і молекули ДНК з такими в базі даних персоналу, а також розпізнавання правильності набраного з клавіатури коду доступу.

Секунду двері залишались закритими, а потім над ними загорілася зелена лампочка і важкі стулки напрочуд плавно і безшумно розійшлися.

- Це що ж, щоб потрапити, наприклад, до вбиральні, потрібно щоразу всі ці операції проробляти? - запитав Джек. - Так же і терпіння може не вистачити. А потім вже і не буде потреби туди заходити.

- Ні, пане Андер, - засміявся Лео, - п'ятий рівень потрібен тільки для входу в комплекс лабораторії і в фармацевтичний сектор, так як це

---

[28] Сітківка - внутрішня оболонка ока зі світлочутливими клітинами, які сприймають електромагнітне випромінювання світлового спектру і перетворюють його в нервові імпульси.

основа компанії, де зберігаються всі ключові патенти та інновації. Решта секторів мають контроль доступу другого рівня - розпізнавання наночіпу та ДНК. Однак для того, щоб потрапити в сектор персоналу, тобто у власну кімнату, необхідний сьомий рівень ідентифікації особистості, тобто, крім всіх операцій п'ятого рівня необхідно ще пройти через інфрачервоні і ультрафіолетові сенсори. Таким чином, кожен наш співробітник відчуває себе в цілковитій безпеці ...

Під час цієї розмови я з цікавістю розглядала основне приміщення фармацевтичного сектору. Це був гігантський зал, до самої стелі заставлений різними комп'ютерами, конвеєрами, пресами та іншим обладнанням і механізмами, серед яких снували робітники в білих комбінезонах і схожі на гігантських мух транспортні роботи.

- Лео ... - звернулася я до нашого екскурсоводу.
- Так, Джессі? Я слухаю Вас.
- Якщо я правильно зрозуміла, тут виробляють медикаменти з Скорпіонової трави, так?

Абсолютно вірно. З цього сектору практично прямо на ринок надходять найрізноманітніші лікарські препарати, виготовлені на основі Скорпіонової трави: засоби для ін'єкцій, шипучі таблетки, вітамінізовані пастилки і льодяники, біологічно активні харчові добавки та багато іншого. Наш асортимент досить широкий і різноманітний.

- Але хіба ваші співробітники не піддаються небезпеці, працюючи з такою отруйною рослиною?

- О, ні, моя люба, - посміхнувся Лео, - їх здоров'ю ніщо не загрожує. Ми вирощуємо Скорпіонову траву на полі далеко від лабораторії. Там її збирають роботи-фуражири і передають на первинну обробку машинам-змішувачам, які в спеціальній хімічній лабораторії на тому ж полі виготовляють з отрути Скорпіонової трави метілгетеродонолін необроблений. Потім транспортні роботи доставляють цю речовину сюди, де в оцих пристроях, званих атомарними перетворювачами або чейнджерами[29], - Леонардо вказав на гігантські циліндричні механізми, зверху до низу обплутані переплетенням дротів і труб, - метілгетеродонолін стає нешкідливим і набуває своїх дивовижних чудодійних властивостей. Ну а потім він перевозиться на певну ділянку сектора для приготування з нього кінцевого продукту. Тому зесь виробничий процес безпечний і дуже ефективний.

Після розповіді ми трохи пройшлися по головному приміщенню фармацевтичного сектора, ближче знайомлячись з процесом виготовлення ліків. Джек навіть посмикав важелі на одному з механізмів, тим самим викликавши неймовірну паніку серед робітників. Лео з посмішкою на

---

[29] Від англ. "to change" - міняти, змінювати, перетворювати.

обличчі ввічливо попросив його більше так не робити, на що мисливець тільки байдуже знизав плечима і запропонував рухатися далі.

Наступним ми відвідали генетичний сектор лабораторного комплексу. Пан Мірандерік пояснив нам, що тут проводяться дослідження з генетики[30] для створення нових медичних приладів і роботів, що спеціалізуються на операціях з геномом людини, тобто, з його набором генів. Результати досліджень надходять у біонічний і конструкторський сектора компанії. У секторі біоніки[31] вчені та інженери аналізують отримані дані і створюють на їх основі протези для різних органів і частин тіла, додаткові пристосування на замовлення, наприклад, другу пару рук або крила, а також найрізноманітніші мікро- і наноімплантанти. Співробітники конструкторського відділу на базі інформації, отриманої від генетиків, будують обладнання та роботів для лікарень та медичних центрів. Готова продукція потім відправляється на склад, звідки літаками й анти гравітаційними модулями розсилається у філії GEC в різних країнах.

Разом з директором компанії ми оглянули всі ці сектора, спробували попрацювати на різних автоматах (на яких Лео дав дозвіл) і приміряли на себе деякі біонічні прилади. Мені особливо сподобалися очні лінзи «Хіткетчер»[32] що вловлюють тепло. Вони надягаються, як звичайні контактні лінзи, але на відміну від останніх дозволяють бачити будь-яку теплокровну істоту навіть за дуже товстими стінами і на великій відстані.

Джек же був у захваті від імплантанту «Містер Раббер»[33], який шляхом впливу на клітини і тканини опорно-рухової системи[34] людини надає кісткам і м'язам надзвичайну гнучкість і еластичність. Причепивши мініатюрний чіп собі на плече, Джек, немов дитина, бігав по лабораторії, розмахуючи своєю рукою перед носом мало не кожного працівника, що незабаром почало їх сильно дратувати. Пан Мірандерік вчасно встиг умовити мисливця повернути імплантант на місце.

---

[30] Генетика (грец. "Γενητως" - похідний від кого-небудь) - галузь науки, що займається дослідженням законів спадковості і мінливості організмів. Відіграє важливу роль в медицині, сільському господарстві, мікробіологічній промисловості та генній інженерії.

[31] Біоніка (грец. "Βίον" – той, що живе, елемент життя), або біоміметика - галузь науки про використання принципів організації, властивостей і функцій живих організмів у створенні технічних пристроїв і систем.

[32] Від англ. "heat catcher" - ловець тепла.

[33] Від англ. "rubber" - гума, каучук.

[34] Опорно-рухова або локомоторна система - функціональна сукупність кісток скелета з їх сполученнями та мускулатури, яка надає форму організму, забезпечує захист його внутрішніх органів і дозволяє рухатися в просторі.

Коли наш захват від подібних іграшок трохи вщух, Лео запропонував відвідати розплідник і ми знехотя погодилися. Сектор розплідника для піддослідних тварин розташовувався у правому крилі будівлі GEC. Це було величезне приміщення, в стіни якого було вмонтовано безліч кліток, великих і поменше, з найрізноманітнішими істотами, починаючи з гігантських тропічних павуків і вусатих тарганів і закінчуючи кирпатими кажанами і кошлатими приматами.

Поки ми оглядали мешканців кліток, пан Мірандерік кудись зник, а через деякий час повернувся в супроводі високого худорлявого брюнета середніх років в ретельно виглядженому білому костюмі з чорною краваткою і блискучих чорних туфлях. З-під його рівних чорних брів на світ з цікавістю дивилися великі зелені очі, а з-під чорних підстрижених вусів тонкі губи розпливалися у привітній посмішці.

- Друзі мої, - звернувся до нас Лео, - дозвольте мені представити нашого талановитого вченого, керівника багатьох генетичних проектів та головного наглядача за нашими вихованцями - доктора біологічних наук Альфреда Гюстафа Краймерса ... Альфред, - повернувся пан Мірандерік до брюнета, - це наші шановні гості та друзі: Джессі Сірок і Джек Андер.

- Дуже приємно з вами познайомитися! - Вимовив з типовим німецьким акцентом доктор Краймерс, потискуючи нам руки. - І ласкаво просимо в мій невеликий звіринець!

Потім він звернувся до мене:

- Я читав Ваші праці, професор Сірок і мені вони дуже сподобалися.

- Дякую, - пробурмотіла я, від збентеження опустивши очі і відчуваючи, як мої вуха починають палати, немов біфштекс[35] на грилі.

- У Вас чудова манера викладення матеріалу, - продовжував доктор Краймерс як ні в чому не бувало, - а Ваші теорії заслуговують ретельного аналізу ... Так, до речі, я знаю, що Ви виступаєте проти утримання тварин у негігієнічних умовах. Так от, дозвольте Вас переконати, що ми дуже уважно ставимося до своїх вихованців. Всі клітини зібрані з урахуванням індивідуальних особливостей кожного виду, а автоматичні системи клімат-контролю, раціону харчування і стану здоров'я створюють необхідні для них умови. Та й я сам часто перевіряю стан кожної тварини в нашому розпліднику.

- Це дуже добре. Дякую, що повідомили! - Відповіла я, задоволена, що ще залишилися люди, які по-справжньому використовують науковий підхід до турботи про братів наших менших.

---

[35] Біфштекс (англ. "beef" - яловичина; "steak" - шматок) - страва зі смаженої яловичини. Розрізняють біфштекс смажений та «з кров'ю». Страва дуже популярна у Великобританії і США.

- Може, пройдемо в твій робочий кабінет, Альфред? - звернувся до доктора пан Мірандерік. - Там ти в деталях розкажеш нашим гостям про втікача і про всі неприємності і проблеми, пов'язані з ним.

- Із задоволенням! Прошу сюди, будь ласка! - і доктор Краймерс вказав на невеликі скляні двері праворуч від нас. Ми увійшли в досить просторий яскраво освітлений кабінет.

На стінах висіли численні книжкові полиці з товстими томами наукових праць, а також різні таблиці і графіки, в кутку блищав металевим корпусом електронний мікроскоп, а в центрі кабінету знаходився письмовий стіл, позаду якого розташовувався широкий екран монітору.

- Прошу вас, сідайте! - Запропонував Краймерс, вказавши на два великих шкіряних крісла перед письмовим столом. Ми опустилися в крісла і тут ж мить немов потонули в їх м'яких обіймах. Пан Мірандерік і доктор Краймерс сіли за стіл перед нами.

- Загалом, Альфред, - сказав Лео доктору, - за обідом я вже встиг повідомити Джеку і Джессі про суть нашої проблеми, але тільки поверхово. Тепер ти опиши їм втікача, розкажи про його звички та інше, щоб наші гості вже знали, з яким жахливим створінням ми тут маємо справу.

- Безумовно, сер! - Кивнув у відповідь доктор Краймерс, а потім звернувся до нас: - Отже, професор Сірок і пан Андер, як ви вже знаєте, ми запросили вас для того, щоб ви допомогли нам зловити або вбити страшного хижака, який ось вже більше двох місяців успішно тероризує співробітників GEC і жителів місцевого села, нападаючи на беззахисних людей і поїдаючи їх. Ми попросили про допомогу саме вас, оскільки дуже добре обізнані про хоробрість, спритність і майстерність мисливця Джека Андера і мудрість, досвід і неосяжний багаж знань в галузі біологічних наук професора ДжессіСірок, - доктор Краймерс крадькома підморгнув мені, і я знову відчула, як моє обличчя червоніє. - Але перш ніж ви підпишете контракт, ми хочемо, щоб ви знали, з ким будете мати справу. Існує думка, що наш утікач - це випадково створений нами жахливий мутант[36], вкрай агресивний, злісний і кровожерливий ...

- Тобто, ви підтверджуєте те, що через ваші експерименти гинуть невинні люди! - грізно уклав Джек.

- Це ще не доведено, - втрутився Лео. - До того як опромінити яйце ксі-хвилями гіперакселератора, ми випробували їх вплив на організм ще трьох живих істот: жаби, миші і орангутангу[37]. Однак жодних генетичних

---
[36] Мутант (лат. "mutatio" - зміна) - продукт мутації, тобто організм зі стійкою зміною генетичного матеріалу.
[37] Орангутани (лат. "pongo") - рід великих (до 1,5 м зростом) деревних людиноподібних мавп. Назва походить від малайського "oranghutan" і означає «лісова людина». Виділяють два види: борнейський (Pongo pyg-

відхилень від норми не спостерігалось.

— Може, ці ксі-хвилі мають найбільший вплив на певних стадіях зародкового розвитку, коли організм ще тільки формується? Тоді й виникає реакція на випромінювання, — припустила я.

— Наші генетики зараз проводять дослідження в цій області, — відповів директор. — Але більшість вчених схиляється до висновку, що ми просто виявили якийсь новий вид хижака, що зустрічається тільки на острові C ***.

— До речі, — сказав доктор Краймерс, — у мене тут є залишки шкаралупи яйця, з якого вилупилася ця тварина. Можливо, професор Сірок зможе на їх підставі попередньо що-небудь сказати про нього.

Він відкрив одну з шафок столу і обережно дістав звідти кілька досить великих шматочків шкаралупи. Я взяла їх у руки, але зразу ж трохи не впустила — поверхня шкаралупи була всіяна крихітними, але гострими шипами. Сама ж вона була досить товстою, міцною і дуже красивою — вона відливала темно-синім блиском з металевим відтінком, на якому проступали зеленуваті цятки.

— Яйце було приблизно сімнадцять дюймів у довжину і до десяти в діаметрі,[38] — пояснював доктор, — оболонка його, як бачите, складається з трьох шарів, а шкаралупа зверху покрита крихітними шипами. Раніше в них містилася незначна кількість отрути басилісколіна, і найменший дотик до яйця викликав почервоніння і сильне печіння і біль. Судячи з усього, ці отруйні шипи слугують захистом від тварин-яйцеїдів. Але перед вилупленням дитинчати отрута поступово розчинилась в оболонці і білку яйця.

— А де ж ви знайшли це симпатичне яйце? Може в норі у пасхального кролика?[39] — запитав Джек, нахилившись, щоб краще розглянути блискучу шкаралупу, і таким чином дихаючи мені прямо у вухо.

---

maeus) і суматранський (Pongo abelii) орангутани.

[38] Дюйм (нід. "Duim" — великий палець) — одиниця вимірювання довжини і відстані в деяких європейських країнах. У тексті використовується найбільш поширений англійський дюйм, який прирівнюється до 12 ліній, 1/12 фута або ж до 2,54 см. Так, 17 і 10 дюймів становлять близько 43 і 25 см відповідно.

[39] Великодній кролик — символ Великодня в культурі США і деяких країнах Західної Європи. Має язичницьке коріння в Німеччині в XIII столітті. Тоді кролик вважався супутником тевтонської богині Еостри, яка уособлювала весну і родючість. Зараз існує легенда про те, що на Великдень кролик залишає хорошим дітям кошик з різнобарвними яйцями в подарунок. У Німеччині ця традиція стала настільки популярною, що в період з 1991 по 2005 рр. в Мюнхені існував цілий Музей пасхального кролика, який був занесений в Книгу рекордів Гіннесса.

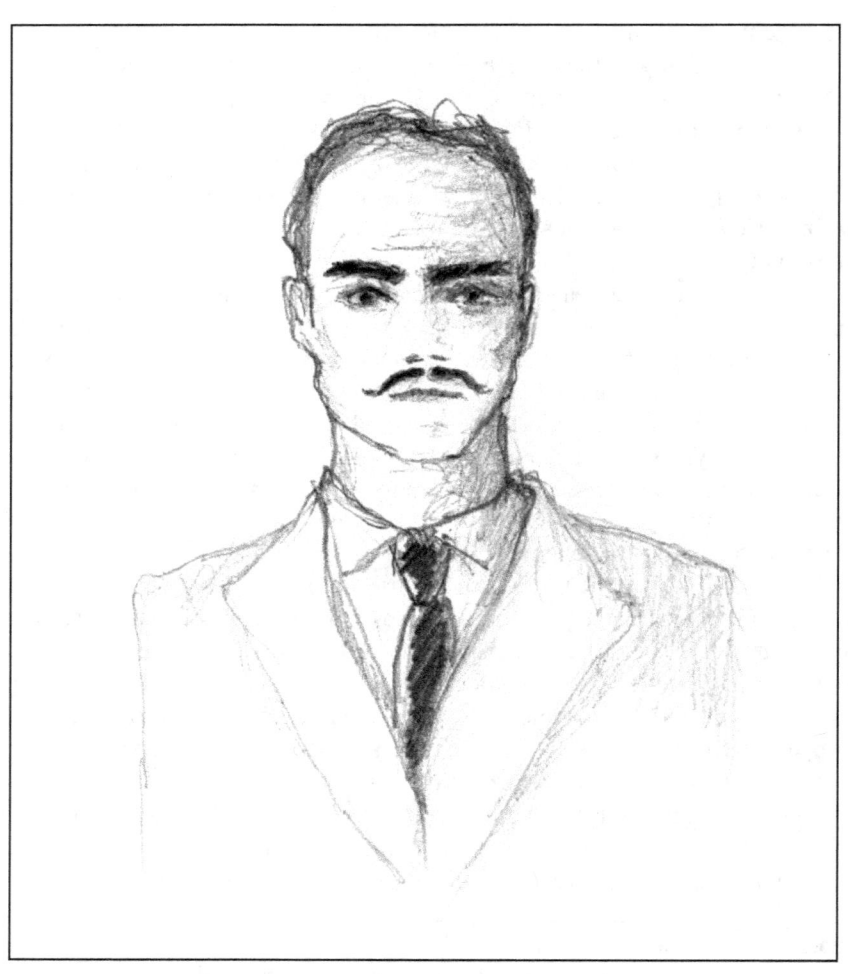

Альфред Гюстаф Краймерс. Ілюстрація Керт Вільяло.

- Місцевий мисливець, який приніс нам це яйце, стверджував, що знайшов його в печері невисокої гори, що розташована поруч з полем Скорпіонової трави, - відповів доктор Краймерс. - Судячи з його розповіді, воно лежало у своєрідному гнізді з цієї рослини. І, оскільки поруч не було тварини, яка б могла його охороняти, то мисливець швидко сховав яйце в мішок і побіг до нас у лабораторію.

- А чи можна поговорити з цим мисливцем? - поцікавилася я. - Ймовірно, він зможе показати нам те гніздо.

- На жаль, мисливець уже давно мертвий, - сказав пан Мірандерік. - Мабуть, по дорозі в лабораторію він подряпався шипами Скорпіонової трави. Та й насіння цієї рослини могло потрапити йому в легені - тоді саме був період дозрівання плоду і поширення насіння.

- Таки-так, пасхальне яєчко йому дорого обійшлося, - підсумував Джек.

- Так що, професор Сірок, Ви можете тепер визначити, до якого роду або сімейства належить істота, що вилупилася з цього яйця? - звернувся до мене доктор Краймерс.

Я знизала плечима, поклавши шматочки шкаралупи на стіл.

- Тоді, може, після того, як я опишу зовнішній вигляд і повадки цієї тварини, Ви зробите який-небудь висновок.

- Цілком можливо.

- Добре. Зараз я увімкну монітор, щоб показати вам його ... е-е ... зараз ... одну хвилинку, - доглядач розплідника щось старанно набирав на клавіатурі, що була вмонтована в стіл. Коли екран позаду нього загорівся, доктор Краймерс взяв лазерну указку і став поряд з монітором. - Отримане від мисливця яйце ми тримали в інкубаторі[40] з температурою сорок - сорок п'ять градусів за Фаренгейтом,[41] - говорив доктор, показуючи змінні на екрані фотографії яйця і діаграми результатів експерименту. - Ми два рази опромінили яйце ксі-хвилями, але дитинча вилупилось лише через сім днів замість передбачуваних раніше десяти годин. Одразу після народження він таємниче втік з лабораторії. Камери й сенсори, встановлені в кожному секторі, нічого не зареєстрували. Пошуки в джунглях також ні до чого не привели, і ми

---

[40] Інкубатор (лат. "Incubo" - висиджувати пташенят) - спеціальне приміщення або апарат для штучного виведення молодняка з яєць.

[41] Градус за Фаренгейтом - одиниця вимірювання температури з лінійною шкалою. Названий на честь німецького фізика Даніеля Габріеля Фаренгейта, який запропонував в 1724 році цю шкалу вимірювання. У більшості країн світу замінений на градус Цельсія; лише в США і Белізі все ще широко використовується. 0 градусів за Цельсієм відповідає +32 градусів за Фаренгейтом. Таким чином, 40 - 45 градусів за Фаренгейтом рівні приблизно 5 - 7 градусів за Цельсієм.

вирішили, що більше його ніколи не побачимо. Але ми помилялися ..., - доктор Краймерс зробив паузу, уважно подивився на нас і продовжив уже тоном оповідача якоїсь страшної історії: - Рівно через три місяці утікач сам знайшов нас, але він уже не був дитинчам. Тепер до нас повернулося жахливе чудовисько, кровожерливий самець невідомої нам тварини, що вбиває всіх на своєму шляху. І він це робив не тільки заради їжі. Безліч трупів так і залишалися недоторканими, немов цьому монстру приносило задоволення сіяти смерть серед нас. Нападав він, в основному, вночі і виключно на людей. За розповідями небагатьох свідків, хто вижив після атаки цього хижака, він з'являвся раптово, ніби матеріалізувався з самої темряви, блискавично встромляв свої гострі, як леза ножів, кігті в нещасну жертву і тягнув до себе в нічну темряву. Тому наші співробітники прозвали його Блейд Даркер - Лезо Темряви...[42]

У той час як Краймерс розповідав про це, на екрані монітора миготіли фотографії пошматованих чудовиськом працівників GEC і місцевих жителів. Я з жахом відвернулася, проте Джек продовжував дивитися на екран. Обличчя його виражало суміш огиди і гніву.

- Ну а тепер, - промовив доктор, - я хочу показати вам того, хто винен у загибелі багатьох людей на цьому острові і на кого вам, шановні наші гості, доведеться полювати. Ось як виглядає наше жахіття!

Я знову подивилася на екран і здригнулася від страху, побачивши фото чудовиська, зняте камерами спостереження.

Цей монстр був дуже схожий на триметрового хижого динозавра – дейноніха[43], що мешкав близько ста мільйонів років тому. Як і дейноніх, ящір пересувався на великих і потужних задніх лапах з чотирма пальцями (з яких один був недорозвинений і не брав участі в ходьбі), які закінчувалися великими, гострими, вигнутими пазурами. Ці м'язисті лапи повинні були розвивати неймовірну швидкість і робити гігантські стрибки, нападаючи на жертву і впиваючись в неї жахливими кігтями. Передні ж кінцівки призначалися, швидше за все, для утримування та розривання здобичі на шматки - вони були менше задніх, більш

---

[42] Від англ. "blade" - клинок, лезо і "dark" - темний, темрява.

[43] Дейноніхи (лат. "Deinonychus" - жахливий кіготь) - рід хижих двоногих динозаврів. Мешкали в ранньому крейдяному періоді, приблизно 120 - 90 млн. років тому. Свою назву дейноніхи отримали завдяки великому кігтю на другому пальці задніх кінцівок. Зовні подібні з більш відомими велоцирапторами, з якими їх часто плутають. На відміну від останніх, дейноніхи мають більші розміри і ймовірно могли лазити по деревах. Відомий лише один вид – Deinonychus antirrhopus. Аналіз саме його залишків дав початок теорії про динозаврів як про пернатих теплокровних тварин і родоначальників птахів.

гнучкими і мали п'ять довгих пальців з кігтями. Цікаво було те, що кисті чудовиська різко відрізнялися від схожих відомих динозаврів і сучасних плазунів - великий палець відстояв від всіх інших, як на руці у мавпи або людини.

Спритний м'язистий тулуб ящера закінчувався довгим сильним хвостом, що грав роль противаги при ходьбі, керма під час бігу і страшної зброї у битві. На спині виділявся віялоподібний хребет, що складався з тонких шипів різної довжини, між якими була натягнута шкірна перетинка темно-синього кольору зі світло-зеленими цяточками, тобто мала забарвлення як у шкаралупи яйця, з якого вилупилося це чудовисько. Луска ж його відливала темно-зеленим, навіть злегка бурим відтінком з дрібними коричневими крапками, схожими на якусь висип.

Витягнута голова монстра виділялася досить великими розмірами по відношенню до тіла. Злегка прочинені міцні щелепи були посипані потрійним рядомгострих зубів, які постійно змінювались, як у акули, між якими виднівся довгий, роздвоєний на кінці язик. Досить помітні складки шкіри і дрібних лусочок, навислі над великими жовтими очима з чорними вертикальними зіницями, надавали і без того страшному створінню ще більш суворий, грізний і страхітливий вигляд. Крім двох очей з обох боків голови, на лобі у чудовиська було ще й третє, так зване тім'яне око, представлене у вигляді великої чорної бородавки. На відміну від знайомих мені рептилій, у цього ящера воно було порівняно добре розвинене. Але от які функції це «око» виконувало, я не могла визначити. Крім бічних очей, поруч з вушними отворами можна було ще помітити дві великі западини черепа, а на широкій потилиці добре було видно два великих, блискучих, гострих, злегка загнутих назад роги.

- Дідька лисого! - вигукнув Джек, вражений не менше за мене. - Він схожий на одного з автоматичних іграшкових динозаврів, з якими я любив грати в дитинстві.

- Але той іграшковий динозаврик не нападав і не вбивав людей, на відміну від цієї істоти, - додав пан Мірандерік.

- Однак, незважаючи на відразливу зовнішність і надзвичайно злісний характер, ця тварина представляє великий інтерес для науки, - зауважив доктор Краймерс. - Ми вже встигли вивчити деякі його характерні особливості. Ось, наприклад, цей яскравий спинний хребет, як у спинозавра[44], мабуть, служить як для терморегуляції, тобто, підтримки

---

[44] Спинозавр (лат. "Spinosaurus" - ящір зі спинним хребтом) - рід рибоїдних двоногих динозаврів. Мешкали в крейдяному періоді, приблизно 100 - 90 млн. років тому. Спинозаври вважаються одними з найбільших м'ясоїдних тварин, що жили на Землі - вони досягали 18 метрів в довжину, 8 у висоту, а важили до 9 тонн. Широкий спинний хребет, характерний для цих динозаврів

певної температури тіла, так і для залучення самок і демонстрації своєї переваги перед іншими самцями цього виду в шлюбний період. Але він може використовуватися ще й в якості самозахисту, так як шипи, які є рухомими виростами хребців, наповнені басиліксоліном. Слина чудовиська також містить високу концентрацію цієї отрути. Схоже, ящір має імунітет до чистого басиліксоліну. Далі, мешкаючи серед заростей Скорпіонової трави, він виробив особливий захист від її шипів і насіння - між лусочками, що закінчуються крихітними, але гострими шипиками, відкриваються протоки особливих екзокринних залоз[45], що виділяють масляниста речовину. Вона змащує луску тварини, утворюючи плівку, яка перешкоджає потраплянню під шкіру насіння і отрути Скорпіонової трави, а також різних паразитів. Крім всього цього, багато місцевих жителів стверджують, що нібито бачили, як ця істота бігала по воді, наче ящірка василіск.[46] Однак ми не помітили жодних пристосувань для цього, та й саме чудовисько важить досить багато для такого трюку. Але найцікавіше і вражаюче в ньому, на мій погляд - це розміри його головного мозку. Проаналізувавши інформацію з наших сенсорних пасток, розставлених на полі Скорпіонової трави, ми отримали шокуючі дані.

Як виявилося, маса головного мозку цього ящера - тисяча сімсот тридцять сім грам, і це менше маси тіла лише в сорок разів! Для порівняння наведу такі цифри: у людини маса мозку становить приблизно тисяча чотириста грамів, що відноситься до маси тіла менше ніж сорок три рази. Та й кількість звивин в корі головного мозку у чудовиська в три рази більше, ніж у нас з вами, що значно збільшує її площу ...

- Не може бути! - не витримала я.
- Ви хочете сказати, що ця луската бестія розумніша за будь-якого з нас ?! - здивовано вигукнув Джек.

і слугував підставою для їх назви, досягав 1,7 метра. На сьогодні знайдені залишки шести спінозаврів і всі вони були виявлені на території Північної Африки.

[45] Екзокринна залоза або залоза зовнішньої секреції - орган, який виробляє свої біологічно активні речовини, так званий «секрет», і виводить їх у порожнину або зовнішнє середовище організму. До екзокринних залоз відносяться слинні, потові, сальні, молочні залози і печінка.

[46] Василіски (лат. "Basiliscus") - рід ящірок з сімейства ігуанових. Назву отримали через наявність гребенів на потилиці та спині, що робить їх схожими з міфічним створінням василіском. Ці ящірки здатні бігати по воді завдяки дуже частим ударам задніх перетинкових лап, через що поверхнева плівка не встигає прорватися під вагою їх тіла. Рід включає 4 види: звичайний, чубатий, шлемоносний і мексиканський смугастий василіск.

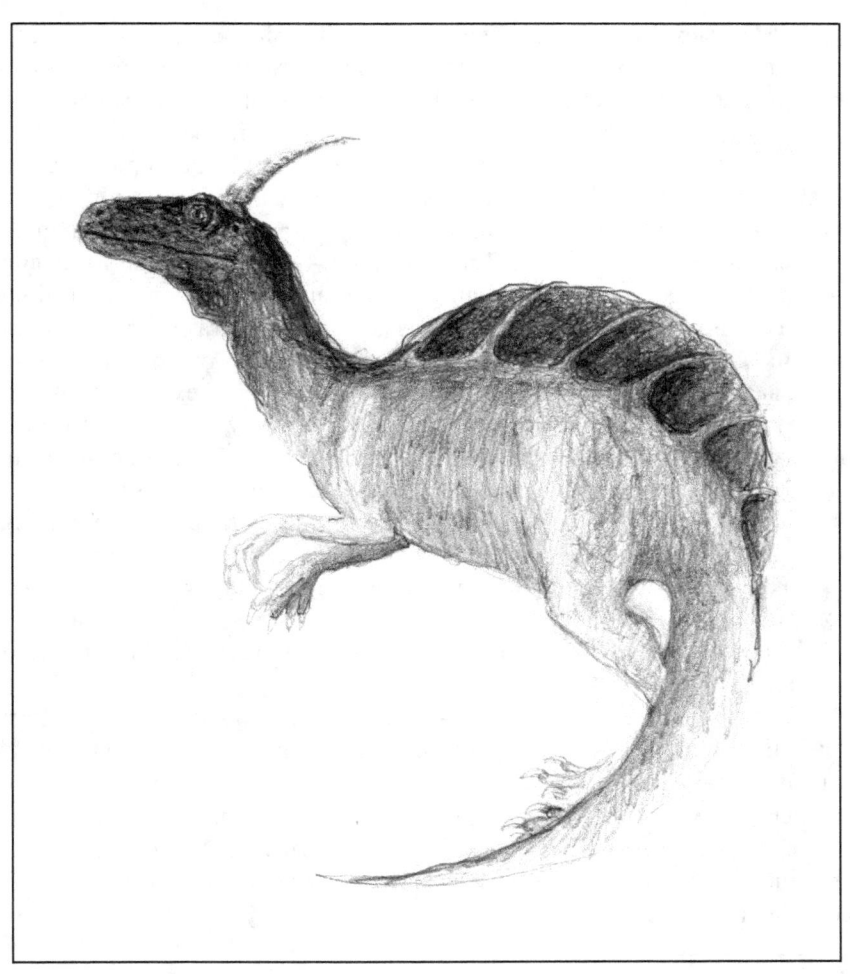

Лезо Темряви. Ілюстрація Керт Вільяло.

— Не будемо робити поспішних висновків, - відповів за доктора Лео, - у дельфінів[47] і приматів деякі показники головного мозку теж більші ніж у людини, але це не ставить їх нарівні з нами, і вже тим більше не вище нас. Людина - це вершина еволюції, найдосконаліша істота на Землі!

— Я схильний погодитися з нашим шановним директором, - додав Краймерс, - у дельфінів, наприклад, великі розміри головного мозку обумовлені розвитком ехолокаційного апарату[48], а не будь-якою вищою інтелектуальною діяльністю. Так, дельфіни - вельми розумні і кмітливі звірі, але їм все ж далеко до справді розумної свідомості і поведінки людей. Судячи з усього, і великий мозок чудовиська також призначений для виконання якоїсь певної функції, пов'язаної з його способом життя. На це вказують результати наших аналізів яйця ящера і ембріона в ньому - ми виявили формування додаткового відділу мозку, але так і не змогли визначити його призначення. Необхідно провести більше досліджень. Коли ви спіймаєте чудовисько, ми зможемо розкрити і вивчити його детальніше. І тоді, можливо, ми зможемо розкрити всі таємниці цієї незвичайної тварини.

Після цих слів головний доглядач розплідника вимкнув монітор і повернувся до мене.

— Ну що, професор Сірок, у вас є які-небудь ідеї щодо класифікації цієї істоти? - запитав він.

— Хм-м... - замислилась я. - Вона вочевидь належить до класу плазунів або рептилій. Ця тварина трохи схожа на надзвичайно великого варана, тільки що пересувається на задніх лапах. Можливо навіть, що перед нами еволюційно розвинена форма мегаланія - гігантського ящера, що жив сотні тисяч років тому на території Австралії.[49] Однак спинний хребет і згадана Вами ймовірна здатність бігати по поверхні води зближує його з василісками з сімейства ігуан ... Тим не менш,

---

[47] Дельфіни або дельфінові (лат. "Delphinidae") - сімейство водних ссавців з ряду китоподібних, підряду зубастих китів. Дельфіни - дуже рухливі, швидкі, спритні і ненажерливі хижаки, в раціон яких входять риба, ракоподібні і молюски. Сімейство включає 17 родів і близько 40 видів.

[48] Ехолокаційний апарат - орган або пристрій, здатний визначати положення (і в окремих випадках навіть структуру) об'єкта шляхом випускання звукових або радіохвиль і вловлювання їх віддзеркалення від об'єкта. За часом затримки відбитих хвиль і визначається відстань до об'єкта, його положення в просторі, розміри, форма і т.д. У тваринному світі такий спосіб орієнтації в просторі найбільш розвинений у кажанів і дельфінів.

[49] Мегаланія (лат. "Megalania prisca" - величезний древній бродяга) - найбільша наземна ящірка з сімейства варанів. Мешкала в епоху плейстоцену, приблизно 1,5 млн. років тому. У довжину сягала 7 метрів, а важила до 600 кг.

через специфічні особливості чудовиська я б виділила його в особливе сімейство великих королівських ящерів, або мегаловасилісків[50]... рід, припустимо, клинкових ящерів, або ламінідів[51]... і вид ... нехай так і залишиться - Лезо Темряви.

Доктор Краймерс на хвилину задумався, чухаючи своє бездоганно виголене підборіддя, а потім звернув до мене сяюче обличчя:

- Відмінно! Я цілком згоден з Вами. Якщо дозволите, я так і зазначу класифікацію цієї тварини у своєму звіті. Безсумнівно, я назву Вас як її автора.

- Так, звісно, - відповіла я, дістаючи блокнот з кишені і роблячи відповідні записи.

- Ну що ж, - вставив слово Джек, - якщо ви закінчили обговорювати всі принади цієї істоти, то час перейти до наступного важливого питання: скільки?

Пан Мірандерік посміхнувся і сказав:

- Півтора мільйона кожному за піймання або вбивство монстра.

Це були дуже великі гроші, і я вже хотіла було погодитися, але Джек зробив мені ледь помітний жест, щоб я мовчала, а сам заявив:

- Враховуючи всю складність і небезпеку, пов'язані з затриманням цієї мізкуватої тварини... Два мільйони кожному! При цьому двадцять п'ять відсотків зараз, решту потім! Згодні?

Лео знову обдарував нас своєю посмішкою:

- А Ви знаєте ціну своїй справі, пан Андер. Що ж, по руках!

Потім він дістав з шухляди столу чотири примірники контракту: дві копії на моє ім'я й інші дві - на ім'я Джека. Ми їх уважно прочитали і підписали, після чого задоволений директор компанії сам поставив на них свій підпис, віддав нам два примірники, а інші прибрав назад в стіл, звідки потім з'явились товстенькі пачки новеньких хрустких купюр. Мисливець швидко схопив свій аванс і сховав у кишені брюк. Я наслідувала його приклад.

- А тепер, коли ми владнали всі ключові справи, дозвольте провести вас в місцеве поселення, де вам вже виділено скромний, але дуже затишний будиночок, - запропонував пан Мірандерік, піднімаючись з-за столу.

Попрощавшись з доктором Краймерсом, ми в супроводі Лео знову поринули в лабіринт коридорів його компанії.

---

[50] Від грец. "Μεγαλο" - великий і "βασιλίσκος" - царьок, корольок.
[51] Від лат. "Lamina" - лезо, клинок.

Розділ IV.
Загадкові «Хвилі Сонця».

Ми вийшли з будівлі головної лабораторії GEC і попрямували ледве видною в густій траві стежкою в поселення жителів цього острова, які називали себе Сололеадас. По дорозі пан Мірандерік вирішив коротко розповісти нам про цих людей, оскільки кілька днів, тижнів, а може навіть місяців нам потрібно було жити з ними пліч-о-пліч.

- Пам'ятаєте, я казав вам про те, що острів С*** - це результат сильного зіткнення літосферних плит - Австралійської і Тихоокеанської, що стався кілька сотень років тому. Але це був лише початок порівняно з тим, що трапилося пізніше, ще приблизно через сотню років, а саме в період Великого Атлантичного Катаклізму. З історії ви напевно знаєте про те, що тоді, під час повного сонячного затемнення, відбулося потужне виверження гігантського підводного вулкану в Атлантичному океані поблизу Азорських островів[52], що утворився через зсув Північноамериканської, Євразійської і Африканської тектонічних плит. Тоді гігантські цунамі[53] та потужні урагани обрушилися на узбережжя Португалії, Іспанії, Франції і Великобританії, не кажучи вже про африканські держави. Ніхто й донині так і не знає точного числа жертв того катаклізму - їх були десятки і навіть сотні мільйонів. Однак на цьому біди не закінчилися. Широкий розлом, що простягнувся від вулкану, який невпинно вивергався, до міста Леон в Іспанії, призвів до того, що Піренейський півострів[54] в прямому сенсі став розпадатися на частини - цілі області суші відділялися від нього і неслися хвилями і течіями у відкритий океан магмою, що хлинула з розлому. На деяких з них були люди, які не встигли евакуюватися з місця головного удару стихії. Більшу частину врятували за допомогою вертольотів і кораблів, але решта ще довго дрейфували на невеликих клаптиках землі, поки їх не прибивало до берегів Африки чи Америки. Один з таких острівців,

---

[52] Азорські острови - архіпелаг в Атлантичному океані. Назва, ймовірно, походить від застарілого португальського слова «azures», що означає «блакитний». Клімат на островах субтропічно морський.

[53] Цунамі - високі і довгі хвилі, викликані підводним землетрусом (приблизно 85% усіх цунамі), зсувом (близько 7%), виверженням вулкана (близько 5%) або іншими причинами, що дають потужний вплив на товщу води.

[54] Піренейський або Іберійський півострів - найпівденніший і західний півострів Європейського континенту. Омивається Атлантичним океаном, Середземним морем і Біскайською затокою. Основну територію півострова займають держави Іспанія і Португалія.

що відірвався від північно-західної частини Іспанії, підхопила Канарська, а потім Гвінейська течія і направила на південь вздовж західного узбережжя Африки. Далі, потоком Західних Вітрів його винесло в Тихий океан, де, нарешті, прибило до острову С ***. Як бранці цього клаптика суші змогли вижити, досі залишається загадкою. Та все ж вони дісталися до С ***, перебралися на острів і стали першими людьми, які ступили на цю землю. Вони заснували на острові поселення і назвали себе Сололеадас, що в перекладі з одного з діалектів іспанської мови означає «сонячні хвилі». Сололеадас запевняли, що більшу частину плавання вранці сонце показувало їм напрямок, освітлюючи океанські хвилі попереду своїми золотими променями. І не дивно, адже Антарктична циркумполярна течія, або, як її часто називають, потік Західних Вітрів, відносила клаптик суші з тими, хто вижив, все далі на схід. Тим не менш, золотиста доріжка в океані попереду очевидно давала їм надію на світле майбутнє ... А, ну от ми і прийшли...

Пан Мірандерік провів нас повз невеликі хатинки, побудованих з колод пальм і якогось місцевого різновиду тропічної сосни, стебел бамбука, соломи і пальмового листя, до широкої площі в самому центрі поселення. Перед собою ми побачили досить велику в порівнянні з іншими будівлю, над широким входом до якої були розвішані різні дерев'яні таблички, хрести та людські фігурки.

- Хатина їх вождя, - пояснив Лео. - А всі ці фігурки - талісмани, нібито охороняють його і все поселення від чудовиська.

Потім він підійшов до входу в хатину і злегка постукав по бамбуковій підпірці дверного отвору. Зсередини донеслися якісь незрозумілі нам слова, після чого Лео з посмішкою повернувся до нас:

- Заходьте, будь ласка, друзі мої. Вождь готовий прийняти вас.

Ми увійшли в досить просторе приміщення з широким ліжком, столом і безліччю дерев'яних шафок і полиць і побачили перед собою вождя Сололеадас, який сидів на невеликому строкатому килимку. Це був старий чоловік, невисокого зросту, худорлявий, сутулий, зі шкірою хворобливо-жовтого кольору. Лише його зацікавлений погляд виблискуючих очей видавали в ньому бадьорість духу. Одягнений він був у тонкий довгополий халат, прикрашений зображеннями різних дивовижних істот, а на шиї, зап'ястях і щиколотках красувалися численні намиста і амулети, що свідчили, мабуть, про його владу.

При зустрічі з нами вождь вітально кивнув головою і плавним жестом запропонував нам присісти. Ми опустилися навпочіпки на постелені для нас килимки, а пан Мірандерік, продовжуючи широко посміхатися, залишився стояти поруч з нами. Вождь уважно оглянув нас, а потім крикнув комусь зовні: «Судоселесте!».

Через кілька секунд до будинку увійшов місцевий хлопчик років чотирнадцяти, одягнений лише в шорти синього кольору. У нього була світла, майже біла шкіра, сильні руки і ноги, темно-коричневе волосся і сумні блакитні очі. Новоприбулий не поспішаючи підійшов до вождя і став обмінюватися з ним короткими фразами на мові, що нагадувала іспанську. Лео нахилився до нас, кивнув головою на хлопчика і тихо сказав:

- Це Азул Судоселесте, що можна перекласти з іспанської як «Серце блакитного неба». Гарне ім'я, чи не так? Азул єдиний з усіх Сололеадас добре говорить англійською, тому вождь кличе його на кожну зустріч зі мною. Бабуся і дідусь цього хлопчика були родом з Великобританії, але перед Великим Атлантичним катаклізмом переїхали на узбережжя Іспанії для відпочинку. Там-то їх і застала стихія. На щастя, ці люди вижили, проте опинилися разом з іспанцями на тому самому уламку Піренейського півострова, який згодом приніс їх до острова С***. Ось так бабуся і дідусь Азула потрапили сюди. Це вони навчили батьків хлопчика англійської мови, а ті в свою чергу навчили сина.

- Чому ж батьки самі не виступають у ролі перекладачів? - поцікавився Джек.

- Справа в тому, що вони стали жертвами чудовиська. Одного разу вночі, коли вони ... е-е ... шукали їстівні трави і коріння для вечері, ... воно напало і пошматувало їх. Втрата мами з татом серйозно вплинула на психічне здоров'я хлопчини. Тепер йому в голову приходять абсолютно божевільні думки, він часто впадає в глибоку депресію, а ночами часом виходить з дому і кличе когось ... ймовірно, своїх покійних батьків. Але ж був колись гарним, розумним і веселим хлопчиком. Як мені його шкода!

Лео сумно опустив голову.

Тепер я зрозуміла причину смутку в очах Азула і з глибоким співчуттям подивилася на хлопчика.

До цього часу він і вождь Сололеадас закінчили свою бесіду, і останній звернувся до нас з короткою промовою. Азул стояв поруч з ним, потупивши погляд, і швидко перекладав його слова на англійську. Повинна зауважити, що робив він це досить вміло, та й вимова у нього була чітка і правильна.

- Кабеза Релампагея, перший вождь племені Сололеадас, вітає вас у своєму поселенні, - говорив Азул, - він знає навіщо ви тут, і з радістю надасть будь-яку допомогу, про яку ви попросите. Вождь уже розпорядився виділити вам хатину моїх батьків і приставити до вас мене як перекладача на весь час перебування тут. Також вам будуть допомагати кращі мисливці Сололеадас, з якими ви зможете познайомитися завтра вранці. З усіма важливими для вас питаннями, порадами та проханнями можете звертатися прямо до вождя. Гостям з такою шляхетною метою,

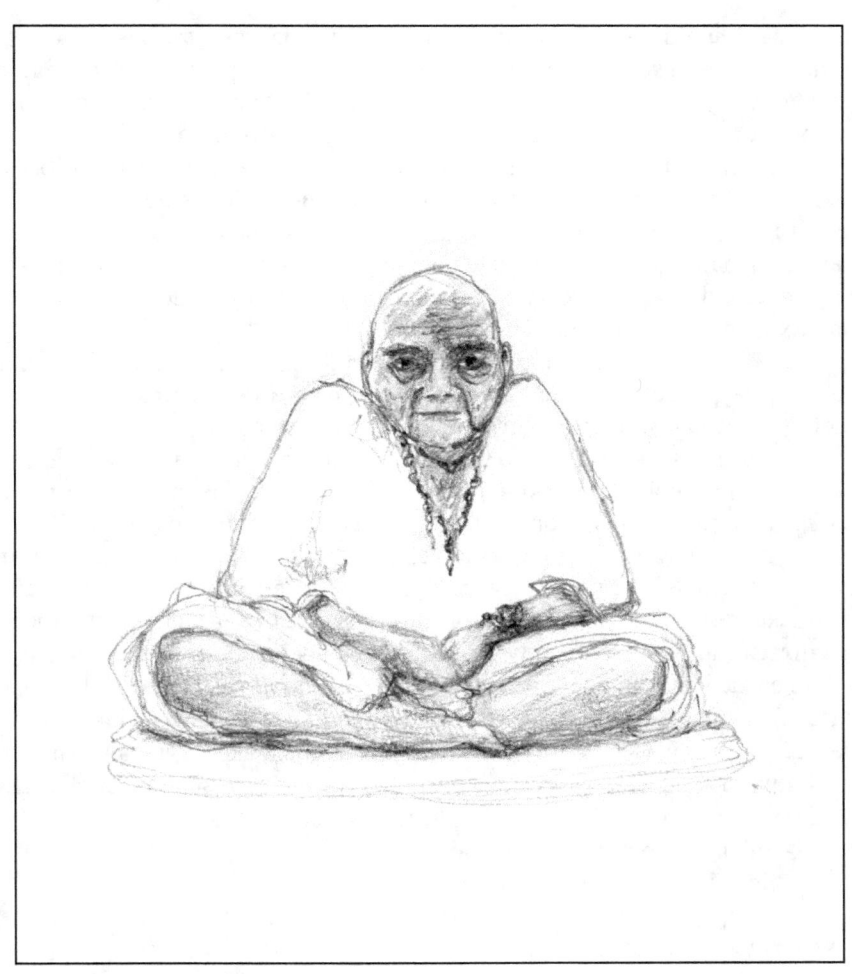

Кабеза Релампагея. Ілюстрація Керт Вільяло.

як у вас, Кабеза Релампагея завжди готовий простягнути руку дружби. І якщо ви зможете позбавити Сололеадас від страшного Прокляття Темряви, то заслужите величезну подяку і повагу вождя і всього племені і отримаєте в дар від нас Менохерідо, багато Менохерідо.

- Який такий «херідо» ми отримаємо? - пошепки поцікавився Джек.

- Менохерідо[55], - також тихо поправив його Лео, - це настоянка з листя і квіток скорпіонової трави, здатна залікувати вельми серйозні рани і володіє ефектом омолодження. Один з наших подарунків вождю і його племені. Ця настоянка дуже високо цінується у Сололеадас, та й у наших клієнтів у всьому світі теж.

- Ну що ж... величезне Вам дякую, вельмишановний вождь, - уже голосно звернувся до Кабеза Джек. - Ми спробуємо зробити все можливе, щоб Сололеадас більше не боялися цього «прокляття».

Азул нахилився до вуха вождя і переклав слова мисливця, після чого той посміхнувся і вдячно кивнув головою. Потім пан Мірандерік наблизився до вождя і хлопчика, щось сказав їм і підійшов до нас.

- Зараз, друзі мої, ми з вами на деякий час попрощаємося, - сказав він. - Азул проведе вас до свого будинку, де ви і будете жити. Ваші речі вже там, тож можете вже влаштовуватися на ваш розсуд. Добре виспіться цієї ночі! І я зайду до вас завтра вранці разом з мисливцями Сололеадас і своїми кращими снайперами. А поки компанію вам складе Азул. Тільки ..., - тут Лео нахилився до нас і прошепотів: - Тільки, будь ласка, не розпитуйте його про батьків і чудовисько. Душевна травма хлопчика ще не зажила, і спогади про ту трагедію можуть викликати нові напади депресії і божевілля. Домовилися?

- Звісно, - прошепотіла я у відповідь.

- Без питань, - додав Джек.

- Добре. Тоді побачимося завтра. Відпочивайте! - пан Мірандерік випростався і вийшов з хатини.

- Ходімо! - пробурмотів Азул і вийшов за директором. Ми обмінялися ввічливими кивками з вождем Сололеадас, встали і пішли за хлопчиком.

Пройшовши через всю центральну площу і широку вулицю між дерев'яних будівель різних форм і розмірів, ми підійшли до досить великої, хоча і злегка меншого розміру, ніж у вождя, хатини на околиці поселення. Вона складалася з трьох просторих кімнат, у кожній з яких висів гамак, стояла низька шафка з одним відділенням, дерев'яний стіл і кілька стільців. На столі стояла сучасна настільна лампа, яка працювала від сонячних панелей[56] і акумулятора на даху. Ймовірно, це був подарунок

---

[55] Від ісп. "me no herido" - я не поранений; мені не боляче.

[56] Сонячна панель, сонячна батарея або фотоелектричний перетворювач -

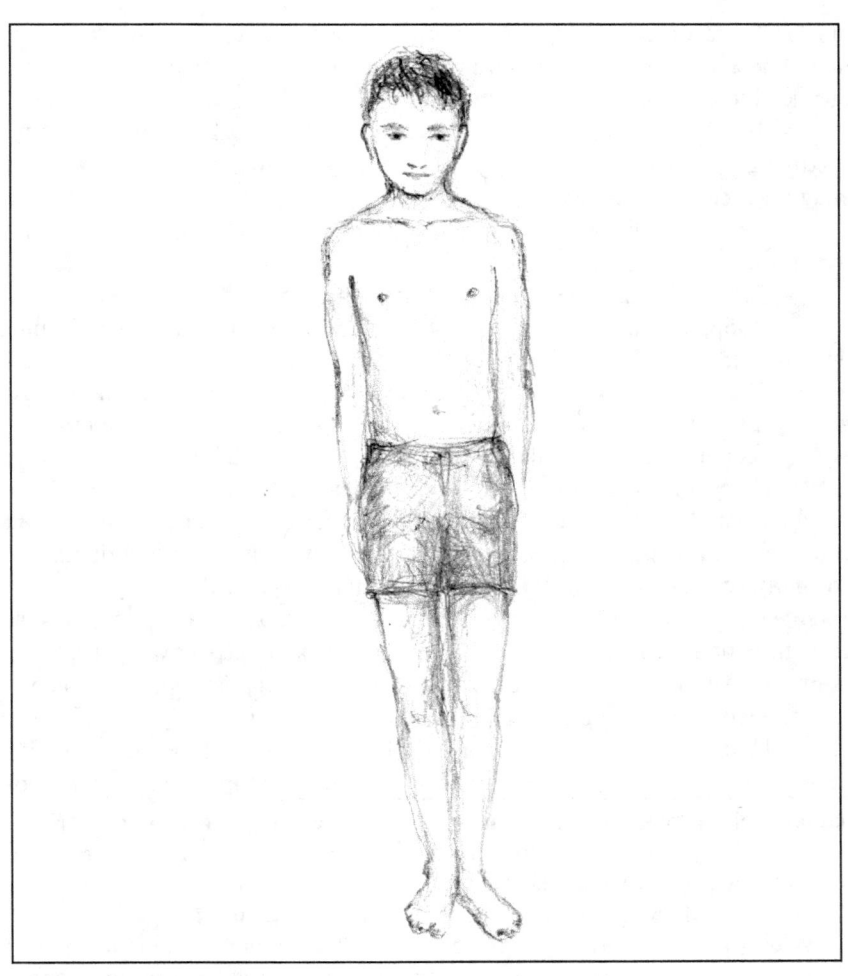

Азул Судоселесте. Ілюстрація Керт Вільяло.

від GEC. На стінах зі скріплених разом товстих стебел бамбука висіли найрізноманітніші прикраси та амулети. А на підлозі були розстелені строкаті циновки.

- Ви будете жити в цих двох кімнатах, - сказав понуро Азул, махнувши рукою направо, - я буду спати у сусідній. Якщо вам що-небудь знадобиться, просто покличте мене.

- Велике тобі дякую, Азул! - відповіла я ласкавим голосом. - Ми дуже цінуємо твою гостинність.

- Так, хлопець, дякуємо! - приєднався Джек.

- Добре, - сказав Азул, оглянув нас своїми сумними очима і пішов до себе в кімнату.

- Бідний хлопчина, - пошкодував Азула Джек, дивлячись йому вслід. - Гаразд, я пішов до себе. Якщо буде нудно, просто поклич мене. Я зможу тебе відмінно розважити!

- Не сумніваюся, - кинула я мисливцеві навздогін.

Потім я увійшла у відведену для мене кімнату, дістала з-під гамака свій похідний рюкзак, мабуть, доставлений сюди співробітниками компанії і стала розкладати на столі різноманітні речі. Спочатку з рюкзака з'явився портативний електронний наноскоп[57], який заряджається від сонячних панелей і дозволяє побачити в деталях навіть сам атом[58]. Потім поруч з ним на столі з'явився складаний ДНК-аналізатор, призначений для вивчення структури ланцюжка ДНК[59] в клітині, а також її окремих генів. Поступово з рюкзака на стіл перекочувало інше обладнання: захищений ноутбук[60], електронний блокнот, набір колб і пробірок, напівпровідниковий пристрій, що перетворює сонячну енергію в постійний електричний струм. Застосовується як в мікрокалькуляторах, так і на штучних супутниках і космічних станціях.

[57] Від грец. "Nãvoς" - карлик, гном і "σκοπέω" - дивлюся.

[58] Атом (др.-грец. "Ἄτομος" - неподільний) - найменша хімічно неподільна частина будь-якого хімічного елемента. Складається з атомного ядра і електронів. Сукупність пов'язаних між собою атомів утворює молекулу.

[59] Дезоксирибонуклеїнова кислота (ДНК) – складна органічна сполука, що забезпечує зберігання, передачу з покоління в покоління і використання генетичної інформації, необхідної для життя і розвитку живих організмів. У клітинах рослин і тварин ДНК знаходиться в ядрі клітини у складі особливих структур - хромосом. Вона представлена у вигляді спірально закрученої двох ланцюгової молекули, що складається з повторюваних хімічних блоків - нуклеотидів. Ділянки ДНК, що несуть специфічну інформацію, наприклад, про будову певного білка, називаються генами.

[60] Захищений ноутбук або «позашляховик» - портативний персональний комп'ютер, призначений для роботи в екстремальних умовах. Володіє підвищеною стійкістю до вібрації, ударів і несприятливого впливу

баночки з різними хімічними препаратами, лупа і набір збільшувальних лінз, багатофункціональний складаний ножик з кількома додатковими інструментами, переносний універсальний термос і пістолет-транквілізатор з комплектом сильнодіючих дротиків, що усипляють.

Розклавши всі ці прилади та інструменти на столі, я закинула напівпорожній рюкзак назад під гамак і стала дивитися на величезний помаранчевий диск сонця, що повільно занурювався в густі джунглі навколо поселення. Ось він уже зник за кронами дерев, але широкі смуги його променів подекуди ще пронизували завісу листя. Ніжні кольори неба почали поступово тьмяніти. Почулися перші боязкі звуки коників і цикад[61], немов музиканти налаштовували свої інструменти перед великим концертом.

Тільки тепер я відчула неймовірну втому після зборів у дорогу, перельоту і прогулянок по лабораторії GEC. Я прилягла на пружний, з великими латками гамак і, злегка похитуючись в ньому, стала обмірковувати всю отриману за сьогодні інформацію.

Що це за жахливий звір тероризує місцевих жителів? Звідки він узявся? Невже його великий головний мозок вказує на інтелект? Тоді, як така високо розвинута істота могла виникнути на острові, якому всього лише кілька сотень років? Може, вона була завезена звідкись ... Але тоді звідки? Чому чудовисько нападає тільки на людей? І чому GEC не може допомогти Сололеадас захиститися від нього або просто відправити їх назад додому, до Нової Іспанії? ... Хоча від неї мало що залишилося після катаклізму ... Ну, на інший континент, ближче до безпеки і цивілізації ...

Питання, немов настирливі мухи, лізли мені в голову, і ні на одне з них я не могла придумати більш-менш розумної відповіді. Поступово мій мозок відмовився сприймати їх; питання просто котилися крізь нього, як гірський струмочок серед могутніх скель. Повіки наливалися свинцем і стали повільно закриватися.

З сусідньої кімнати чулися гучний дзвін, брязкіт, стукіт, разом з вишуканою лайкою Джека. Схоже, він перевіряв свою зброю. І під дзвінкі трелі цикад і смачну лайку мисливця очі мої закрилися і я заснула глибоким сном.

навколишнього середовища. Використовується в основному у військових, рятувальних та науково-дослідних службах.

[61] Цикади (лат. "Cicadidae") - сімейство крилатих комах. Поширені по всьому світу. Живуть на деревах і чагарниках, з яких висмоктують соки за допомогою хоботка. Мають спеціальну звукову мембрану, яку використовують для вельми гучного стрекотіння - так самці привертають до себе увагу самок. Сімейство нараховує близько 20000 видів.

Розділ V.
Полювання на чудовисько.

- Пі-ідйом!!!
Ба-а-ах!!!

Від раптового крику і пострілу у мене над вухом я схопилася і враз брязнула з гамака на підлогу. Протерши очі і озирнувшись, я помітила поруч із собою регочучого щосили Джека з великокаліберною автоматичною гвинтівкою в руках.

- Доброго ранку, красуне! Бачу, ти вже встала. Яка жвава! Ха-ха-ха! - сміявся він. - Ну що, готова до сьогоднішньої пригоди?

- Джек, чорт би тебе забрав! - гнівно вигукнула я, встаючи з підлоги. - Якщо ти будеш щоранку мене так будити, то я навряд чи зможу насолодитися усіма радощами пригод з тобою.

- Та добре, - відповів він, грюкнувши мене по спині з такою силою, що я мало не проломила стіну перед собою - не хникай! Будь чоловіком! ... Тобто ... це ... жінкою ... ну, загалом, ти мене зрозуміла.

Вмиваючись прохолодною водою з прозорого, виблискуючого на сонці струмка, який протікав недалеко від нашого нового будинку, ми повернулися назад до хатини, де і побачили на порозі Азула. Помітивши нас, він сказав:

- Сніданок готовий. Прошу іти за мною, - і повів нас на задній двір, де на густій і вологій від роси траві стояв дерев'яний стіл і три стільці. На столі ми побачили кілька глиняних мисок з салатами з різних овочів, ягід і коріння, а також стакани з водою зі струмка, що іскрила в променях вранішнього сонця. Ми сіли за стіл і стали куштувати кожен із запропонованих варіантів салату.

Сніданок проходив у мовчанні. Тільки ранкові птахи, швидше за все з сімейства дроздових[62], що сиділи десь в кронах дерев, тішили наш слух своїм мелодійним співом. Закінчивши їсти, Азул зібрав посуд і пішов до струмка, щоб вимити його, а ми залишилися сидіти за столом, чекаючи пана Мірандеріка і мисливців. Джек закурив цигарку і, опершись на спинку стільця, став пускати в повітря сизі хмарки диму.

- Знаєш, - порушив він мовчанку, - мені здається, що нам все ж таки потрібно поговорити з Азулом. Можливо, він зможе розказати що-небудь важливе про звички цього хижака.

---

[62] Дроздові (лат. "Turdidae") - сімейство невеликих співочих птахів. Поширені по всьому світу, за винятком полярних областей і деяких віддалених островів. Харчуються комахами і їх личинками, равликами, дощовими хробаками, а також плодами деяких рослин. Дроздові характеризуються своїм гучним і мелодійним співом. Сімейство нараховує близько 300 видів.

- Так, - погодилася я, - але тільки зробити це треба дуже обережно, ... необхідно дочекатися слушної нагоди.
- Вірно. Нехай поки звикає до нас. Та й ми краще дізнаємося хлопця. Тоді й зможемо знайти делікатний підхід до нього.

Я кивнула, і ми обидва знову замовкли, так як повернувся Азул, ведучи за собою пана Мірандеріка з двома співробітниками GEC, озброєними променевими снайперськими гвинтівками і четвіркою мисливців Сололеадас з метальними списами в руках і довгими луками і сагайдаками стріл на шкіряних ременях, перекинутих через плечі. Директор компанії і його помічники були одягнені в спеціальний мисливський одяг кольору хакі, в той час як на Сололеадас були лише одні пов'язки на стегнах, що дозволило мені милуватися їх сильними засмаглими тілами.

Доброго ранку, друзі мої! - привітно посміхнувся нам Лео. - Бачу, ви вже поснідали. А я думав, що доведеться вас будити.
- Дехто зробив це раніше Вас, - відповіла я, блиснувши очима на Джека, що широко посміхався.
- Ну що ж, якщо ви вже готові, пропоную негайно відправитися на пошуки чудовиська, - сказав директор.
- Добре. Мені треба тільки взяти деяку зброю, - заявив Джек, встаючи і прямуючи до хатини Азула.
- Так, і мені потрібно прихопити деякий інвентар. Зачекайте нас, будь ласка, біля входу в хатину, - додала я, слідуючи за ним.

Перебравши речі в своїй кімнаті і розсунувши по кишенях куртки та шорт збільшувальні лінзи, кілька пробірок, складаний ніж і пістолет-транквілізатор із запасом дротиків, я вийшла до компанії, що нас очікувала. Потім з'явився Джек, обвішаний як новорічна ялинка ножами, пістолетами і рушницями найрізноманітніших форм і розмірів.
- Тепер, коли всі в зборі, можна рушати в дорогу, - сказав пан Мірандерік.
- А хіба Азул з нами не піде? - запитав Джек.
- Ні-ні, - відповів Лео, озираючись на хатину.- Думаю, що не варто піддавати хлопчика небезпеці. Та й до того ж ці мисливці Сололеадас вже досить довгий час співпрацюють з нами і злегка розуміють англійську.
- Гаразд, - погодився Джек. - Тоді ходімо.

І ми вирушили через село Сололеадас в густі джунглі на пошуки жахливого чудовиська. Жителі поселення виходили назустріч і радісно вітали нас.

- Буенос діас, сеньор і сеньоріта! Буен в'яхе![63] – з посмішкою говорили вони. А їхні діти бігали навколо нас і кричали: «Салвадорес! Ерое і ероіна!».[64]

Незабаром колоди і бамбукові хатини Сололеадас змінилися височенними деревами, могутні стовбури яких були суцільно обплутані мохом і лишайниками[65], різноманітними повзучими рослинами і гнучкими ліанами. Крізь крони дерев високо над нами пробивалися золотисті доріжки сонячного світла, в яких літали різні комахи, насолоджуючись його цілющою енергією. Вони раз у раз сідали на стовбур дерева, або травинку, або квітку і починали голосно скрекотати, додаючи свою музику до інших звуків навколо.

Пройшовши пару десятків метрів вглиб джунглів, пан Мірандерік змахнув рукою, даючи зрозуміти, щоб ми зупинилися.

- Отже, - заговорив він, повернувшись до нас, - зараз нам необхідно знайти і знешкодити кровожерливе чудовисько, що розгулює десь у цих джунглях. Я вирішив особисто взяти участь у цій справі разом з вами, щоб ... переконатися, що загроза для моїх працівників і Сололеадас нарешті, усунена, а також самому сприяти цьому. Попереджаю, що це буде дуже небезпечне полювання, оскільки з позаминулої ночі тварина не вбила жодної людини, і сьогодні вона, ймовірно, не проти буде нами поснідати. І хоча цей хижак рідко нападає вранці або вдень, я все ж раджу бути вкрай обережними. Для обстеження більшої території нам доведеться розділитися на три групи: мисливці Сололеадас підуть на схід, я зі своїми вірними снайперами відправлюся на північ, а ви, друзі мої, - на захід, - тут пан Мірандерік дістав з кишені штанів два невеликих пристрої із сенсорними екранами[66] та наборами кнопок і простягнув їх нам, - ось вам кожному по електронній карті з Джі-Пі-Ес[67] навігацією,

[63] Від ісп. "¡Buenosdías, señor y señorita! Buenviaje!" - Доброго ранку, пане і пані! Гарної вам подорожі!
[64] Від ісп. "¡Salvadores! Héroe y heroína!" - Рятівники! Герой і героїня!
[65] Лишайники (лат. "Lichenes") - органічні утворення з мікроскопічних грибів, зелених водоростей і/або бактерій, що співіснують разом. Використовуються в якості індикаторів забруднення навколишнього середовища, корму для деяких домашніх тварин, а також у фармацевтиці. Відомо близько 26000 видів лишайників.
[66] Сенсорний екран - екран, що реагує на дотик до нього. Перший такий екран з'явився в США в 1972 році. В даний час використовуються в комп'ютерах, мобільних телефонах, інформаційних кіосках, платіжних терміналах, індустріальних панелях управління і т.д.
[67] Global Positioning System (GPS) / Глобал Позішенінг Систем (Джі-Пі-Ес) - супутникова система навігації, що дозволяє визначити місце розташування і швидкість об'єкта в будь-якій точці Землі і майже при будь-якій погоді. Система

компасом і передавачем, за допомогою якого ми зможемо підтримувати зв'язок один з одним. Начебто і все ... У вас є питання?

- А чому б нам спершу не обстежити гніздо, де було знайдено яйце чудовиська? - запитала я, беручи карту з передавачем і розглядаючи її.

- Печера, в якій мисливець знайшов яйце, розташована у схилі гори поруч з полем, де ми вирощуємо Скорпіонову траву. Не думаю, що вам принесе велике задоволення продиратися через отруйні колючки і вдихати насіння цієї цікавої і корисної, але надзвичайно небезпечної рослини, - багатозначно усміхнувся Лео.

- Питань більше немає, - відповіла на це я.

- Так, ще одне! - Схопився Лео і витягнув з іншої своєї кишені два великих блискучих кігтя, в яких були просвердлені отвори і протягнуті мотузки з ліан. - Це вам подарунок від вождя Сололеадас - пазурі монстра, якого вам належить зловити або вбити. Одного разу чудовисько напало на нього, але вождь зумів ухилитися і відрубати йому два пальці своїм мачете. Поранена тварина тут же зникла в ночі. Повернувшись додому, КабезаРелампагея витягнув кігті з відрубаних пальців, почистив їх, а потім прийшов до нас і попросив просвердлити в них отвори для мотузок. І з тих самих пір він зберігав ці кігті, чекаючи, коли прийдуть сміливі, сильні і мудрі мисливці і звільнять Сололеадас від «Прокляття Темряви». Ну і ось Кабеза вирішив подарувати їх вам. Вождь просив передати, що ці кігті наділять кожного з вас силою і спритністю чудовиська, а також захистять від злих чар Темряви, що наслала це «Прокляття» на нас. Можете в це не вірити, але подарунок, будь ласка, прийміть, щоб не образити вождя.

Ми недовірливо наділи ці своєрідні амулети на шию. Мисливці Сололеадас вітали цей вчинок посмішками і схвальними кивками. Потім пан Мірандерік вказав їм на схід, і ті стали обережно пробиратися крізь густі зарості чагарників і папороті в цьому напрямку.

- Ну що ж, - знову звернувся директор до нас, - дозвольте побажати вам успіху і хай щастить! І ... я дуже сподіваюся побачити вас знову ... живими.

-Навзаєм, - коротко відповів Джек.

Після цього Лео посміхнувся нам на прощання і разом зі своїми мовчазними снайперами зник у густій рослинності джунглів.

Ми включили видані нам електронні карти і попрямували в західну частину острова С***. Джек йшов попереду, розчищаючи шлях крізь тропічний ліс широкими помахами свого великого ножа-мачете; я йшла за ним, оглядаючи місцевість і звіряючи наше місце розташування з показниками на карті.

була розроблена в США в 1973 році у військових цілях, але на сьогоднішній день більше застосування отримала в науковій і громадській сферах.

Так ми пройшли кілька годин. За доріжками сонячних променів, які то тут, то там прорізали зелену стелю джунглів, можна було визначити, що сонце стояло вже в зеніті. Світ навколо нас помітно пожвавився і збагатився новими яскравими і цікавими істотами. Серед заростей папороті і різних екзотичних рослин плавно пурхали різнобарвні тропічні метелики вельми великих розмірів і, немов мініатюрні ракети, пролітали яскраві колібрі[68] величиною не більше джмеля. А з вершин дерев долинав різноголосий спів таємничих птахів.

Ще через деякий час джунглі розступилися, немов відкрилась велика зелена завіса, і перед нами постала невеличка річка, води якої сліпуче блищали в променях полуденного сонця. Щоб трохи відпочити, ми присіли на великий камінь біля берега річки. Я включила свій передавач для того, щоб зв'язатися з Лео. Спочатку з нього долинало лише якесь шарудіння, а потім почувся м'який голос пана Мірандеріка:

- Так, Джессі?
- Лео, ми поки що нікого і нічого не виявили, - повідомила я. - Тепер ми сидимо на березі якоїсь річки. Куди нам далі йти?
- Так, на сьогодні, думаю, вистачить, - долинуло з передавача. - Ми теж нічого не помітили. Зараз можете повертатися назад. Зустрінемося у вашій хатині.
- Добре, - відповіла я і вимкнула переговорний пристрій.

Потім я звернулася до Джека, який сидів поруч і обсмоктував чергову цигарку:
- Ну що, йдемо назад?
- Мабуть, - відповів мисливець, випустивши хмарку диму і вже зібрався встати з каменю, як раптом втупився на щось на землі перед собою, очі його округлилися, а цигарка випала у нього з рота.
- Дивись! - сказав він, схопивши мене за плече і тицьнувши носом мало не в саму землю. Я спочатку не зрозуміла, в чому власне справа, але незабаром помітила в напівсирому ґрунті ледве помітний відбиток великої лапи з трьома пальцями і довгими кігтями ... потім ще один ... і ще ... Сліди ці простяглися від берега річки до джунглів, з яких ми вийшли.
- Сліди чудовиська! - захоплено зауважив Джек на той випадок, якщо я ще не зрозуміла цього. - Нарешті є результат! Ходімо!

---

[68] Колібрі (лат. "Trochilidae") - сімейство дрібних птахів. Характеризуються швидким і маневреним польотом. Ноги маленькі, слабкі, непридатні для ходьби, тому більшу частину життя колібрі проводять у польоті. Це єдині птахи, здатні літати назад. Харчуються нектаром квітів і дрібними комахами, яких знаходять на квітах і листі. До сімейства належать самі дрібні птахи на Землі, розміром не більше 6 см і вагою до 2 г. Відомо понад 330 видів колібрі.

І ми попрямували по слідах назад в густий тропічний ліс. Я знову включила передавач і з деяким хвилюванням у голосі повідомила:

- Лео, ми знайшли його сліди! Зараз ми йдемо по ним.

- Відмінно! - зрадів пан Мірандерік. - Я бачу на мапі ваші координати. Скоро ми наздоженемо вас.

І дійсно, приблизно через півгодини директор зі снайперами нагнав нас у невеликого дерев'яного моста через ще одну річку, і разом ми перейшли на інший берег і продовжили пробиратися крізь зарості різних рослин-епіфітів[69], орієнтуючись за ледве помітними слідами трипалих пазуристих лап. А вони то петляли серед могутніх стовбурів і коренів дерев, то кружляли на одному місці, то зникали в густій траві на галявині, і нам доводилося обшукувати місцевість навколо, щоб знайти їх продовження. Таким ось чином ми повільно просувалися в північно-західному напрямку, поки попереду, за щільною завісою з чагарників, папороті і ліан, що звисали з дерев, не почувся якийсь шелест, гул і стрекотіння. Тут Лео сказав, щоб ми зупинилися.

- Далі нам іти не можна, - заявив він.

- Це чому? - здивувався Джек.

- Там, за деревами, розташоване поле Скорпіонові трави, де ми збираємо її урожай. Нерозумно буде піддавати всіх вас і самого себе небезпеці.

- Але, а як же ... - спробував заперечити мисливець.

- Чудовисько там не могло сховатися, - відрізав директор, - наші роботи-фуражири, що збирають відцвілу Скорпіонову траву, помітили б його і подали сигнал тривоги. А оскільки сигналу не було, то наша мета вже давно в якомусь іншому місці. Так що нам краще зараз повернутися додому і відпочити. Завтра продовжимо пошуки в іншій частині острова.

Нам не залишалося нічого іншого, як послухатися і повернутися назад у село Сололеадас. Там пан Мірандерік звернувся до нас:

- Так, друзі мої, зараз я раджу вам поїсти і відпочити. Все ж похід був досить довгим і виснажливим, особливо для першого разу. Карти з передавачами ви залиште собі - вони допоможуть вам у подальших пошуках чудовиська. Вранці я знову зайду за вами, і ми прочешемо джунглі на південь від лабораторії. Цілком можливо, що там нам пощастить трохи більше.

---

[69] Епіфіти (грец. "Επιφυτόν" - на рослині) - група рослин, які ростуть на інших рослинах, але не паразитують на них. Їм не потрібен ґрунт; енергію, поживні речовини і вологу вони отримують від сонячного світла, опадів і з повітря. До епіфітів відносять водорості, мохи, лишайники, орхідеї, бромелії та інші переважно тропічні рослини.

Попрощавшись з Лео, снайперами і мисливцями Сололеадас, що до того часу вже повернулись, ми пішли далі до хатини Азула, а директор GEC зі своєю командою відправився до себе в головну лабораторію компанії.

На порозі хатини нас зустрів її господар.

- Вечеря готова. Прошу до столу, - холодно сказав хлопчик і зник у своїй кімнаті.

Ми підкріпилися капустяним салатом, яйцями червонохохлої куріпки[70] і бананами, і з полегшенням розвалилися на стільцях, неквапливо попиваючи прохолодну струмкову воду зі склянок. Незабаром прийшов Азул і став прибирати посуд зі столу.

- Ви вбили його? - раптом запитав він, пильно дивлячись на нас своїми блакитними очима. Я трохи розгубилася і не знала, що сказати.

- Взагалі-то ... ні, - сказав за мене Джек, теж злегка вражений цим раптовим питанням. - Але ми знайшли його сліди.

Азул злегка кивнув і, зібравши тарілки і стакани, поніс їх до струмка. Ми з хвилюванням перезирнулися.

- Думаєш, зараз вже можна? - тихо запитав мисливець.

- Ні, - відповіла я. - Мені здається, що ще занадто рано. Ми все ще погано знаємо Азула.

Джек кивнув на знак згоди. Потім ми встали і мовчки пішли у свої покої. Добравшись до гамака, я, не переодягаючись, впала в нього і миттєво заснула.

Так закінчився наш перший день полювання на кошмар.

Розділ VI.
Напад Темряви.

Посеред ночі я прокинулася від жахливого шуму, що стояв зовні. Я сіла і прислухалася: з вікна долинали перелякані, істеричні крики і дитячий плач упереміж з гучними вигуками іспанською мовою.

- Чорт забирай! Що там таке відбувається ?! - з сусідньої кімнати з'явилась заспана фізіономія Джека.

- Не знаю, - відповіла я. - Може вийдемо і подивимося?

Ми вийшли з хатини і попрямували до центральної площі звідки лунав весь шум і гам. Там ми побачили таку картину: все плем'я Сололеадас зібралося перед хатиною вождя; люди щось несамовито кричали, хапаючись за волосся, або з очима, повними жаху, металися по площі;

---

[70] Червонохохла куріпка або руруль (лат. "Rollulusroulroul") - невеликий, до 27 см, птах із сіємейства Фазанові (Phasianidae). Зустрічається в лісах західної частини півострова Індокитай, а також на островах Суматра і Калімантан / Борнео.

матері в страху притискали до себе дітей, що плакали. Вождь Кабеза щось пояснював своєму племені, відчайдушно жестикулюючи, але його, судячи з усього, мало хто слухав.

- Ла мальдіфьон! Ла мальдіфьон оскура еста де вуєльта![7] — долинало з натовпу.

- Що це за чортівня?! - заревів Джек, намагаючись перекричати весь цей шум. - Це що, напад загального божевілля? Або особливе місце свято якесь? І хто такий цей «Ла мальдіфьон»?

- Прокляття! - сказав знайомий голос позаду нас.

Ми обернулися і побачили поряд Азула. Він стомлено дивився на метушню на площі.

- «Ла мальдіфьон оскура» означає Прокляття Темряви, - пояснив він, - так Сололеадас називають Лезо Темряви. Схоже сьогодні вночі загинув ще один член племені, і вони вважають, що його вбила ця істота.

Ми тривожно перезирнулися. Наше сонний стан миттєво зник.

- Так, - почав проявляти організаторський характер Джек, - я йду за зброєю, а ти зв'яжися з нашим маленьким веселим другом, тобто з паном Мірандеріком і поясни йому ситуацію. Нехай бере своїх приятелів з гвинтівками і живо котить своє пузо сюди.

Не дочекавшись відповіді від мене, мисливець розвернувся і помчав назад до хатини Азула. Я кинулася за ним слідом і поки Джек перебирав свій арсенал, взяла в своїй кімнаті передавач і включила його.

- Лео, Ви мене чуєте?! Лео! Здається, чудовисько недавно напало на одного з племені Сололеадас! - закричала я в пристрій.

- Так, Джессі, я знаю, - пролунав звідти голос пана Мірандеріка, - я вже йду до вас. Зустрінемося біля хатини вождя.

Коли Джек вийшов з кімнати з великокаліберною снайперською гвинтівкою, що стріляє розривними кулями, я передала йому нашу коротку розмову, і разом ми знову попрямували до головної площі. Там ми влилися в натовп переляканих остров'ян і стали пробиратися до хатини їх вождя. Помітивши нас, Сололеадас як по команді впали на коліна і почали щось кричати нам на іспанській, махаючи в повітрі руками. Якась жінка середніх років з розпатланим волоссям і заплаканим обличчям кинулася в ноги Джеку. Той в подиві відсахнувся, а жінка почала щось швидко говорити, голосно схлипуючи і дивлячись на нього благальним поглядом. Добре, що в цей момент з натовпу виринув Лео з двома уже знайомими нам снайперами і відвів нас в хатину вождя. Там на килимку сидів, згорбившись, Кабеза і, міцно стискаючи в руках один зі своїх хрестів-амулетів, бурмотів чи то молитву, чи то заклинання.

---

[7] Від ісп. "¡La maldición! La maldición oscura está de vuelta!"- Прокляття! Прокляття Темряви повернулося!

- Він намагається закликати Бога, щоб той захистив Сололеадас від Прокляття Темряви, - пояснив пан Мірандерік, дивлячись на старого - не будемо його турбувати.

- Що Ви знаєте про напад хижака? - запитала я.

- Годину тому один з наших транспортних роботів подав сигнал тривоги. Ми попрямували за переданими ним координатами і знайшли в лісі труп одного з мисливців Сололеадас. Це був чоловік тієї жінки, що приставала до Вас, Джек. Вона, схоже, благала помститися Прокляттю Темряви за смерть її коханого.

- А чому Ви вирішили, що його вбив саме наш рогатий зубастик? - запитав Джек. - У джунглях напевно водиться ще багато хижаків.

- У тому-то й річ, що жодна м'ясоїдна тварина на цьому острові, крім Леза Темряви, на людей не нападає, - заперечив пан Мірандерік, - до того ж, жоден хижий звір острова С*** не зміг би завдати людині таких ран. Доктор Краймерс вже обстежив труп нещасного і постановив, що нога його була відкушена одним укусом потужних щелеп, живіт був розірваний на шматки довгими і гострими кігтями, а голова бідолахи була просто розчавлена міцною хваткою могутніх лап.

- От диявол! - вилаявся Джек і енергійно сплюнув.

- А можна оглянути тіло жертви? - запитала я. - Може мені вдасться що-небудь дізнатися про спосіб полювання чудовиська.

- Ну-у ... - зам'явся Лео, - взагалі-то, ми вже поховали мисливця ... І навряд чи Сололеадас, особливо дружина вбитого, будуть раді нашому рішенню його розкопати.

- Між іншим, - втрутився Джек, - поки ми з вами тут балакали, чудовисько напевно вже встигло далеко втекти і зараз спокійно перетравлює свою пізню вечерю де-небудь в печері в іншій частині острова.

- Виключено, - впевнено заявив директор. - Ми оточили джунглі навколо поселення і місця трагедії автоматичними гарматами, а по самому лісі зараз нишпорять наші роботи-спостерігачі «Сінокосці». Нам лише потрібно дочекатися сигналу, коли хто-небудь з них виявить ціль.

- А чому ви раніше не використовували подібну тактику?

- У спробі зловити або знищити Лезо Тьми ми пробували різноманітні підходи і кидали всі наші технології: і лазерні огорожі, і енергетичні мережі, і міни класу «Кліщ», і бойових роботів «Голіафів». Але ящір незрозуміло яким чином завжди умудрявся обійти наші пастки і вибирався неушкодженим з самого запеклого вогню по ньому.

- Чому ж Ви так впевнені, що ця хитра і напрочуд удачлива бестія і тепер не залишить Вас з носом?

- Справа в тому, - з гордістю почав пояснювати Лео, - що автоматичні плазмові гармати АПП-4, або «Каракурти», які ми вчора закупили в одного з наших партнерів, набагато ефективніше звичайних роботів. Вони були сконструйовані саме для полювання на великих хижих звірів у джунглях. Ці кмітливі павукоподібні машини можуть лазити по деревах, повисати на ліанах, зариватися в землю і при цьому вести безперервний вогонь по цілі з потужної плазмової гармати[72] і двох малих ракетних установок. А пара реактивних двигунів і потужні сервоприводи[73] дають «Каракуртам» високу швидкість і маневреність. Так що хижакові вони навряд чи припадуть до смаку.

- Але якщо ... - заперечив було Джек, але тут наші передавачі голосно запищали. Пан Мірандерік глянув на екран свого пристрою і засяяв.

- Відмінно! Один з «Сінокосців» помітив чудовисько, - пояснив він. - Воно рухається на північний схід, прямо до «Каракурта», щоховається серед чагарників і ліан. Вони зможуть затримати монстра в тому районі до нашого приходу.

- Тоді не будемо втрачати ні хвилини! - надихнувся Джек.

- Вірно, ходімо! - погодився Лео, і ми всі вийшли з хатини і стали прокладати собі шлях крізь натовп Сололеадас, що все ще волав та молив про нашу допомогу. Вибравшись з нього, ми бігом покрили відстань до околиці села і заглибилися в морок нічного лісу. Висвітлюючи шлях ліхтарями, наша команда спішно стала пробиратися туди, де судячи з показань робота-спостерігача повинно було знаходитися чудовисько.

Однак, діставшись до цього місця, ми побачили, як у світлі ліхтариків блиснули металеві залишки «Сінокосця». Невеликий циліндричний корпус робота-спостерігача виявився розірваним на три частини, які були розкидані по землі серед трави і чагарників папороті. Там же валялися і його чотири довгі механічні ноги, відірвані якоюсь неймовірною силою.

- Мабуть, Лезо Темряви помітив його і сприйняв як загрозу для себе, - припустила я.

- М-да, - вимовив пан Мірандерік, висвітлюючи променем ліхтаря шматки металу і мікросхем. - Між іншим, це дуже дороге обладнання.

- Замість того щоб голосити над цією іграшкою, краще б подивилися сюди, - вимовив тут Джек і освітив ґрунт перед собою. На ньому чітко виднілися сліди великих трипалих лап, що вели далі вглиб лісу. У ту ж хвилину над нами пронісся низький гул, схожий на віддалений гудок корабля.

---

[72] Плазмова гармата - тип зброї, що використовує повністю або частково іонізований газ з певними властивостями, тобто плазму.

[73] Сервопривід, або спостерігаючий привід - пристрій управління параметрами руху шляхом врахування зовнішніх даних в режимі реального часу за допомогою спеціального датчика.

- «Каракурти»! - стривожився Лео. - Це їх сигнал тривоги! Вони зустріли монстра!

- За мною! - недовго думаючи проревів Джек, кидаючись в зарості. Ми дружно пішли за ним, і переслідування продовжилося. Орієнтуючись по сигналу автоматичних гармат і по слідах чудовиська, ми, важко дихаючи, пробиралися крізь джунглі так швидко, як тільки могли.

Раптово сигнал тривоги стих. Ми зупинилися й прислухалися. Але з темряви навколо долинало лише дзвінке стрекотіння коників, цвіркунів і цикад.

- Чому не чути сигналу? - запитала я.

- Не знаю ... - дивувався пан Мірандерік. - Може, вони все-таки вбили чудовисько? У всякому разі, ми повинні перевірити. Будемо покладатися тепер тільки на карту і сліди.

І ми продовжили шлях, висвітлюючи ліхтарями землю і шукаючи сліди Леза Темряви. Через кілька метрів почулося дзюрчання води, і незабаром ми вийшли з лісу на берег досить широкої річки, що відображала на своїй поверхні безхмарне зоряне небо. Тут, в променях світла наших ліхтарів, ми побачили таку картину: два чотириногих кремезних робота з широкими і злегка приплющеними зверху корпусами стояли біля самої кромки води і спантеличено (якщо це слово можна застосувати до роботів) вертіли своїми великими гарматами в різні боки, а неподалік від них серед великих валунів валялися шматки ще трьох «Каракуртів».

- В одному Ви мали рацію, Лео, - сказав Джек, закурюючи цигарку, - ваші нові іграшки йому вочевидь не сподобалися.

- Але, але ... як? - пан Мірандерік здивовано дивився на зіпсовані корпуса автоматичних гармат, потім озирнувся на своїх снайперів. Ті дружно знизали плечима.

- Гаразд, - зітхнув він, - зараз ми вже нічого путнього не зможемо зробити, так що краще нам повернутися назад. Завтра рано-раненько прочешемо джунглі в південній частині острова. Таким чином, у нас всього три –чотири години на відпочинок.

Ми допомогли Лео та його снайперам звалити на неушкоджених «Каракуртів» останки їх механічних побратимів і всі разом знову пірнули в темряву джунглів. Зворотна дорога пройшла в повному мовчанні. Вже у поселення Сололеадас ми розділилися: я і Джек пішли до себе в хатину, а пан Мірандерік зі своїми помічниками і гарматами повернувся в лабораторію GEC.

На головній площі поселення нас зустріли Сололеадас. Вони з надією дивилися на нас, але ми тільки негативно мотали головами і знизували плечима, після чого ті пригнічено розходилися по своїх домівках. На порозі нашої хатини ми знову побачили Азула. Він хотів щось запитати, але, помітивши розчарування на наших обличчях, спокійно пішов у свою кімнату.

Дійшовши до гамака, я, знову ж таки не роздягаючись, сіла в нього і тільки тепер відчула всю тяжкість пережитої ночі. Ноги страшно боліли, а в голові кров стукала так, немов там грали на барабані том-том.[74] У кімнаті Джека чулося його напівсонне бурмотіння, якому вторив дзвін цикад, що долинав з вікна. Поступово мій розум немов огорнув темний серпанок сну, і я без опору занурилася в нього.

Морок ночі змінився мороком моєї свідомості.

Розділ VII.
У тіні сумнівів.

Я прокинулася від того, що з вікна мені в очі били промені сонця, що піднялось вже досить високо над горизонтом. Я заплющила очі і відвернулася до стіни, намагаючись знову заснути. Але сон уже зник, і я вирішила, що пора вставати. Однак подумати-то легко, а от зробити це виявилося дещо важче. Моє тіло просто не бажало залишати обійми гамака, так що довелося поступитися йому і ще якийсь час полежати в своєму ліжку. Я лише трохи підвелася, щоб з вікна поспостерігати за ранковим життям в селі Сололеадас.

Хатина Азула, в якій ми жили, знаходилася трохи віддалік від інших, тим самим маючи широкий огляд на головну площу поселення, хатини вождя та інших Сололеадас. І вікно в моїй кімнаті виходило саме на цей бік.

Напівлежачи, напівсидячи в гамаку, я з цікавістю спостерігала за двома карапузами років семи - восьми, що зі сміхом возились в траві біля однієї з хатин, а потім простежила за стрункою дівчиною в одній спідниці, яка підійшла до малюків, взяла їх за руки і відвела в цю саму хатину. Потім моя увага переключилася на групу з чотирьох чоловіків Сололеадас, що, схоже, поверталися з полювання, так як на своїх широких і сильних плечах вони несли досить великого для свого виду оленя-мунтжака.[75] З одягу на них були

---

[74] Том-том - ударний музичний інструмент циліндричної форми. Походить від барабана корінних американських і азіатських народів, якими він використовувався для військових і релігійних цілей. Зараз застосовується в сучасній музиці як частина стандартної барабанної установки, разом з малим барабаном, бас-барабаном і тарілками.

[75] Мунтжаки (лат. "Muntiacus") - рід невеликих парнокопитних ссавців з сімейства оленів (Cervidae). Довжина тіла досягає 130 см, вага - до 50 кг.

лише шорти кольору хакі, так що було видно, як їх могутні засмаглі тіла блищали на сонці і як великі м'язи, немов більярдні кулі, перекочувалися у них під шкірою при кожному русі. Мисливці щось жваво обговорювали, прямуючи до хатини вождя Сололеадас. Кабеза, одягнений в яскраві ритуальні шати, вийшов їм назустріч, простягнув руки до неба, судячи з усього виказуючи подяку Богові за вдале полювання, а потім разом з чоловіками пішов у свою хатину.

Так я і лежала б до самого полудня, а може, й довше, якби в цей час не пролунало гучне позіхання, і в дверях не з'явилася фігура Джека в одних широченних трусах.

- З добрим ранком, красуне! - звернув він до мене свою заспану неголену фізіономію, чухаючи при цьому широкі волохаті груди, потім глянув на військовий годинник на своєму настільки ж волохатому зап'ясті і з подивом відзначив: - Ого! Дуло «Ліквідатора» мені в пупок! Вже о пів на одинадцяту! Поки ми з тобою валялися в ліжку, ця луската тварюка з джунглів напевно вже встигла ким-небудь поснідати і тепер підбирає собі блюдо до обіду. Так що давай, витрушуй свої спокусливі тілеса з гамаку і рухаємо швидше на полювання!

Випаливши цей монолог практично на одному диханні, Джек враз зник у своїй кімнаті, так і не давши мені вставити ні слова.

Я знехотя піднялася і пішла вмиватися. Привівши себе в порядок, я повернулася в кімнату і стала готуватися до сьогоднішнього походу, розкладаючи по кишенях пробірки, збільшувальні лінзи, блокнот, складаний ножик, обойми дротиків для пістолета-транквілізатора і, звичайно ж, сам пістолет. Після цього я відправилася слідом за Джеком снідати.

За столом нас зустріла промениста усмішка директора GEC.

- Доброго ранку, друзі мої! - привітав він нас, встаючи зі стільця і дивлячись на наші все ще заспані обличчя. - Бачу, ви ще не зовсім прокинулися. Ну нічого, прогулянка джунглями, що кишать отруйними зміями і гігантськими павуками, швидко підбадьорить вас.

- Мені здається, Ви перебільшуєте, - зауважила я, сідаючи за стіл і підсуваючи собі тарілку з яєчнею і салатом. - Наскільки я знаю, на цьому острові не існує отруйних змій. А щодо гігантських павуків... я сумніваюся, що вони небезпечні для людини.

У самців виростають невеликі роги з одним або двома відгалуженнями. Мунтжаки мешкають в густих заростях лісів. Їх популяція поширена у східній та південній Азії, а також на островах Калімантан / Борнео, Тайвань / Формоза і Ява. Там вони є предметом полювання, тому що їх м'ясо вважається делікатесом.

- Знаєте, Джессі, - заявив пан Мірандерік, - я вже багато років живу на острові С*** і можу сказати точно: він схильний підносити всілякі сюрпризи.

Після сніданку (а судячи з часу, обіду) Лео, Джек і я вирушили до головної площі села, де нас вже чекала все та ж парочка снайперів і четвірка мисливців Сололеадас. Виходячи з домовленістю обшукати сьогодні південну частину острова, ми, ні секунди не зволікаючи, попрямували на південь.

Йдучи за Джеком, що розчищав нам шлях крізь зарості своїм мачете, я все думала про плем'я Сололеадас і питання, які мучили мене позаминулої ночі. Нарешті, наважившись, я запитала у Лео:

- Скажіть, будь ласка, а чому Сололеадас досі не забрали на їхню батьківщину чи не відшкодували їм збитки від наслідків катаклізму і не забезпечили нормальними умовами життя? Адже вони ж стоять на обліку в урядовій базі даних Іспанії і, отже, їх повинні були розшукувати.

Схоже, що директор зовсім не очікував такого питання, принаймні, в той момент. Обличчя його на секунду висловило хвилювання, потім спробу щось згадати, але потім воно знову прийняло привітний, щасливий і вічно усміхнений вираз.

- Справа в тому, - заговорив він, - що на батьківщині у перших Сололеадас не залишилося практично нікого з рідних і близьких - всі вони загинули під час Великого Атлантичного Катаклізму. Та й від самої їхньої батьківщини, тобто Іспанії та Португалії, мало що залишилося. Сьогоднішній Піренейський півострів - це розколотий на частини, наполовину затоплений океанськими водами і наполовину вкритий застиглою магмою символ люті природи і пам'ятник десяткам мільйонів її жертв. Так що Сололеадас нікуди було повертатися, і вони вирішили залишитися на цьому острові.

- Але а як же ORNDV[76] - глобальна організація, що надає допомогу постраждалим від природних катастроф, їх розміщення в різних країнах, компенсацію збитків та інше, а також інші міжнародні установи, програми та фонди в цій галузі? Вони-то повинні були щось зробити! - вставив Джек, енергійно працюючи мачете.

- Ум-м ..., - зам'явся пан Мірандерік, - загалом ... кількість постраждалих і тих, хто потребував допомоги, а також збиток, нанесений стихією, були настільки величезні, що ресурсів цих організацій та програм не вистачало на всіх. Довелося їм надавати

---

[76] "Organisation for Rehabilitation of Natural Disaster Victims (ORNDV / О-Ер-Ен-Ді-Ві)" - з англ. «Організація з реабілітації жертв стихії».

допомогу вибірково, і, на жаль, групи іспанців на маленькому клаптику суші посеред океану в списках не виявилося. Ну а згодом, коли Сололеадас влаштувалися на острові С***, вони вже не бажали покидати свій новий будинок. Ось так.

Я хотіла було заперечити з цього приводу, але Джек злегка похитав головою, мовляв, це марно. Занурившись в мовчання, ми продовжили свій шлях.

«Дуже дивно... - думала я. - Те, що цих нещасних кинули напризволяще під час катаклізму, ще можна зрозуміти - в метушні тих днів, коли руйнувалися і йшли під воду або поглиналися лавою цілі міста, групу людей на клаптику землі могли й не помітити. І те, що вони не могли зв'язатися з рятувальниками, теж можливо - ефір напевно був переповнений закликами про допомогу. Але коли батько Лео купував цей острів, він вже точно виявив тут уцілілих іспанців. Чому ж він не зв'язався з ORNDV і не допоміг їм перебратися в іншу країну? Не віриться, що люди, які звикли до благ цивілізації, вирішили залишитися на острові ні з чим і вести практично первісний спосіб життя ... та ще поряд з чудовиськом. Та й зрештою, якщо Сололеадас і прийняли таке рішення, чому ні компанія Мірандеріка, ні ORNDV, ні будь-хто інший не забезпечили їх тут нормальним житлом, транспортом, зв'язком та іншими буденними речами? ОЙ!».

Весь цей потік питань у моїй голові раптово обірвався метеликом з великими сіро-зеленими крилами, що пролетів коло мого носа. Він кілька секунд пурхав у золотистих променях сонця, що пронизують, немов піки, густе листя дерев і ліан, потім присів на довгу суху гілку, опустив крила і ... перетворився на змію!

«Ні, - посміхнулася я про себе. - Це не змія, а просто дуже хитромудре забарвлення крил». Я впізнала метелика - булавоус-змійовик, один з видів комах-ендеміків[77], тобто зустрічається лише на острові С***. Цей метелик з сімейства парусників[78] володіє одним з найцікавіших способів захисту від хижаків - мімікрією. Мімікрія означає наслідування порівняно незахищених та вразливих тварин небезпечним і отруйним. Вона може виражатися у фарбуванні, формі

---

[77] Ендемік (грец. "Ἔνδημος" - місцевий) - вид тварин або рослин, представники якого мешкають тільки на відносно обмеженій території. Їх широке поширення обмежується різними геологічними, кліматичними або біологічними бар'єрами.

[78] Вітрильники або кавалери (лат. "Papilionidae") - сімейство великих денних метеликів. Розмах крил може досягати 28 см. Широко поширені по всій земній кулі, включаючи і полярне коло. Налічується близько 700 видів.

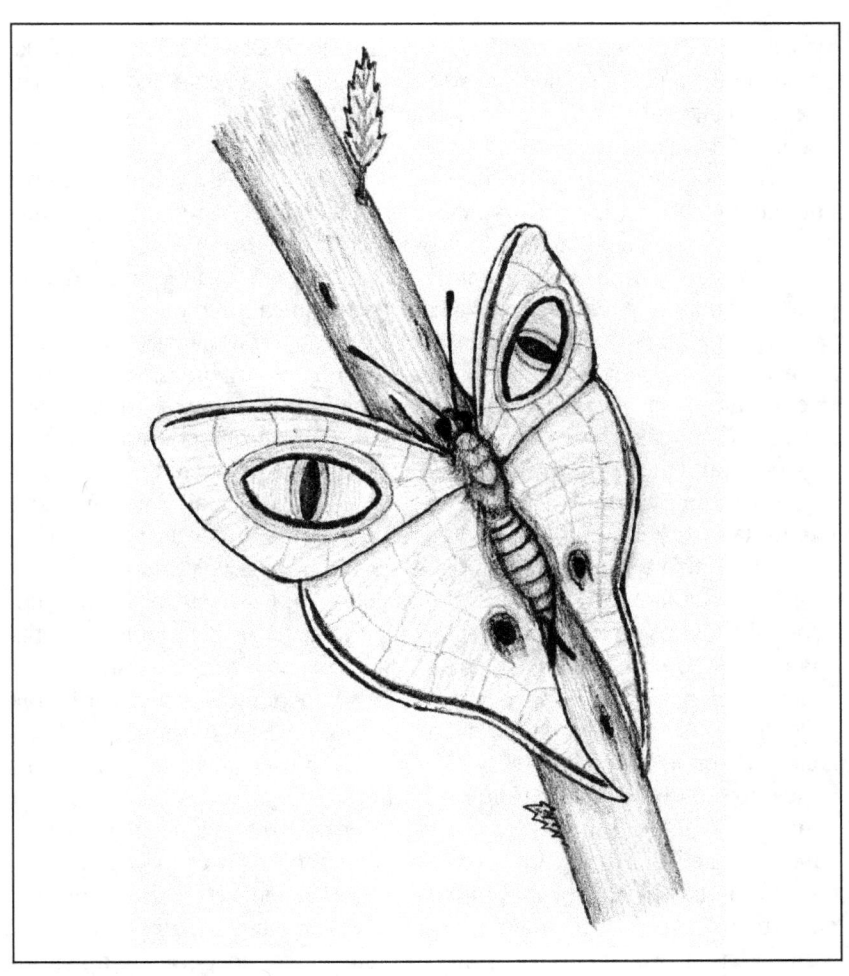

Булавоус-змійовик. Ілюстрація Олександра Іщенко.

тіла, або в тому і іншому одночасно. Ось на крилах булавоус-змійовика є яскравий малюнок, дуже схожий на голову змії з великими жовтими очима, ніздрями і ротом, а форма крил, що звужується до кінців, ще більше підсилює схожість.

Задивившись на метелика, я не помітила, як почала відставати від нашої команди. Отямившись, я прискорила крок і наздогнала чоловіків. Але навколишній світ був такий прекрасний і дивний, що на час я забула про нашу місію і Лезо Темряви і стала з цікавістю розглядати види рослин і тварин, що траплялися по дорозі.

Ось ми пройшли в напівтемряві, створеній листям молодого дерева під назвою копйовик зонтичний з сімейства тутових[79]. Рослинність тут була не така густа, як на інших ділянках тропічного лісу, оскільки широка крона копйовика перегороджувала доступ навіть крихітному промінцю сонця. Це його головна зброя в безперервній боротьбі за виживання на цьому острові. З самої появи паростка із землі копйовик швидко росте вгору, поки не підніметься над усіма оточуючими його рослинами. Тоді з верхньої частини стовбура починають виростати численні горизонтальні гілки, які, переплітаючись між собою, утворюють практично непроникний для сонячних променів навіс, що тягнеться часом до п'ятдесяти метрів від стовбура дерева. Щоб підтримувати цей своєрідний навіс, копйовик утворює з горизонтальних гілок додаткові корені-підпірки, які колонами спускаються до землі. Подібні коріння можна спостерігати у деяких інших представників сімейства тутових, як наприклад у баньяна.[80] Таким чином, дерево не тільки отримує левову частку сонячної енергії, а й розчищає територію для свого потомства. Рослини, що опинилися під його кроною та позбавлені сонячного світла, поступово гинуть, звільняючи місце і удобрюючи ґрунт перегноєм. У період розмноження гілки копйовика з дозрілими плодами обламуються і падають, насіння розкидаються по спустошеній землі, і паросткам вже нічого не перешкоджає розвиватися в нові дерева. Цим хитромудрим способом копйовик зонтичний позбавляється

---

[79] Тутові (лат. "Moraceae") - сімейство рослин, що включає дерева, чагарники, ліани і деякі трави. Налічує близько 40 родів і понад 1000 видів.

[80] Баньян або фікус бенгальський (лат. "Ficus bengalensis") - дерево з сімейства тутових (Moraceae). Характеризується наявністю повітряних коренів, що підтримують широку крону, окружність якої може досягати в довжину 610 метрів. Зустрічається в Бангладеші, Індії та Шрі-Ланці.

від конкурентів і створює свою популяцію[81] на цій території. І якби у цього дерева не було ворогів, то воно, можливо, витіснило б всі інші рослини на острові С*** і покрило б його непроникним шатром своєї крони. Але на острові мешкає безліч видів комах, що харчуються корінням і деревиною копіовика, кілька видів птахів, що ласують його плодами, і один вид гризунів, що об'їдає коріння-підпірки. Так в природі підтримується баланс всього живого.

    Неподалік від копіовика я побачила густу мережу довгих і гострих шипів, з якої до неба кинувся тонкий стрункий стовбур, покритий великими продовгуватими щитками і закінчувався довгими розлогими гілками з перистими листовими пластинками, що розширюються до основи, або так званими передпагонами. Це височів трилисник стрункий - один з двох видів гігантських деревовидних папоротей[82] острова С ***. Він являє собою яскравий приклад модифікаційної мінливості - різноманітності зовнішніх ознак, або, висловлюючись науковою мовою - фенотипів[83], що виникають в організмів під впливом певних умов навколишнього середовища. В даному випадку модифікацією і різноманітністю є форма і, відповідно призначення листових пластинок. У трьохлисника, як уже зрозуміло з назви, присутні три різновиди цих платівок: прикореневі голкоподібні - призначені для захисту коренів і основи стовбура від різних травоїдних; стовбурові щитоподібні - для прикриття стовбура папороті; і верхні перисті спороносні - для розмноження. Така різноманітність листя в однієї рослини ще називають гетерофілія. Зустрічається воно не тільки у трилисника, а й у деяких інших представників царства рослин, як наприклад, у стрілолиста[84], що має підводне стрічкоподібне, плаваюче брунькоподібне і надводне стрілоподібне листя.

    Однак цей хитромудрий «механізм» захисту трилисника не завжди рятує його. Ось я помітила, як один з «щитків» заворушився

---

[81] Популяція (лат. "Populatio" - населення) - сукупність особин одного виду, що тривало населяють певний простір, розмножуються шляхом вільного схрещування і певною мірою відокремлені від інших груп організмів того ж виду.

[82] Деревовидні папороті (лат "Polypodiophyta") - гігантські рослини з відділу судинних (Tracheophyta), що процвітали близько 400 млн. років тому, а нині представлені лише кількома збереженими видами.

[83] Фенотип (грец. "phainotip" - виявляю) - сукупність зовнішніх і внутрішніх ознак організму, сформованих в процесі його розвитку.

[84] Стрілолисти (лат "Sagittaria".) - рід трав'янистих водних рослин з сімейства частухових (Alismataceae). Зустрічаються на берегах різних водойм в помірних і тропічних регіонах. Рід налічує приблизно 20 видів. Стрілолист часто використовують як акваріумну рослину.

і, не поспішаючи, поповз вгору по стовбуру. Це був клоп підкірник трилисниковий з сімейства підкірників[85], наділений природою ще одним способом захисту від ворогів - маскуванням. Поки ця комаха, встромивши свій довгий і вузький хоботок в стовбур папороті, меланхолійно висмоктує соки рослини, його тіло, що має форму щіткоподібної листової пластинки і розфарбоване під неї, допомагає підкірнику залишатися непоміченим для багатьох хижаків.

Раптом на стовбур поруч з клопом сів досить великий птах з великим темно-сірим дзьобом і оперенням з чорних і білих смуг. Він уважно оглянув стовбур трилисника, схопив у дзьоба підкірника, а потім, змахнувши крилами, піднявся в повітря і полетів над густими заростями трави, чагарників і папороті. Що ж, природа подбала про те, щоб кожен засіб захисту або нападу не був абсолютно досконалим і мав свої обмеження - це і забезпечує стійкість екосистеми. Ось вам ще один з незліченних проявів незаперечної геніальності природи!

Птах, що схопив клопа - снайпер зебровидний і належить до поширеного і дуже відомого сімейства голубів.[86] Подібно до справжніх зебр[87], снайпер зебровидний володіє протекційним забарвленням - поперечними чорними і білими смугами, що добре приховують тварину в лісах з місцями світла і тіні, що чергуються, а також заважають хижакові визначити обриси і точну відстань до жертви, розфарбованої таким чином. Однак, на відміну від зебр, снайпер наділений ще однією формою пристосування до навколишнього середовища попереджуючим або загрозливим забарвленням. Коли хижак застає цього птаха, що висиджує яйця або стереже пташенят, він розпушує довге пір'я на щоках, широко відкриває дзьоб, що має яскравий криваво-червоний колір зсередини, випинає вперед груди і розправляє крила, пофарбовані знизу також в яскраво-червоний колір з великими чорними плямами . Так снайпер

[85] Підкірники (лат ."Aradidae") - сімейство напівжорсткокрилих комах із загону клопів (Hemiptera). Тіло середніх або дрібних розмірів, сильно сплющене. Зустрічаються всюди на корі або під корою дерев.

[86] Голуби (лат. "Columbidae") - сімейство птахів із загону голубоподібних. (Columbiformes). Зустрічаються на всіх континентах крім Антарктиди. Більшість мешкає у вологих тропічних лісах. Деякі види добре пристосувалися до життя в міських умовах і стали співмешканцями людини (синантропа). Сімейство складається з 41 роду і близько 300 видів.

[87] Зебри (лат. "Hippotigris") - різновид роду коней (Equus). Характеризуються чорним забарвленням з білими смугами, яке унікальне для кожної особини, подібно відбиткам пальців у людини. Живуть невеликими групами, що складаються з жеребця і декількох самок з дитинчатами. Зустрічаються виключно в Африці. Відомі 3 види: зебра пустельна (Equus grevyi), зебра рівнинна (Equus quagga) і зебра гірська (Equus zebra).

нібито каже: «Не наближайся до мене, а не то тобі буде ой як неприємно!». Якщо нахаба все ж наважиться напасти, птах різко стисне стінки свого шлунку і вистрілить в нападника згустком липкої та огидно пахучої, напівпереварениої кашки. Наступного разу цей хижак зайвий раз подумає, перш ніж намагатися поласувати таким озброєним голубом.

Спосіб самооборони снайпера зебровидного виявився настільки ефективним, що одна тварина вирішила частково скопіювати його. Летючий дракон-наслідувач з роду летючих драконів[88] успішно користується раніше згаданої мімікрією: його тіло також забарвлене в чорні і білі поперечні смуги, а на грудях і широких складках шкіри між витягнутими ребрами є яскраво-червоні і чорні плями, і хоча ця ящірка не має здатності стріляти вмістом свого шлунка, такого забарвлення цілком достатньо, щоб дати агресору поживу для роздумів.

Мої думки перервав шум прибою, що долинав з-за дерев та чагарників попереду. Одночасно я відчула запах водоростей і прохолоду океану. А пройшовши ще кілька десятків метрів, ми вийшли з лісу на широкий піщаний берег. Перед нами простягалася безкрайня гладь Тихого океану, освітлена золотистими променями вечірнього сонця.

- Деякий час ми підемо вздовж берега, - сказав пан Мірандерік, - трохи далі перейдемо річку і знову заглибимося в джунглі.

Ми кивнули і пішли за директором. Ритмічний шум хвиль, накочувався на берег, пестив слух, а прохолодний бриз[89] з океану приємно грав моїм волоссям. Вдалині, на створеній сонячними променями блискучій доріжці, здалися блискучі плавники і спини трьох дельфінів, швидше за все з роду афалін[90]. Вони пливли паралельно до берега, ніби

---

[88] Летючий дракон (лат. "Draco") - рід деревних комахоїдних ящірок, що відносяться до сімейства агамових (Agamidae). У довжину досягають 40 см. Цікавою особливістю летючих драконів є широкі шкірні складки між довгих ребер з обох боків тіла, які можуть розправлятися на зразок крил. Завдяки їм дракони можуть планувати на відстань більше 20 метрів. Зустрічаються переважно у Південно-Східній Азії. Рід об'єднує приблизно 30 видів.

[89] Бриз (фр. "Brise" - вітер, порив вітру) - вітер, що дме на узбережжі океанів, морів або великих озер. Швидкість його невелика - до 1 - 5 м / с. Двічі на добу змінює напрямок: денний бриз дме з моря на розігрітий денними променями сонця берег, а нічний дме у зворотному напрямку. Найбільш характерний влітку при великій різниці температур між сушею і товщею води.

[90] Афаліни (лат. "Tursiops") - рід морських ссавців з сімейства дельфінових (Delphinidae). Це найвідоміші і поширеніші дельфіни, що зустрічаються в помірних і теплих водах Світового океану. У довжину сягають 2 - 4 м і важать від 150 до 650 кг. Живуть близько 20 років, проте зустрічаються і сорокарічні довгожителі. Рід складається з трьох видів: великої (Tursiops truncatus),

супроводжували нас.

Час від часу який-небудь з них вистрибував з води, розкидаючи міріади бризок, що виблискували на сонці.

Задивившись на дельфінів, я мало не налетіла на Джека, який зупинився попереду.

- Гей, притримай коней. Колобка викликають, - шепнув він і вказав на пана Мірандеріка, який дістав свій передавач і приклав його до вуха. Але він тут же відсахнувся, оскільки з пристрою долинув гучний і надзвичайно схвильований голос доктора Краймерса: «Лео! Лео, ти мене чуєш ?! У нас тут ситуація Бета! Зміни ... Ми не контролюємо ... ».

Тут директор клацнув перемикачем на передавачі і, піднісши його до рота, сказав: «Спокійно, Альфред. Не кричіть так », після чого ледве чутно прошепотів: « Я не один ... ».

Ми багатозначно перезирнулися. Поки Лео розмовляв з доктором Краймерсом, Джек присунувся до мене і, димлячи цигаркою мені прямо у вухо, прошепотів:

- Нутром чую, тут якась каша заварюється, а Колобок і Доктор це приховують від нас. Більше того, вони точно замішані в приготуванні цієї каші. Щоб мені скунса під хвостом полоскотати, якщо я не правий!

- Щодо того, щоб полоскотати, я не знаю - зі скунсом сам домовляйся, - також тихо відповіла я, - а ось що стосується каші - тут я цілком згодна: Мірандерік з Краймерсом щось приховують. Мені досі не зрозуміло, чому Сололеадас все ще живуть на цьому острові без будь-якої допомоги ... та й в історії з чудовиськом є певні темні плями.

- Приховують то таке. Головне, щоб ми в цю кашу не втрапили і потім крайніми не опинилися, - зауважив мисливець.

- Друзі, - звернувся до нас Лео, вимикаючи свій передавач, - схоже, що виникли деякі проблемки, які мені необхідно терміново вирішити. Так що з вашого дозволу я повернуся в лабораторію, а ви з мисливцями Сололеадас і Феліпе продовжите пошуки. Домовилися?

- Валяйте, - відповів йому Джек, - вирішуйте свої «проблемки».

На цьому пан Мірандерік з одним із снайперів повернули у зворотному напрямку і заглибилися в джунглі, а решта продовжили шлях вздовж берега. Перейшовши по дерев'яному мосту через вузьку річку, що впадає в океан, ми обшукали невеличкий лісок на південному краю острова С***. Не виявивши там нічого цікавого, не кажучи вже про чудовисько, ми вирішили повернутися назад.

По дорозі крізь джунглі ми помітили двох «Сінокосців» і трьох «Каракуртів», що пробиралися на південь.

австралійської (Tursiops australis) та індійської (Tursiops aduncus) афалін.

- Займає позицію, - сухо пояснив снайпер по імені Феліпе, - на випадок, якщо в цьому районі з'явиться Лезо Темряви.

- Так начебто ваші гармати-іграшки виявилися не дуже ефективні проти цієї спритної бестії, - єхидно зауважив Джек.

Феліпе промовчав. Так, мовчки, ми дійшли до поселення Сололеадас, де і розійшлися: снайпер попрямував в GEC, а ми з мисливцями пішли по своїх хатах.

Підійшовши до будинку Азула, ми помітили біля входу записку, написану гарним рівним почерком і приліплену до стіни згустком деревної смоли: «Вечеря на столі. Мене не чекайте - буду пізно. Гарного вечора! Азул С.».

- Куди він міг піти? - схвильовано запитала я.

- Та добре, не хвилюйся за нього, - махнув рукою Джек, - Азул - дорослий хлопець. Либонь, де-небудь на вечірці запалює або на побаченні свою красуню романтикою обробляє. Давай краще їсти - я голодний, як слон в посушливий сезон!

Я не стала заперечувати. Добре повечерявши смаженою олениною (ймовірно, це було м'ясо того оленя, якого мисливці Сололеадас зловили вранці) з різними екзотичними салатами, ми вимили посуд і розбрелися по кімнатах. Переодягнувшись, я каменем звалилася в свій гамак і зразу ж міцно заснула - так дала про себе знати втома після ще однієї довгої прогулянки островом.

Розділ VIII.
Дощ прийдешніх змін.

На ранок вибухнула сильна злива. Небо було суцільно затягнуте густими, важкими, темно-сірими хмарами, що вихлюпували на землю всю воду, що накопичилася в них. Крізь щільну завісу дощу то тут, то там спалахували яскраві блискавки і лунав оглушливий гуркіт грому. Ґрунт навколо тут вже перетворився на непрохідне болото з величезними калюжами, в яких відбивалися навислі над островом хмари і спалахи блискавок.

Звісно, полювання на сьогодні було скасоване.

Снідали ми в кімнаті Азула. Це було невелике приміщення, в якому крім гамака, шафки і столу зі стільцями знаходилася ще велика дерев'яна книжкова шафа з трьома відділеннями і стопками пошарпаних книг в кожному з них. На стінах кімнати різноманітні амулети чергувалися з тривимірними фотографіями Великобританії до Великого Атлантичного Катаклізму і якихось людей, мабуть, сім'ї Азула.

За сніданком ми ненав'язливо намагалися вивідати у хлопця, де він був учора ввечері, але той всіляко ухилявся від прямої відповіді. Ми вирішили не тиснути на Азула, і тому нам довелося задовольнятися лише невизначеними «десь тут» і «десь там».

Після сніданку кожен повернувся в свою кімнату. Джек зайнявся оглядом і чищенням зброї, насвистуючи при цьому якусь веселу мелодію, а я вирішила вивчити структуру і склад ДНК чудовиська, використовуючи в якості матеріалу подарований вождем Сололеадас кіготь. Я розкрила свій ноутбук і складаний ДНК-аналізатор, поєднала їх кабелем і підключила до розетки акумулятора. Потім я включила обидва пристрої, відпиляла ножиком крихітний шматочок з кігтя, обережно поклала його на предметний столик ДНК-аналізатора і запустила потрібну програму. На екрані комп'ютера з'явилося повідомлення «Йде аналіз структури. Будь ласка, зачекайте ... » і лінія прогресу повільно поповзла вперед. Очікуючи завершення процесу, я з цікавістю розглядала кіготь Леза Темряви. Він був близько двох дюймів у довжину і півдюйма в товщину у основи.[91] У поперечному перерізі кіготь мав майже правильну округлу форму, лише в нижній частині звужувався, утворюючи ріжучий край з крихітними зазублинами по всій його довжині. Зазублини були спрямовані від кінця до основи кігтя і, мабуть, допомагали господареві утримувати та розривати здобич на частини.

«Аналіз структури завершений», - оповістив мене комп'ютер. Я натиснула на кнопку «ОК», і переді мною з'явилася барвиста тривимірна модель ДНК чудовиська з описом її окремих компонентів.

«Що за чортівня!» - вигукнула я про себе, розглядаючи дві спіралі молекули ДНК, з'єднані між собою полінуклеотидними ланцюгами азотистих основ. Я глянула на ДНК-аналізатор: «Може, він несправний? Зараз перевіримо».

Прибравши шматочок кігтя з предметного столика пристрої, я дістала спиртовий розчин, продезінфікувала вістря ножа в ньому, потім вколола собі великий палець і капнула трохи крові на предметне скло, яке поклала на столик аналізатора. Після цього я знову запустила програму і стала чекати, нервовопостукуючи пальцями по столу і поглядуючи на кіготь. Нарешті, з'явилося довгоочікуване повідомлення про завершення аналізу, і я придивилася в екран, де була зображена модель звичайної людської ДНК з подвійною спіраллю і численними ланцюгами нуклеотидів.

«Нічого особливого, - думала я, - стандартна молекула. Значить, аналізатор працює нормально. А, отже, ... ».

---

[91] Приблизно 5 см і 1,3 см відповідно.

Я натиснула пару кнопок і вивела на екран збережену модель ДНК Леза Темряви. Порівнюючи дві молекули, я відчула, як моє серце починає прискорено битися, а руки злегка тремтіти від хвилювання.

- Джек! - покликала я свого напарника. – Йди-но сюди скоріше!

Через кілька секунд я відчула запах поту і сигаретного диму у себе за спиною.

- Знаєш, красуне, - сказав Джек, - у продажу вже давно з'явилися голографічні проектори, які набагато краще підходять для комп'ютерних ігор.

- Це не гра, - відповіла я, - а модель молекули ДНК. Я використовувала кіготь чудовиська, подарований вождем, щоб дослідити його генетичний код і, можливо, з'ясувати походження цієї тварини. Зліва - це його ДНК, а праворуч - людська. Помічаєш різницю?

Мисливець нахилився до монітора і став уважно розглядати структуру обох молекул.

- Та начебто одні й ті ж завитки, - сказав він через пару секунд, - тільки от у цієї зліва різнокольорових кульок і ланцюжків трохи більше ... та й знаки питання якісь.

- Саме так! - вигукнула я, ледве стримуючи хвилювання. - У ДНК Леза Темряви крім стандартних азотистих основ програма виявила додаткові, невідомі науці пуринові і піримідинові основи і, відповідно, абсолютно нові полінуклеотидні ланцюги. Це означає ...

- Агов! - Перервав мене Джек. - Ти зараз це з ким розмовляла? Тут не засідання професорів-ботанів. Поясни нормальною людською мовою.

-Добре,-зітхнула я.-Так,дивись. Одна з основних властивостей генетичного коду полягає в його універсальності. Іншими словами, інформація в будь-якому ДНК, будь то бактерії, рослини, комахи або людини, шифрується одним і тим же механізмом. Цим механізмом є речовини, що входять до складу молекули ДНК і називаються азотистими основами, так як до їх складу входять атоми азоту. Вони діляться на піримідинові - тимін і цитозин і пуринові - аденін і гуанін. Кожна піримідиноваоснова пов'язана полінуклеотидним ланцюгом з пуриновим: тимін пов'язаний з аденіном, а цитозин - з гуаніном. Пара таких пов'язаних між собою основ разом із залишками фосфорної кислоти утворює хімічну сполуку нуклеотид. А три нуклеотиди разом формують кодон, або триплет - одиницю інформації в генетичному коді. Кожен кодон шифрує певну амінокислоту, яка, по суті, є однією з «цеглинок життя». Саме з амінокислот складаються органічні речовини - білки, які забезпечують існування і функціонування клітин в організмі. Все це характеризує будь-яку живу істоту на Землі. Будь-яку,

... крім Леза Темряви. До складу його молекули ДНК входять якісь нові речовини, які комп'ютер не зміг знайти в базі даних. Отже, вони можуть шифрувати нові, невідомі досі амінокислоти, які в свою чергу можуть утворювати нові білки, клітинні механізми, клітини і, можливо, цілі органи та їх системи!

- Все одно мало що зрозумів, - почухав потилицю Джек, - занадто багато незрозумілих слів. Ти конкретніше кажи, що там такого незвичайного у нашого дружка.

- Та як ти не розумієш ?! - вигукнула я. - Це ж унікальне наукове відкриття! Існування цього чудовиська спростовує основні закони генетики! Лезо Темряви не схожий ні на жоден організм на цій планеті! Він унікальний!

- Він - інопланетянин! - захоплено вставив мій напарник.

- Що за нісенітниця! - фиркнула я. - До твого відома, вчені проаналізували всі відомі нам придатні для життя планети, але, крім мікроорганізмів, ніяких більш розвинених інопланетних істот не виявили. До того ж, на нашій рідній планеті ще з лишком вистачає чудес матінки Природи. Лезо Темряви просто одне з її дивних створінь.

- Але ж, ... - спробував заперечити Джек, але я різко відрізала: - Ні. Офіційно доведено, що високорозвинені форми життя існують тільки на Землі. І крапка.

- Да-а-а, ... - протягнув мисливець і похитав головою. - З вами, вченими, сперечатися - це все одно, що битися головою об асфальт, намагаючись викликати землетрус: один головний біль і ніякого толку. У вас лише одні голі факти і ніякої фантазії.

З цими словами Джек пішов у свою кімнату, а я, байдуже знизавши плечима, продовжила вивчення ДНК.

Протягом дня я виявила ще два відхилення від «норми» в молекулі ДНК Леза Темряви: більшу, ніж зазвичай, кількість завитків спіралей в ній і, відповідно, велику довжину самої молекули. Це зміцнило моє припущення про те, що в генетичному коді чудовиська була зашифрована якась абсолютно нова для всіх відомих живих організмів інформація. Хоча з іншого боку, в будь-якій ДНК, включаючи людську, існують «порожні місця» - ділянки молекули, на яких нічого не «записано». Їх призначення досі не відомо. І якщо ці «прогалини» присутні і у Леза Темряви, то навіщо тоді потрібні додаткові нуклеотиди, коли є ще вільне місце для зберігання інформації? І як вони могли утворитися? З яких з'єднань? І природним чи шляхом це сталося, чи, може, кси хвильовий гіперакселератор GEC викликав генну мутацію у зародка Леза Темряви? «Треба буде подивитися документацію пристрою і журнал цього експерименту», - подумала я, переглядаючи структурний аналіз кодонів ДНК.

Наближався вечір. На вулиці стало досить темно, а злива все не припинялася, продовжуючи покривати землю великими калюжами і шаром липкого бруду. Від практично безперервної роботи за комп'ютером у мене почали боліти очі, а голова вже розколювалася від усіх цих нуклеотидів, кодонів, амінокислот і безлічі питань без відповідей. Я вирішила, що на сьогодні вистачить, вимкнула ДНК-аналізатор і ноутбук і лягла в гамак, задумливо крутячи в руці кіготь чудовиська. Поступово мої очі зімкнулися, і я так і заснула разом з ним.

Ніч пройшла просто жахливо.

Спочатку мені снилася дуже гарна жінка з гладкою, ніжною, рожевою шкірою і довгим білявим волоссям, розкиданим по простирадлу сріблястого кольору і подушці, на яких вона лежала. Жінка була одягнена в ніжно-блакитну сукню з тонкої напівпрозорої матерії і вкрита ковдрою з соковито-зеленого листя і різноманітних кольорів. Вона дивилася на мене своїми великими вологими блакитними очима і мило посміхалася, як усміхається мати, дивлячись на свою пустотливу дитину.

Але раптом погляд жінки затуманився, посмішка зникла з її обличчя, все тіло напружилося. Вона стала важко дихати, широко відкривши рота, ніби їй не вистачало повітря. І тут я побачила, як її ніжна шкіра стала тріскатися, гнити і прямо на очах руйнуватися. Потім хтось немов перемкнув збільшення мікроскопа, і я побачила, що відбувалося в клітинах шкіри жінки - вони були заражені вірусом.[92] Численні вірусні частки, або віріони, злобно усміхаючись перебиралися від однієї клітини до іншої, впиваючись в них своїми довгими кривими кігтями й зубами і висмоктуючи цитоплазму[93], тобто весь її вміст, тим самим перетворюючи кожну клітину в пил. Їх чорні, худі, скелетоподібні тіла виділяли густий сірий дим, що роз'їдав оболонку клітин і дозволяв віріонам швидше добиратися до їх внутрішньої рідини. З пороху знищених клітин виростали нові віріони і відразу ж брались за свою чорну справу. Так вірус ставав все сильніше і більш руйнівними. Здавалося, ніщо вже не зможе його зупинити.

Але раптом крізь весь цей хаос з віріонів, пилу і густого отруйного диму заблискотіло яскраве біле світло. Його промені, немов стріли, пронизували пелену сірого диму. Джерело цього світла повільно

---

[92] Вірус (лат. "Virus" - отрута) - мікроскопічні інфекційні частки (віріони), що складаються з молекул нуклеїнових кислот (ДНК або РНК) і білкової оболонки (капсида). Віруси є причиною різних захворювань у тварин, рослин, грибів і бактерій шляхом використаннябіологічних механізмів їх клітин для розмноження. Поза живої клітини вони розмножуватися не можуть. Віруси - це найпоширеніша форма існування органічної матерії на Землі.

[93] Цитоплазма (грец. "Κύτος" - клітина і "πλάσμα" - вміст) - внутрішнє середовище клітини, що складається з прозорої рідини (гіалоплазми) і різних структур (органел). Основна речовина в ній - вода. Цитоплазма забезпечує сполучення і хімічну взаємодію всіх компонентів клітини.

наближалось, стаючи все яскравіше і сліпучіше, і ось з димової завіси виповз гігантський лейкоцит[94] – кров'яна клітина, що виконує функцію захисника імунної системи організму. Він мав вигляд напівпрозорого скорпіона з довгим «хвостом» і клешнями, зсередини якого струменіло біле світло. Лейкоцит пробрався в саму гущу віріонів, що ласували цитоплазмою, розкрив широку пащу, і з неї роєм посипалися захисні білки-антитіла.[95] Вони були яскраво-зеленого кольору і мали ящіроподібну форму з парою довгих рогів на голові, тим самим змахуючи на численні копії Леза Темряви. Антитіла нападали на віріонів, відгризали їм голови і розривали їх худі тіла на частини. Вірусні частинки стали чинити опір за допомогою своїх гострих зубів і пазурів, але антитіл ставало все більше, і ворог змушений був відступити. Віріони бігли, активно виділяючи сірий дим і намагалися цим перешкодити атакуючим білкам в переслідуванні, але ті швидко наганяли втікачів і розправлялися з ними один за іншим.

Раптово одне антитіло зупинилося і глянуло прямо на мене. Великі жовті очі його блиснули, ніздрі розширилися, паща злобно оскалилась, і білок кинувся на мене. Інстинктивно я спробувала закритися від нього рукою, і раптом побачила свою кисть - вугільно-чорну, худу, горбисту, з довгими загнутими кігтями і оповиту хмарою сірого диму. «Я одна з них ...» - майнула думка. Над головою з'явилася широка розкрита паща антитіла з великими блискучими іклами. Я метнулася в бік, намагаючись втекти від нападника, і опинилася ...

... в обіймах Джека. Очі мої буквально вилазили з орбіт від пережитого жаху, я важко і часто дихала, по всьому тілу струменів піт, і я вся тремтіла ніби в лихоманці.

- Джек ... Джек, спаси мене ... не дай їм мене вбити, ... - щебетала я, притискаючись до могутнього тіла свого компаньйона.

Той у свою чергу ніжно гладив мене по тремтячій спині, тихо примовляючи: «Спокійно, крихітко. Все нормально. Це був всього лише страшний сон. Він пройшов, і тепер все добре ». При цих словах я поступово заспокоїлася і опустилася в гамак. Джек ласкаво гладив мою долоню, не зводячи з мене очей. «Які у нього красиві і виразні очі, - тут

---

[94] Лейкоцити (грец. "Λευκος" - білий і "κύτος" - клітина) - білі клітини крові, що активно пересуваються. Вони захищають організм від зовнішніх і внутрішніх сторонніх часток і інфекцій. Вміст лейкоцитів в крові непостійний і залежить від часу доби і функціонального стану організму.

[95] Антитіла або імуноглобуліни - білки, що використовуються імунною системою організму для ідентифікації та нейтралізації чужорідних об'єктів, таких як бактерії і віруси. Синтезуються кров'яними клітинами лімфоцитами, які є різновидом лейкоцитів, у відповідь на присутність подібних об'єктів в організмі.

промайнуло у мене в голові, - зіниці такі живі і глибокі ... Як я раніше цього не помічала?». Я солодко позіхнула.

- Схоже, ти вже прийшла до тями, - зауважив мисливець. - Давай-но засинай, а то завтра від слабкості й кроку не зможеш ступити.

- Джек, побудь зі мною, поки я не засну, ... - пробурмотіла я, знову позіхаючи і повільно занурюючись в сон.

- Я тут, я поруч, Джессі, - заспокійливим тоном відповів Джек.

Тут краєм ока я помітила, як в дверному отворі колихнулася чиясь тінь. «Азул», - здогадалася я перед тим, як міцно заснути.

Кіготь Леза Темряви лежав на підлозі.

Розділ IX.
Цілющі краплі дощу.

Я неохоче відкрила очі і оглянула приміщення. Я була одна. Із сусідньої кімнати доносився вже знайомий мені розмірений храп Джека. За вікном все ще йшов дощ, хоч і не настільки сильний, як вчора. «До вечора він, можливо, припиниться», - подумала я, потім глянула на годинник. Було без десяти одинадцяти ранку. Так, довго я проспала.

Солодко позіхнувши, я сіла в гамаку, звісивши ноги.

Кіготь Леза Темряви лежав на підлозі.

Я підняла його і, вставши з гамака, поклала на стіл. В ту ж мить переді мною промайнули картинки з мого нічного кошмару: жінка ... вірус ... лейкоцит ... антитіла ... рука ... паща ... Я оперлася об стіл, щоб не впасти від раптової слабкості і запаморочення. «Так, Джессі, зберися! - сказала я собі. - Це був тільки сон!». Після цього самозаспокоєння все швидко минуло.

Вночі я рясно пропотіла, і тепер мокрий одяг липнув до шкіри, і від мене відходив, м'яко кажучи, не дуже приємний запах поту. Я дістала з рюкзака чисту білизну і швидко переодяглася.

Застібаючи жилет, я помітила Джека, що входив до кімнати.

- Доброго ранку, красуне! - привітав він мене, позіхаючи та без краплі збентеження поправляючи свої широкі труси. Потім подивився у вікно і розчаровано зауважив: - А дощ все не вщухає.

- Так, - підтвердила я, витягуючи зубну щітку і пасту, - тропічні зливи характеризуються своєю інтенсивністю та тривалістю - вони можуть йти кілька днів, а часом навіть тижнів.

Тут мені на плече м'яко опустилася рука.

- Як ти? - поцікавився Джек, намагаючись зазирнути до мене в обличчя.

- Та, начебто, нормально, - відповіла я, будучи досить здивованою та ... зворушеною такою турботою.

- Це добре. А то ми тут вночі злякалися за тебе: ти так кричала уві сні! Щось там про хворобу, віруси, чудовисько ...

- Серйозно? - поцікавилася я, намагаючись непомітно звільнитися від руки мисливця на своєму плечі. - Так, мені дійсно снилися жахливі віруси з людськими обличчями й антитіла, схожі на чудовисько. Але спочатку була красива жінка років тридцяти ... а може сорока ... важко було сказати ...

У цю хвилину до кімнати зайшов Азул, уважно оглянув мене та повідомив, що сніданок готовий.

- Розповім за сніданком, - кинула я Джеку і пішла на ганок хатини вмиватися.

За сніданком (хоча знову ж таки за часом це був скоріше обід) я в найдрібніших подробицях розповіла свій нічний кошмар. Це було дивно, тому що я дуже рідко запам'ятовувала свої сни; цей же міцно врізався в мою пам'ять. Джек і Азул уважно слухали, повільно пережовуючи шматочки м'яса з овочами. Після закінчення розповіді настала довга пауза.

Першим порушив мовчання Джек.

- Блошиний цирк мені до шевелюри! Це ж треба було такому наснитися! - вигукнув він. - Ти давай закінчуй там зі своїми ДНК та полінульки ... нуклі ... чорт, як їх там?

- Полінуклеотіди? - допомогла я.

- Так. Вчора цілий день з ними гралася, от і отримала полум'яний привіт від свого мозку. Так недовго і до психлікарні потрапити строковою бандеролькою.

- Добре, добре. Врахую, - відмахнулася я. - Давай-но краще допоможемо Азулу прибрати зі столу та вимити посуд.

- Дякую вам, але я можу це зробити сам, - вставив Азул.

- Та ну, - мисливець в типовій своїй манері ляснув хлопця по спині, та так, що той ледь не пірнув у миску з овочами, - ти нас не соромся. Адже ми всі тут - одна команда!

Азул промовчав, піднявся та став збирати тарілки. Ми допомогли йому зі столовими приборами і чашками, вимили їх під дощем на ганку, після чого кожен усамітнився в своїй кімнаті.

Повернувшись до себе, я сіла за стіл, увімкнула настільну лампу і, підперши підборіддя рукою, задумливо подивилася на ДНК-аналізатор. «Може, Джек прав? - міркувала я, погладжуючи пальцем вимикач пристрою. - Я дуже старанно працювала вчора, мій розум був перевантажений інформацією, і ось результат - цей нічний кошмар... Хоча раніше, пам'ятається, я днями й ночами корпіла над яким-небудь набором хромосом[96], але нічого такого не було. А може, це накопичена за всі роки роботи втома?».

Я перевела погляд на кіготь чудовиська. Він лежав поруч з ноутбуком, поблискуючи у світлі настільної лампи. Я взяла його і стала вертіти між пальцями. Тут мою увагу привернув просвердлений в ньому отвір. Я піднесла кіготь до очей, щоб краще розглянути його. «Начебто воно було більше ... Чи мені здається?».

В цей момент у мене з'явилося відчуття, немов хтось пильно дивиться на мене. Я звернула свій погляд у вікно, де дощові краплі стрілами спускалися з похмурих сірих хмар на землю. Проте ні на вкритій великими калюжами вулиці поселення, ні в темній стіні тропічного лісу за нею я нікого не побачила ...

... «Скоро» ...

В ритмічному шумі дощу я чітко почула це слово - далеке, протяжне, рівне, спокійне. В мені все похололо.

«Щось останнім часом я граю в небезпечні ігри зі своєю свідомістю, - з тривогою подумала я. - Джек вірно казав: так до психіатричної лікарні рукою подати буде...».

РУКА!!!

Немов збожеволівший кенгуру[97], я із жахом вистрибнула зі столу, упустивши кіготь, і втиснулася в протилежний кут. Тільки тоді я помітила Джека, в подиві стоячи поруч зі стільцем з простягнутою рукою, яку він, мабуть, опустив мені на плече. Шок тривав секунд п'ять. Потім мій напарник здивовано присвиснув і констатував: «Важкий випадок».

- Джек! - обурено вигукнула я, переводячи подих і намагаючись заспокоїти серце, що шалено стукало. - Як можна так підкрадатися! Ти ж мене до смерті налякав!

- Це ти сама себе тут лякаєш, - у відповідь зауважив він. - Усамітнилася в напівтемряві зі своїми приладами, комп'ютерами і з цим кігтем.

Кіготь Леза Темряви лежав на підлозі.

Я підійшла, підняла його й знову поклала на стіл.

---

[96] Хромосома (дав.-грец. "Χρῶμα" - колір і "σῶμα" - тіло) - специфічні структури в ядрах клітин. Містять велику частину спадкової інформації у вигляді ДНК. Їх кількість різна у різних живих організмів. В ядрі кожної клітини людини міститься 23 хромосоми.

[97] Кенгуру (лат. "Macropus") - рід сумчастих ссавців із сімейства кенгурових (Macropodidae). Пересуваються на потужних задніх кінцівках стрибками, що досягають 12 м в довжину і 3 м у висоту. Як і всі сумчасті (Marsupialia), кенгуру мають сумчасті кістки й сумку для виношування дитинчат. Період вагітності складає всього один місяць. Кенгуру поширені в Австралії, Новій Гвінеї і на сусідніх островах.

- Тобі просто потрібно більше спілкуватись з людьми, а не зі своїми приладами, - продовжив Джек. - Розум в твоїй симпатичній голівці бажає поділитися своїми думками, ідеями та переживаннями з кимось, хто вислухає, зрозуміє і слушну пораду дасть... з кимось, у кого теж є мозок і серце... ну, і все інше... з кимось живим.

Я задумливо опустилася в гамак.

- Ох, правий ти, Джек, - нарешті зізналася я, - більшу частину життя я провела серед книг і наукових журналів, мікроскопів і комп'ютерів, формул і графіків, рослин і тварин. Рідко з ким вдавалося дійсно поговорити по душам.

Тут мисливець присів поруч зі мною, обняв мене за плечі і, заглянувши мені в очі, м'яко сказав: «Тому я тут, Джесі. Давай поговоримо!».

Я зніяковіла. Не те, щоб мені була неприємна така увага, навпаки, я наче чекала цього моменту. Але він настав якось несподівано, яскравою блискавкою блиснувши у моєму житті, опромінивши імлу самотності в душі і серці. Ніби крихітний паросток, стомлений спекою пустелі, але який відчув наближення дощу і тому розкрив і розправив свої напівзасохлі листочки, я потягнулася до Джека і вирішила розкрити йому свою душу. І його уважний, розуміючий і глибокий погляд був для мене як цілющі краплі дощу для цього паростка в пустелі.

Говорили ми до самого вечора.

Я розповіла Джеку про те, як вступила до біологічного факультету Університету природних наук міста Атланта[98] в штаті Джорджія[99] і як мої друзі дивувалися та сміялися над моїм вибором. «Кому в цьому світі комп'ютерних технологій та космічних досліджень потрібна ця біологія?! - говорили вони. - Тобі потім дуже важко буде знайти високооплачувану роботу. Так що краще зміни факультет, поки не пізно». Однак я твердо вирішила слідувати своєму глибокому інтересу до загадок живої природи і продовжила освіту за спеціальністю «Біологія та генетика тварин». Я також розповіла про те, як в цьому університеті я в перший раз закохалася в одного надзвичайно розумного, милого, доброго, але дуже скромного і сором'язливого хлопця родом з України на ім'я Саша;

---

[98] Атланта (англ. «Atlanta») - місто в США і столиця штату Джорджія. Розташоване в південно-східній частині Північноамериканського континенту на південь від річки Чаттахучи. Займає площу в 343 км2. Атланта є одним з міжнародних бізнес центрів.

[99] Джорджія (англ. «Georgia») - штат на південному сході США з населенням близько 8186450 жителів. Також його називають «персиковим штатом», оскільки він є національним лідером з вирощування та поставок персиків. Столиця і найбільше місто - Атланта.

як я не вирішувалася до нього підійти та зізнатися в своїх почуттях, а все чекала цього від нього; і як його згодом поцупила інша, більш сміливя й приваблива дівчина. Тоді я дуже сильно переживала через це і пообіцяла собі, що ніколи більше не буду закохуватися. Наївна ...

Потім я згадала про те, як за відмінні успіхи в навчанні мені запропонували стажування в американській філії BSRC - міжнародного Дослідницького центру біологічних наук[100], де після півроку роботи стажером в Лабораторії генетики та генної інженерії мене взяли на посаду наукового дослідника. Робота мені дуже подобалася - я займалася великим науковим проектом з вивчення структури генів приматів та людини для розробки на їх основі нуклеїнових наночіпів для різних імплантатів. Однак, у той же час, я часто відчувала себе самотньою і нікому не потрібною. Як виявилося, дуже важко було знайти людину, готову всерйоз сприймати, поважати і розділяти мої інтереси в біології та генетиці. А я хотіла саме таку людину.

Через рік після завершення проекту я отримала запрошення на роботу керівником Лабораторії зоогенетичних досліджень і розробок в головний комплекс BSRC, розташований на архіпелазі островів AI в Атлантичному Океані, що утворилися там після Великого Атлантичного Катаклізму. Звісно ж, я з радістю прийняла це запрошення. І там на одній з перших конференцій я познайомилася з Іллею - чарівним молодим хлопцем з Росії, що працював тоді у відділі лабораторних тварин в європейському філіалі нашого дослідницького центру. Після конференції він став часто відвідувати мене, дарувати мені чудові дорогі подарунки, влаштовувати чарівні прогулянки по островах архіпелагу і говорити про нашу величезну любов та грандіозні плани на майбутнє. Під таким напором моє серце швидко розтануло. І щоб ми змогли частіше бути разом і насолоджуватися нашим коханням, я клопотала про те, щоб його підвищили на посаді і взяли на роботу в головний комплекс центру, що і відбулося. Але коли Ілля влаштувався на новому місці роботи, він тут же почав крутити роман з секретаркою одного з членів Ради директорів і незабаром кинув мене. Тоді я зрозуміла, що цей негідник просто використовував мене як батут, щоб стрибнути на сходинку вище по службових сходах. І хоча в цілому я була дуже рада новому місцю роботи і новій відповідальності, цей укол в серце був для мене надзвичайно болючим. Моя подушка тоді увібрала багато гірких сліз. Так ось в шумі фанфар деколи можна почути крик болю...

Далі я перейшла до періоду свого життя в Індії. Я тоді пропрацювала вже п'ять років в головному комплексі BSRC і саме тоді керувала проектом

---

[100] "BioSciences Research Centre (BSRC)" - з англ. «Дослідницький центр біологічних наук (Бі-Ес-Ар-Сі)».

з відновлення популяції вимираючих індійських слонів[101]. Він полягав у забезпеченні розмноження слонів у неволі, штучному вирощуванні зародків, інтеграції молодих слонів в природні умови проживання та аналізі розвитку нової популяції. Щоб особисто простежити за процесом інтеграції слонів, я вирушила до Індії і оселилася в житловому корпусі місцевої філії нашого центру у місті Нью-Делі[102]. Практично кожен день організовувалися поїздки в деякі ще не вирубані ліси по всій країні; вантажні вертольоти доставляли та розвантажували клітки зі слонами; ми встановлювали на них датчики, випускали на волю і стежили за їх поведінкою та пересуваннями. Це була колосальна робота, але я отримувала від неї задоволення, адже я працювала на благо збереження біорізноманіття живої природи на нашій прекрасній планеті.

Там, в Нью-Делі, в одному з ресторанів я зустріла Дженка - дуже популярну зірку індійського кіно. Того дня під час обіду він підійшов до мого столика та запропонував пригостити мене манго лассі[103] і чаєм. Я, звичайно, не знала про те, що Дженк - місцева кінозірка, але цей красивий, статний, з довгим, прямим, чорним волоссям індієць мені відразу сподобався, і я не відмовилася. Так ми почали зустрічатися. Дженк був дуже ввічливим: він пригощав мене різними східними ласощами, купував мені чарівні коштовності і вдосталь катав на своєму швидкісному ховер-глайдері[104] «Яструб». Це було схоже на чудову казку: далекий Схід, прекрасна знаменитість, багатство, увага, турбота, любов ... Незабаром я переїхала жити до його розкішної вілли в місті Мумбаї[105]

---

[101] Індійські або азіатські слони (лат. "Elephas maximus") - один з трьох на сьогоднішній день видів сімейства слонових (Elephantidae). Можуть досягати 3,5 м росту і 2,4 т ваги. Відрізняються від інших слонів меншим розміром бивнів і вушних раковин. Індійські слони зустрічаються в лісах Південної і Північно-Східної Азії та на островах Борнео і Суматра. Знаходяться під загрозою вимирання.

[102] Нью-Делі (англ. «New Delhi») - офіційна столиця Індії, розташована в північній її частині на Ганській рівнині. Займає територію приблизно 43 км2. Тут знаходиться уряд і найбільший музей країни.

[103] Манго лассі - популярний напій в Індії, що готується з йогурту, збитого з соком манго.

[104] Ховер-глайдер (англ. "Hover" - парити і "glider" - планер) - засіб пересування, витає над землею за допомогою створюваних ним вертикальних повітряних потоків і має потужні аеродинамічні турбіни для високих швидкостей.

[105] Мумбаї (англ. «Mumbai») - найбільше населене місто Індії, що знаходиться на її західному узбережжі. Розташоване на островах Бомбей і Солсетт і на прилеглому узбережжі на території 603 км2. За щільністю населення (21 665 осіб на км2) займає перше місце в світі.

на березі Аравійського моря. А через рік після цього Дженк запропонував мені вийти за нього заміж, і я, недовго думаючи, погодилася.

Однак, як не дивно, довгим та щасливим наш шлюб ніяк не можна було назвати. Практично відразу ж після весілля Дженк дав мені зрозуміти, що я потрібна йому лише в ліжку для фізичних задоволень, на кухні, щоб готувати екзотичні страви для нього і його численних друзів, і на світських заходах, щоб він міг шикувати своєю черговою красунею. І, щоб додати ще солі на мою душевну рану, він заборонив мені займатися наукою та дослідженнями. Це, звісно ж, викликало категоричний протест та обурення з мого боку. Однак з метою домогтися свого цей брехливий егоїст підкупив одного з головних спонсорів нашого проекту, і той припинив фінансування, тим самим поставивши під загрозу всі наші старання з відновлення популяції індійських слонів. Це стало останньою краплею, що переповнила чашу мого терпіння. Як тільки я дізналася про цей факт, то зразу ж плюнула на усі багатства свого чоловіка і подала на розлучення. Процес розлучення виявився довгим і виснажливим: Дженк усіма засобами намагався залишити у себе свою «іграшку», тобто мене. Але мені на допомогу прийшли давні друзі, однокурсники з університету й колеги з роботи, і через півроку муки у шлюбі з Дженком, нарешті, закінчилися. Проте, я залишилася без жодних засобів до існування, та ще треба було терміново рятувати наш проект.

Але й тут друзі не кинули мене. Шкільні товариші, однокурсники, включаючи Сашу, моє перше нерозділене кохання, а також давні співробітники зібрали досить солідну суму, яка разом з підтримкою із BSRC допомогла з успіхом закінчити п'ятирічний проект - його результатом стало безліч зареєстрованих ознак розвитку і процвітання популяції слонів на півострові Індостан[106]. Згодом індійські слони були переведені з категорії «вимираючі види» в категорію «охороняються».

Проте з того часу я назавжди викреслила зі свого життя такі слова, як «любов», «шлюб» і «сім'я». Адже надто багато проблем, розчарувань і болі вони принесли мені, і я не хотіла знову це все випробувати...

І без того сіре, похмуре небо, затягнуте величезними важкими хмарами, ще більше потемніло, коли я закінчила розповідь. Весь цей час Джек мовчки сидів поряд, уважно дивлячись на мене і зрідка киваючи головою, даючи зрозуміти, що слухає. Тепер же він відвів погляд і задумливо подивився у вікно на завісу дощу, що приховувала поселення Сололеадас і густі джунглі навколо.

---

[106] Індостан - півострів в південній частині Азії. Займає площу близько 2 млн км2. Омивається водами Індійського океану на заході і Бенгальською затокою на сході. На території Індостану розташовані держави Бангладеш, Індія і Пакистан.

— Так, не дуже весела у тебе історія, — нарешті промовив він. — І все ж були в ній моменти, коли ти була щасливою, нехай навіть в стані сліпої наївності. І ти хоча б куштувала, і не раз, п'янкий нектар любові...

Так Джек почав ділитися зі мною власними життєвими колотнечами.

Як виявилося, Джек Андер народився в місті Індіанаполісі[107] штату Індіана[108] в родині імпортера і торговця екзотичними тваринами. Навчався він завжди погано, зате ще зі школи відрізнявся від однолітків своєю силою, спритністю, швидкістю реакцією, кмітливістю і незвичайною інтуїцією та чуттям. Джек був переможцем у багатьох шкільних та університетських спортивних змагання, що, безперечно, тільки додавало йому привабливості — рідко яка дівчина проходила повз, не озирнувшись на нього раз або два. Проте батько його, Віктор Андер, не раз переживши зраду своєї дружини, ледь не з пелюшок прищеплював синові недовіру до протилежної статі, що згодом дало результати — Джек став холодним і байдужим. Він почував свою привабливість в очах дівчат і як справдешній ляльковод керував їхніми почуттями. Однак сам він не довіряв жодній з них і не давав світлому почуттю закоханості осяяти його похмуре і крижане серце. Саму любов Джек вважав смертоносним вірусом, що віднімає у людей свободу і завдає якусь жахливу біль своїй жертві. Звісно ж, така думка була переважно нав'язана його батьком, багато разів зневіреним у взаємній любові. У підсумку, розбивши вщент немало дівочих сердець, Джек закінчив університет закоренілим холостяком...

На цьому етапі розповіді мисливця мені раптом згадалася фраза з твору «Дворянське гніздо» російського письменника Івана Сергійовича Тургенєва[109], який я нещодавно читала: «Горе серцю, що не любило змолоду».

Джек же в цей час перейшов до оповідання про своє життя після університету. Так і не оволодівши достатніми знаннями для престижної роботи або відкриття власної справи, новоспечений випускник влаштувався ловцем тварин в компанію свого батька «Зооміракл»[110].

---

[107] Індіанаполіс (англ. «Indianapolis») — місто в США і столиця штату Індіана. Знаходиться в середньому заході США і займає більшу частину території округу Маріон. Тут зосереджена основна частина промисловості і торгівлі штату.

[108] Індіана (англ. «Indiana») — штат на північному сході США з населенням приблизно 6376792 мешканців. Є одним з основних постачальників вугілля, нафти, природного газу та вапняку. Столиця і найбільше місто — Індіанаполіс.

[109] Тургенєв Іван Сергійович (1818 — 1883) — російський письменник, поет і перекладач. Вважається одним із класиків світової літератури. Найбільш відомі його твори: «Рудін», «Дворянське гніздо», «Напередодні», «Батьки і діти», «Дим», «Му-му», «Записки мисливця» та інші.

[110] "Zoomiracle / Зуміракл" — буквально з англ. «Чудо для зоопарку».

Завдяки раніше згаданим якостям, Джек швидко набив руку на цьому ділі, і компанія Андерів почала розвиватися все швидше і приносити все більше прибутку. Однак через десять років Віктор Андер важко захворів і помер, і компанія перейшла його єдиному спадкоємцеві - Джеку. Відтоді в «Зоомірал» почалися серйозні проблеми. Будучи відмінним звіроловом, Джек, тим не менш, не володів ні знаннями, ні досвідом в галузі підприємництва, менеджменту та маркетингу, що стало однією з основних причин краху компанії.

Однак горе-бізнесмена це не особливо засмутило. Слава про його надзвичайні мисливські здібності вже ходила по всіх Сполучених Штатах. І незабаром після того, як Джек розпродав все, що залишилося від колись процвітаючої компанії, він влаштувався особистим мисливцем в одного дуже багатого і успішного сенатора. Володіючи душею, що не відала жалю, і серцем, що ніколи не знало любові, Джек легко долучився до нової роботи, і трофейний кабінет сенатора швидко заповнився головами, рогами і опудалами різних тварин. Поступово до послуг вмілого мисливця стали вдаватися й інші державні діячі, бізнесмени та зірки кіно і телебачення. Капітал Джека все зростав, і через кілька років він вже був володарем розкішного особняку у Флориді[111], пари всюдиходів, ховер-глайдера і найбагатшої колекції зброї в Америці, включаючи і останні розробки.

Джеку подобалася його робота: шукати, вистежувати, відчувати, переслідувати, і, нарешті, наздоганяти свою мету, насолоджуючись при цьому викидами адреналіну[112] в свою мисливську кров. Однак він вбивав не заради задоволення, а тому що «такий був його обов'язок по роботі». І Джек ніколи не піднімав ствол зброї на тварину, якщо знав, що цей вид знаходився під загрозою вимирання. «Повністю перестрілявши один вид звірів, - говорив він, - ти незмінно приведеш до вимирання пов'язаних з ним інших тварин, які вплинуть на існування третіх, і так далі. А для мисливця це все одно, що влаштувати ядерний вибух на власній золотоносній жилі».

---

[111] Флорида (англ. «Florida») - штат на південному сході США з населенням близько 18 801 310 мешканців. Розташований на півострові Флорида між Мексиканською затокою і Атлантичним океаном. Є провідним штатом США по виробництву цитрусових, в основному апельсинів і грейпфрутів. Столиця - Таллахассі.

[112] Адреналін або епінефрін - біологічно активна хімічна речовина (гормон), що виробляється в наднирниках. Його доза в організмі різко підвищується при стресовому стані, відчутті небезпеки, тривоги, страху і т.д. Адреналін допомагає стимулювати центральну нервову систему для усунення можливої чи реальної загрози для організму.

Ось так і провів Джек Андер свої тридцять вісім років мисливського холостяцького життя: в багатстві матеріальному, але в бідності духовному.

- ... За весь цей час я зрозумів, що життя людини - це як полотно майбутньої картини. Весь час ти зображаєш із себе художника, малюючи на ньому людей, речі, події ... І чим старше ти стаєш, тим ясніше ти бачиш свій твір повністю і усвідомлюєш його сенс, - так Джек закінчив свою розповідь.

За вікном було вже зовсім темно. Ми сиділи в гамаку в напівтемряві кімнати, освітленої лише слабким світлом настільної лампи з низьким рівнем енергії в акумуляторі, і мовчали, в думках переварюючи все сказане і почуте за цей день.

Нарешті Джек повернув голову і уважно подивився мені у вічі.

- Як ти себе почуваєш, Джессі? - поцікавився він.
- Та начебто нормально, - задумливо відповіла я.
- Тобі стало краще?
- Так, звісно ... Дякую тобі за турботу і за бесіду, Джек. Мені це дійсно потрібно було.
- Добре ... Ну, вже пізно. Думаю, пора лягати спати.
- Так, пізно. Пора.
- Тоді на добраніч, Джесі.
- На добраніч, Джек.

Мій напарник ще кілька секунд дивився на мене, потім взяв мою руку, трохи незграбно нахилився і поцілував її. Я моторошно зніяковіла і почервоніла, але руку не прибрала. Після цього Джек ніжно опустив мою руку, встав і мовчки попрямував до своєї кімнати. На порозі він зупинився, ще раз глянув на мене і сором'язливо посміхнувся. Я злегка посміхнулася у відповідь, після чого мисливець зник за порогом.

Я вимкнула лампу, переодяглася і лягла в гамак. Злегка погойдуючись в ньому, я міркувала про те, що ж сьогодні сталося між нами, проте ніяк не могла знайти відповіді, що задовольнила б мене. Так я навіть не помітила, як заснула міцним спокійним сном.

Розділ X.
Зустріч з долею.

Крізь приємну ранкову дрімоту я почула гучний протяжний гудок передавача на столі. Я відкрила зліплі повіки, потягнулася і солодко позіхнула на весь рот.

Дощ вже припинився, і тепер крізь пухнасті хмари, що пливли по небу, проглядала нескінченна блакить неба. З відкритого вікна в кімнату струївся прохолодний свіжий ранковий вітерець, у супроводі бадьорих співів птахів.

Передавач гудів не перестаючи. Я знехотя піднялася, сіла в гамаку, ще раз позіхнула, протерла очі, нарешті, підійшла до столу і взяла пристрій.

- Так? - сонно запитала я, включивши його.
- Джессі! - почула я голос пана Мірандеріка. - Чудово, Ви прокинулися. Доброго ранку, до речі! А тепер до справи: нам необхідно якомога швидше вийти на Лезо Темряви. Протягом двох діб не було повідомлень про жертви, і наші роботи-спостерігачі не зареєстрували жодної активності чудовиська. Це означає, що ця тварюка нічим не харчувалася, і зараз дуже голодна. Чудовисько може напасти в будь-який момент, і, щоб запобігти цьому, ми повинні зловити або знищити його якомога швидше. Ви поки розбудіть Джека, вмийтеся і поснідайте, а я скоро зайду за вами.
- Добре, - відповіла я, вислухавши цей монолог, і вимкнула передавач. Потім швидко переодяглася і пішла будити свого напарника.

Увійшовши до кімнати Джека, я побачила таку картину: на підлозі біля кожної стіни між великих сумок з боєприпасами лежали довгі мисливські рушниці та ракетомети; невеликий стіл був завалений всілякими ножами, пістолетами, автоматами та іншим озброєнням; поруч зі столом біля вікна на широкому триніжку височіла самонавідна напівавтоматична лазерна установка «Ліквідатор»; а в гамаку, який неабияк прогнувся, розпласталося напівголе могутнє тіло Джека. Він спав на спині, рівномірно похрапуючи та іноді чухаючи свій волосатий м'язистий живіт.

- Ей, Джек, прокидайся! Лео викликає на полювання! - крикнула я йому з порогу.

З боку Джека - ніякої реакції.

Я підійшла до гамака і ще раз крикнула:
- Джек! Давай, вставай! Час працювати!

Ніякої реакції.

Тоді я стала смикати свого напарника та кричати йому прямо у вухо:

- Джек! Джек! Та прокинься ж ти, нарешті!

Ця міра здобула ефект. У відповідь Джек поморщився, видав незадоволене «у-у-у» і повернувся на бік від мене. В результаті центр ваги змістився, гамак став повільно повертатися навколо своєї осі, і, нарешті, важке тіло мисливця впало на підлогу. Я не витрималася і засміялася. З-під гамака почулося обурене рохкання, а потім показалася заспана фізіономія, яка дивилася на мене солов'їними очима.

- Час вставати, Джек, - сказала я, закінчивши сміятися. - Нас викликає Лео на полювання.

Виконавши в такий спосіб свою ранкову місію, я вийшла з кімнати мисливця, взяла зубну щітку з пастою і відправилася на ганок вмиватися.

Ранок був прохолодний, свіжий, приємний і бадьорий. Вологе, дещо п'янке та чисте повітря проникало в кожну клітинку тіла, насичуючи її цілющою енергією. У величезних калюжах відбивалися хмари, що пливли у височині, - створювалося враження, ніби цілі шматки неба раптово звалилися на землю. Джунглі ж немов прокинулися від довгої сплячки: стрепенулися, розпушилися, налилися соковито-зеленою фарбою і заголосили тисячею різних звуків: шелестінням листя, дзижчанням комах, щебетанням птахів і ревом звірів. Але всю принадність цього ранку доповнило сонце: визирнувши з-за хмар, воно осяяло острів своїми яскравими життєдайними променями, і кожна травинка, кожен кущик, кожне дерево заблискало крапельками роси, ніби обсипані блискучими конфетті. І в той же час над верхівками тропічного лісу примарною різнобарвною аркою з'явилася веселка.

Повертаючись назад у свою кімнату, я зустріла свого сонного напарника, що також прямував вмиватися.

- Ну що, Джек, тепер ми квити? - хитро посміхнулася я, нагадавши мисливцеві, як він кількома днями раніше розбудив мене пострілом з рушниці.

Джек похмуро відвернувся і щось буркнув, проходячи повз мене. Не дивляичь, куди він іде, мисливець не вписався в дверний проріз і вдарився скронею об стінку. Голосно згадавши чиюсь матір, Джек вирівняв курс і вийшов на ганок.

За сніданком до нас приєднався пан Мірандерік зі своїми снайперами і мисливцями Сололеадас. Він повідомив, що сьогодні ми обстежуємо густі джунглі в північно-західному напрямку як одне з найбільш ймовірних притулків чудовиська. «Цікаво, чому ми відразу не попрямували туди?» - тут подумала я, але вголос нічого не сказала. Також Лео поінформував нас, що через два дні прибуде літак з новими моделями роботів «Голіафів», які дуже допоможуть нам в полюванні. Судячи з його ентузіазму, директор вочевидь покладав великі надії на ці новинки робототехніки.

Закінчивши сніданок, ми залишили Азула прибирати і мити посуд, а самі переодяглися в водонепроникні комбінезони та гумові черевики, захопили деякі предмети нашого спорядження і вирушили в джунглі. Після тривалої зливи земля перетворилася на суцільне болото, по якому ми повільно брели, перевалюючись, немов ведмеді, і плямкаючи черевиками по бруду. Часто нам доводилося обходити гігантські калюжі, що ще більше уповільнювало наше просування.

Занурившись в гущавину тропічного лісу, ми відразу потрапили в обійми густого, вологого, молочно-білого туману, а наші обличчя та комбінезони відразу вкрилися прохолодними краплями роси з листя чагарників і дерев. Наші легені наповнилися свіжим п'янким повітрям, а вуха - різноголосим співом тропічних птахів в кронах високих дерев. Тут ми знову розділилися: Лео зі снайперами почали прочісувати джунглі зі східного боку, мисливці Сололеадас - із західного, а ми з Джеком попрямували прямо вперед.

Джек як завжди йшов на чолі, справедшно орудуючи своїм мачете і розчищаючи хитросплетіння чагарників, папоротей і ліан попереду, а я йшла за ним, оглядаючи вологий ґрунт в пошуках слідів Леза Тьми і час від часу звіряючи наше розташування та напрямок з показаннями електронної карти і Джі-Пі-Ес навігатора. Розлогі гілки папоротей і дерев хльостали по наших комбінезонах, створюючи навколо нас феєрверки з водяних бризок. Над моєю головою вилися дрібні комарики-кусаки[113], хором видаючи досить гучний для їх розмірів писк. Часом один з них відривався від зграї і починав кружляти біля обличчя, шукаючи найбільш зручне місце, щоб застромити в шкіру свій найтонший хоботок, що був, по суті, видозміною щелеп і нижньої губи комахи. Тоді мені доводилося енергійно махати руками перед носом, щоб відігнати нахабу.

Таким чином ми пройшли третину визначеного Лео шляху, перейшли по мосту широку річку й опинилися в самій гущі тропічного лісу. Туман вже розсіявся, і тепер було набагато легше обстежити землю. Раптом Джек завмер на місці, і я, не передбачивши такої різкої зупинки, налетіла на нього. Мисливець нічого не сказав, а лише схопив мою голову і нахилив її вниз. І тут на сирому ґрунті я побачила пару чітких слідів задніх трипалих лап чудовиська. Сліди виходили з заростей чагарнику копаіфери[114] зі сходу і вели на північний захід.

---

[113] Кусаки (лат. "Aedes") - рід дрібних комах з сімейства кровососних комарів (Culicidae). Відрізняються від інших комарів білими смужками на тілі і лапках. Поширені в тропічній та субтропічній зонах на всіх континентах. Деякі види кусак є переносниками небезпечних для людини захворювань, як наприклад, жовтої лихоманки та лихоманки Денге. Рід налічує 700 видів.

[114] Копаіфери (лат. "Copaifera") - рід рослин із сімейства бобових (Fabace-

- Ще свіжі - тварюка була тут приблизно годину тому, - повідомив Джек, упевнений у своєму надзвичайно розвиненому і натренованому мисливському погляді.

- Я зв'яжуся з Мірандеріком, - сказала я, включаючи передавач. - Лео, Ви мене чуєте? Прийом.

- Так, Джесі. Гадаю, у вас є результати.

- Вірно. Ми виявили сліди, і вони досить свіжі. Джек стверджує, що Лезо Темряви проходив тут годину тому.

- Чудово! - вигукнув Лео. - Починайте переслідування. Ми скоро приєднаємося до вас. Удачі! І будьте обережні!

- Добре. Дякую, - відповіла я і вимкнула пристрій. Потім передала Джеку розпорядження директора.

- Ну що ж, - відповів мій напарник, перевіряючи готовність своєї довгої мисливської рушниці, - сьогодні у нас точно буде побачення з цим Прокльоном Темряви, як його тут називають. І я познайомлю його з моєю іграшкою!

І він з подвійним запалом став рубати ліани, орієнтуючись по доріжці з великими слідами. Я приєдналася до погоні, уважно озираючись по сторонам на випадок раптового нападу чудовиська з можливої засади. Сліди хитромудро петляли між стовбурів дерев і заростей розкидистої папороті - складалося враження, що тварина щось ретельно вишукувала. Однак, дощ, що пройшов напередодні, зіграв нам на руку - сліди були чіткі, і нам не складало особливих труднощів не упускати їх з виду.

Орієнтуючись по слідах, ми все далі відходили в північно-західному напрямку.

- Ми наздоганяємо його, - повідомив Джек, важко дихаючи і виділяючи запах поту з-під комбінезону, - чудовисько було тут приблизно півгодини тому.

Розрубавши чергове переплетіння ліан, мисливець вискочив на невелику прогалину, освітлену струменями крізь крони дерев золотистими сонячними променями і завмер на місці, оглядаючи ґрунт у себе під ногами. Я визирнула з-за його широкої спини і побачила, що вся земля навколо була поцяткована слідами Леза Темряви.

- Тут, ймовірно, знаходиться його гніздо, - припустила я.

- Навряд, - задумливо відповів Джек, прочісуючи поглядом траву і чагарники, що оточували нас, - виглядає так, немов чудовисько шукало тут їжу.

ае). Мають вигляд дерев або деревоподібних чагарників з парноперистим листям і волоті білих дрібних квіток. Широко поширені в Південній Америці і Західній Африці. Ці рослини є джерелом копайського бальзаму, який використовують в медицині, паперовій і лакофарбовій промисловості.

- Але ж якщо Лезо Темряви нападає на людей і харчується ними, що він міг шукати тут, в самій гущі лісу? - запитала я.

- Не знаю ... Може, в його раціон, крім людини, входять і інші тварини ... Або ж наш лускатий приятель вирішив сісти на дієту - ніякого людського м'яса по понеділках, середах і п'ятницях. У будь-якому разі, зараз це неважливо. Нам треба знайти продовження слідів.

І ми стали блукати навколо, намагаючись розплутати складний візерунок з відбитків великих задніх лап чудовиська. Різнокольорові метелики-павліноглазки[115], що грілися на освітлених сонцем ділянках, спурхували буквально у нас з-під ніг і кружляли над головами, переливаючись яскравими фарбами, ніби ожили частинки веселки. Однак на те, щоб милуватися ними, часу у мене не було.

Доріжка слідів, по якій я слідувала, спочатку петляла по сирій землі, перетинаючись з іншими відбитками, потім попрямувала до густої розкидистої м'якої деревної папороті[116]. Підійшовши до нього ближче, я помітила велике скупчення слідів, ніби Лезо Темряви довго тупцював тут на одному місці. Я нахилилася і почала уважно оглядати грунт і рослини навколо. Тут я звернула увагу на пом'яті темно-сині квіти з загнутими нагору великими шипами, що звисали з товстих м'ясистих волохатих стебел. Сумнівів бути не могло - я натрапила на Скорпіонові траву. «Добре, що вона тільки відцвітає і ще не сформувала свій плід-коробочку, - винкло у мене в голові, - а не то я вдосталь надихалася б її отруйними насінням».

Однак мою увагу привернуло не так сама Скорпіонові трава, скільки той факт, що більшість квіток, листя і стебел її були відкушені і з'їдені. Решта ж були неабияк прим'яті чиїмись лапами. «Це яка ж тварина харчується настільки отруйною рослиною? - подумки дивувалася я. - Напевно якийсь ще невідомий сучасній науці вид. Але як ця істота виробила імунітет до настільки сильних отрут? І який тут зв'язок з Лезом Темряви?».

Хід моїх думок перервав голос Джека, що пролунав у мене над головою:

- Знайшла що-небудь цікаве?

---

[115] Павлиноочки або сатурнії (лат. "Saturniidae") - сімейство великих метеликів (Lepidoptera). Розмах крил варіюється від 2,5 до 15 см, а у Attacus atlas може досягати 30 см. Живуть в лісах тропічної та субтропічної зон. Сімейство включає близько 160 родів і 2300 видів.

[116] М'який або тасманійський деревний папороть (лат. "Dicksonia antarctica") - вид вічнозелених деревних папоротей (Cyatheales). Виростають зазвичай до 5 м у висоту, але іноді можуть досягати і 15 м. Росте в лісах південно-східної частини Австралії та на острові Тасманія. Серцевина цієї папороті може вживатися в їжу.

Я встала і вказала мисливцеві на Скорпіонову траву. Той подивився на неї і здивовано підняв брови.

- Ти милуєшся квіточками в той час, як величезна кровожерлива тварюка нишпорить по джунглях?

- Та ні ж! - обурено відповіла я. - Дивись уважніше. Це скорпіонова трава - сама отруйна рослина на планеті. Видно, що більша частина його листя і квітів з'їдена. І мені цікаво, яка це істота може засвоювати смертоносні отрути, що містяться в них. І зауваж ще, що сліди Леза Темряви присутні тут у великій кількості. Що він тут робив?

- Цілком можливо, що чудовисько полювало на цього невідомого любителя Скорпіонової травички, - припустив Джек. - Тварина мирно паслася тут, жуючи траву і кайфуючи від її отрут, як раптом - хоп! - Лезо Темряви хватає його своїми потужними щелепами і одним їх рухом перегризає йому хребет. Кайф закінчився.

- Версія гарна, - відповіла я, - і могла б бути цілком реальною, якби не одне «але»: де ти бачиш тут сліди «полюбляючого травичку»?

Джек здивовано втупився на землю: крім відбитків великих трипалих лап з довгими кігтями, більше ніяких показників присутності тварин тут не було.

- Тоді це, напевно, був птах, який вміє зависати в польоті, як колібрі, - подав нову ідею мій напарник, - він і харчувався травою, поки чудовисько на нього не напало.

- Так, це вже більш ймовірно. Але у мене склалося таке враження, що ми йдемо по хибному шляху. Може, ці сліди належать зовсім не Лезу Темряви, а якомусь великій травоїдній тварині?

Мисливець задумався.

- Прокляття! - через хвилину вигукнув він. - Але ж ти можеш бути права! Хоча ... Сліди, на які ми натрапили в перший раз, там, біля річки, були точно такі ж. З нами був Лео, і він був упевнений, що вони належали чудовиську. А наш начальник вже точно бачив їх не в перший раз ... Взагалі, треба буде як слід розпитати Колобка і цього професора ... як його там ... Краймерса про їх ранні зустрічі з Лезом Темряви.

- Ну а що ж нам тепер робити? - запитала я.

- Підемо далі по слідах, - впевнено відповів Джек, - знайдемо їх володаря - знайдемо і відповіді на наші запитання. Так що давай шукати продовження.

Я кивнула і відновила огляд ґрунту навколо нас. Незабаром я виявила, що володар трипалих відбитків, покрутившись біля скорпіонової трави, попрямував на південний схід. Я пішла по ланцюжку слідів і зупинилася біля гігантської сагової пальми[117]. Я обійшла довкола

---

[117] Сагова пальма (лат. "Metroxylon sagu") - вид тропічних пальм (Arecaceae).

її стволу, але слідів більше ніде не було видно. Тоді я глянула вгору, на височенний шорсткий стовбур пальми, що ховався в густий завісі з листя, ліан і орхідей, і помітила на ньому кілька досить глибоких потрійних подряпин. Я покликала свого напарника, вказала йому на обрив слідів біля стовбура дерева, а потім і на подряпини на ньому.

- Ця тварюка ще й по деревах лазить?! - обурено вигукнув Джек. - Це сильно ускладнює наше завдання. Що ж, тепер потрібно шукати найменші ознаки його присутності ще й над нашими головами: подібні подряпини на стовбурах дерев, зламані гілки, обірвані ліани ... Давай, красуне, за справу!

І ми почали блукати між високих пальм, деревовидних папоротей і каурі[118], задерши голови і відшукуючи що-небудь, що б вказало на перебування тут тварини і напрямок руху Леза Темряви. Дійсно, в густому листі надзвичайно важко було помітити подібні ознаки і, звісно, неможливо було визначити, чи була зламана та чи інша гілка чудовиськом або ж якимось іншими тваринами, а то і просто поривом вітру. Ми то втрачали слід, і довго блукали колами по навколишній місцевості, то знаходили його і поновлювали переслідування, а потім знову не могли знайти його продовження.

В черговий раз, шукаючи показники перебування чудовиська, ми, самі того не помітивши, досить далеко відійшли один від одного. Я повільно пробиралася крізь густий чагарник епакріс[119], жмурячи очі і уважно обстежуючи стовбури і крони дерев, що височіли навколо. Мій комбінезон, сорочка і штани наскрізь промокли від поту. Очі втомилися від постійної напруги. Шия і плечі досить сильно боліли. У роті пересохло і страшенно хотілося пити. Та й весь організм наполегливо нагадував мені про втому, намагаючись чинити опір кожному моєму руху. Я сперлася на стовбур молодого копійовика зонтичного, щоб злегка перепочити і ковтнути води з фляги у себе на поясі.

Має кілька стебел висотою від 7 до 20 м, що закінчуються великими суцвіттями. Поширений у південно-східній Азії, Індонезії, Малайзії і на Філіппінських островах. Цей вид пальм є джерелом саго - основного інгрідієнту в продуктах харчування жителів цього регіону.

[118] Каурі або агатис південний (лат. "Agathis australis") - вид вічнозелених дерев з сімейства араукарієвих (Araucariaceae). У висоту каурі можуть досягати 50 м, в обхваті стовбура - 16 м. За віком деякі екземпляри перевершують 2000 років. Це один з найдавніших видів хвойних дерев, що зустрічалися ще близько 150 мільйонів років тому. Зараз каурі виростають в Новій Зеландії.

[119] Епакріс або верес австралійський (лат. "Epacris") - рід вічнозелених чагарникових рослин із сімейства вересових (Ericaceae). Епакріси зустрічаються в Австралії, Тасманії і Новій Зеландії. Рід налічує приблизно 40 видів.

Раптом, кинувши погляд на гладку кору одного з коренів-підпірок копіовика поруч із собою, я помітила на ній подряпини, з яких все ще витікали соки рослини, а біля підніжжя кореня - вже знайомі сліди великих трипалих лап, які йшли в зарості молодої папороті циатій сріблястої[120]. Я викликала по передавачу Джека, але не почула жодної відповіді. Спробувала ще раз - безрезультатно. Тоді я ризикнула що є сил крикнути: «Джек, швидше сюди!». Однак джунглі відповіли мені лише шелестом листя. «Чорт тебе забирай, Джек, де ти?!» - в обуренні подумала я, а потім, махнувши рукою, попрямувала по слідах в гущу папороті. Зігнувшись в три погибелі, я пробиралася крізь зарості, намагаючись не втрачати з уваги сліди тварини. Відсунувши убік чергову гілку з зеленими листовими пластинками, які були сріблястими з нижньої сторони, я вийшла на невелику галявину, яка густо заросла високою травою і випрямилася.

Секунда - в декількох метрах від себе я побачила велике мускулисте лускате тіло темно-зеленого кольору на двох зігнутих в колінах могутніх ногах зі складеними у грудях гнучкими передніми хватальними кінцівками, довгим сильним хвостом і великою головою з витягнутою мордою і загнутими назад гострими рогами ...

Друга - чудовисько злегка повернуло голову, поглянувши на мене величезним жовтим оком з вертикально витягнутою чорною зіницею, і зразу ж кинулося в кущі в протилежному напрямку, відразу розвинувши неймовірну для його розмірів і статури швидкість ...

Третя - забувши про втому, небезпеку і про те, що не можу змагатися з таким прудконогим, я кинулася навздогін.

«Боже мій, що це я роблю? - думала я, пірнаючи за своєю ціллю в зарості чагарнику і починаючи енергійно розсовувати його численні гілки на своєму шляху. - У мене ж зі зброї тільки пістолет-транквілізатор. А якщо усипляючі дротики не подіють на нього - що тоді? І де цей Джек, коли він так потрібен?!».

Однак шелест листя, що поступово віддалявся від мене, хрускіт гілок, що ламалися, і ритмічний тупіт сильних лап надавав мені сил і змушував продовжувати переслідування. Проте, тривало це недовго - раптово шурхіт, хрускіт і тупіт попереду припинилися, і мені залишалося лише знову орієнтуватися за відбитками лап чудовиська в сирій землі, що я і робила. Метрів через п'ятнадцять-двадцять сліди різко обірвалися, і

---

[120] Ціатея сріблясата або понгу (лат. "Cyathea dealbata") - вид деревовидних папоротей з сімейства ціатейних (Cyatheaceae). У висоту зазвичай сягає 10 м, а в діаметрі стовбура - 45 см. Довжина гілок доходить до 4 м. Виростає в лісах Нової Зеландії. Деревне волокно Циатім використовується в медичних цілях як антисептик.

я зупинилася в гущавині чагарників різних тропічних рослин, в подиві оглядаючи грунт і високі стовбури дерев, які оточували мене. На найближчому з них, місцевого різновиду гальбуліміми[121], я помітила численні глибокі подряпини, з яких сочився сік янтарного кольору, і вилаялася про себе - тварюка знову вирішила сховатися в завісі з листя дерев, рослин-епіфітів і ліан. Я сперлася об цей ствол і, важко дихаючи, стала свердлити поглядом густе листя у себе над головою. Ніяких ознак чудовиська, що нещодавно пронеслося тут, не було помітно. «Упустила!» - промайнуло у мене в голові, і я з досадою стукнула кулаком по стовбуру дерева. Після цього я дістала передавач і глянула на електронну карту - я знаходилася в північно-східній частині лісу в декількох кілометрах від поля, де GEC вирощувала Скорпіонову траву. Я включила передавач і викликала Джека.

- Джессі! Джессі! Ти куди це втекла? - донісся з пристрою схвильований голос мисливця.

- Джек! Слухай! ... Лезо Темряви ..., - повідомила я, переводячи подих і витираючи струмки поту з чола. - Це він! Він тут! ... Я його бачила! ... Уф ... Я переслідувала його, але ця тварюка пішла від мене!

- Ненормальна! Зовсім з глузду з'їхала! - почулося у відповідь. - Гаразд ... Нікуди не йди! Я зараз прибіжу.

Я вимкнула передавач, ковтнула води зі своєї фляги і знову сперлася об стовбур дерева, відкинувши голову і закривши очі. Тільки тепер я відчула, як боліли подряпини від гілок, що били мене по обличчю під час погоні, як нили ікри, як горіли легені при кожному вдиху, як шалено калатало серце і як його удари віддавалися в скронях, немов моя голова знаходилася між молотом і ковадлом. Я відчувала буквально кожен м'яз свого тіла. Я смертельно втомилася. Я ...

Я відчула, що хтось уважно дивиться на мене.

Я повільно відкрила втомлені очі і тут же вся напружилася, притиснувшись до стовбура і міцно схопившись за рукоять пістолета-транквілізатора у себе на поясі.

Прямо переді мною в якихось семи метрах стояв Лезо Темряви і, злегка схиливши набік свою рогату голову, пильно дивився на мене своїми жовтими очима.

Шок і страх скували моє тіло, і я не могла ні поворухнутися, ні навіть думати про що-небудь - я просто стояла, тісно притулившись до стовбура, і дивилася на чудовисько широко розкритими очима. Воно також не рухалося з місця, оглядаючи мене з ніг до голови. Потім тварина спіймала

---

[121] Гальбуліміми (лат. "Galbulimima") - рід високих дерев з сімейства гімантандрових (Himantandraceae). Виростають в Австралії, Малайзії та Новій Гвінеї. Рід складається з двох видів.

мій погляд, злегка пригнулася і, продовжуючи зосереджено дивитися мені в очі, стала повільно наближатися. Незважаючи на величезні розміри і могутню статуру, вона рухалася напрочуд м'якою, плавною, злегка пружною ходою, немов астронавт на поверхні Місяця.

Помітивши і усвідомивши наближення страшного і підступного хижака, я стала гарячково міркувати, шукаючи спосіб залишитися в живих. Думки блискавками проносилися в моїй голові: «Втекти? Ні, вмить наздожене і роздере ... Покликати Джека? Теж ні, він просто не встигне ... Вистрілити транквілізатором? Навряд чи, присиплююча речовина в дротику може подіяти не відразу ... ». Нарешті я придумала: коли чудовисько підійде ближче, я вистрілю йому прямо в око, і поки воно буде корчитися від болю, я побіжу назустріч Джеку, який і прикінчить тварюку. План був, звичайно, божевільний, але кращого я не могла збагнути.

Тим часом Лезо Темряви зупинилося десь у двох метрах від мене і, опустивши голову вниз, глянув на пістолет в моїй руці. Я ще сильніше напружила м'язи плеча та передпліччя в очікуванні моменту, зручного для пострілу. Чудовисько знову перевело погляд на мене. Його величезні жовті очі під навислими над ними складками шкіри і луски завмерли, і два великих чорних, немов глибокі темні ущелини, зіниці сфокусувалися на моєму обличчі. Його пильний погляд ніби гіпнотизував, змушуючи не зводити з нього очей. Широкі довгасті ніздрі чудовиська ритмічно тремтіли, і я відчувала його подих, що віддавав якимось трав'яним запахом. Масивні роги на голові і великі лусочки на всьому його тілі поблискували в яскравих променях сонця, що струменілися крізь листя дерев.

Лезо Темряви повільно простягнув до мене ліву передню кінцівку з пазуристою п'ятипалою кистю. Я до болю в суглобах стиснула рукоять пістолета, але не пустила його в хід. «Ще рано», - подумала я. Чудовисько розкрило свою величезну пащу, оголивши рожеві ясна, всіяні безліччю гострих, злегка загнутих всередину зубів, і довгий, роздвоєний на кінці язик, і видало короткий, неголосний рик, злегка нагадував гарчання лева. «Зараз нападе!» - припустила я і приготувалася. Але Лезо Темряви вчинив інакше: він підняв кисть з розчепіреними пальцями, повернувши її долонею до мене, після чого передніми кінцівками зробив широкий жест, немов намагався обхопити велику кулю, і знову неголосно загарчав, але вже більш тривало і з зміненою інтонацією - складалося таке враження, що чудовисько мені щось пояснювало.

Весь цей час тварина не зводила з мене очей. І я відчула, як моя рука, що стискала пістолет, стала поступово розслаблятися. Більше того, у мене почало виникати дивне, незрозуміле почуття - я ніби відчувала своїм розумом і тілом кожне дерево, кожну травинку, кожну комашку, кожен камінь навколо ... немов мене підключили до якоїсь всеосяжної біоенергетичної мережі, що пов'язувала все живе в єдину сутність ... немов я чула, як ця сутність дихає, тріпоче, любить і страждає, бореться і перемагає, живе і вмирає і знову воскресає ... І тихе гарчання цієї незвичайної тварини переді мною вторило цій вічній пульсації всього живого і неживого навколо, цьому єдиному балансу протиріч навколишнього світу, гармонійно зливаючись з ними в якусь таємничу давню пісню ...

... «Скоро» ...

Я знову почула це слово, що донеслося до моєї свідомості звідкись здалеку, але яке прозвучало чітко і ясно ...

Раптово все обірвалося. Лезо Темряви пригнувся, його могутнє тіло напружилося, утворивши хитромудрий рельєф з великих сильних м'язів, очі розкрилися ще ширше, зіниці розширилися, прийнявши майже округлу форму, а на спині піднявся широкий гребінь з тонких шипів різної довжини і натягнутою між ними шкірної перетинки темно-синього кольору з дрібними зеленими цятками. В наступний момент з кущів вискочив спітнілий захеканий Джек в пом'ятому комбінезоні і з рушницею напоготові. Помітивши його, чудовисько видало гучний і різкий рик і рвонуло геть в протилежному напрямку. Мисливець теж побачив хижака, швидко скинув рушницю, прицілився і вистрілив. Пролунав хлопок, супроводжуваний нестямним, протяжним криком болю, і на всі боки полетіла луска і шматки шкіри і бризнула синьо-зелена кров. Я повернула голову і побачила, як Лезо Темряви ховається в густому чагарнику, притримуючи ліву передню кінцівку з величезною рваною раною від розривної кулі в плечі, з якої юшила кров.

Джек підбіг, схопив мене за плечі і, пильно вдивляючись мені в обличчя, з тривогою запитав:

- Ну як ти, крихітко?

Я подивилася на нього приголомшеним від останніх подій поглядом, потім притулилася до його сильних грудей, що часто здіймалися, і заплакала, не в силах більше стримувати весь пережитий мною стрес.

Джек на секунду оторопів, але потім кинув рушницю, обійняв мене і, ласкаво погладжуючи моє волосся і плечі, став тихо примовляти:

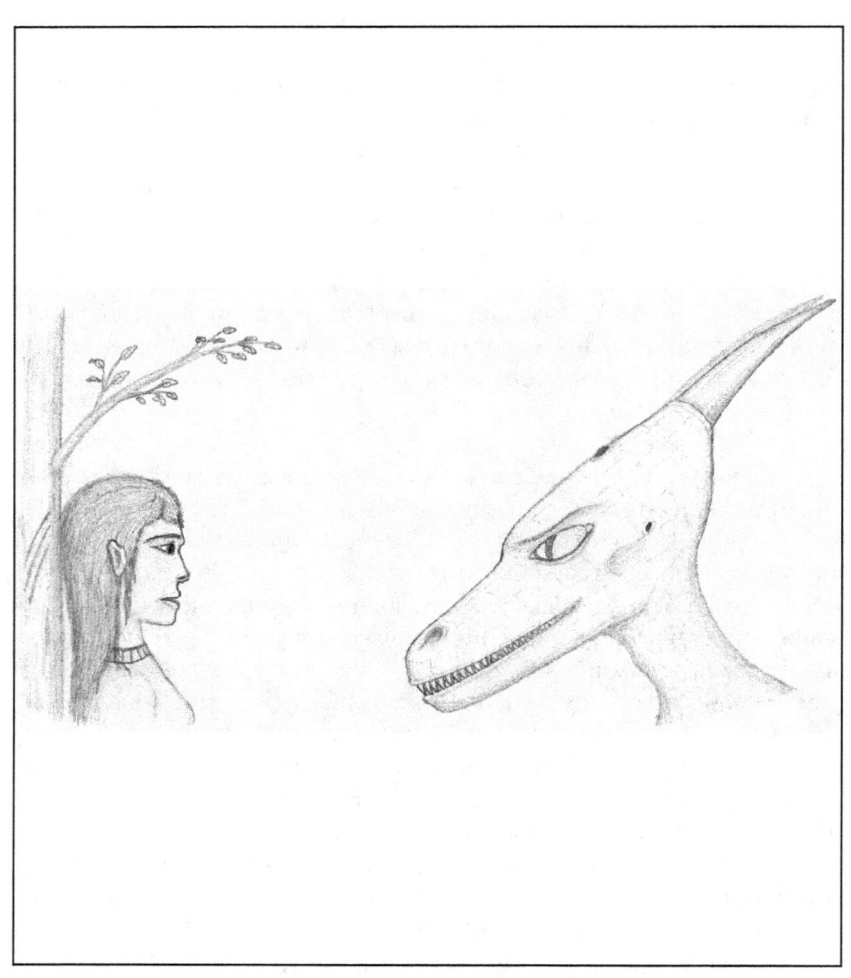

Зустріч Джесі і Леза Темряви. Ілюстрація Олександра Іщенко.

- Ну-ну, Джесі. Все пройшло, все вже в порядку. Ти в безпеці. Я тут. Я з тобою. Я не залишу тебе ...

Нарешті мені вдалося заспокоїтися. Я випрямилася, витерла сльози і, вдячно дивлячись на свого напарника, промовила:

- Спасибі тобі велике, Джек! Ти врятував мене від цього чудовиська. Якби не ти, я ... я ... - голос мій затремтів і на очі знову навернулися сльози.

Мисливець з ніжністю посміхнувся і, витираючи великим пальцем мої червоні заплакані очі, сказав:

- Для цього ми й разом. Не випадково ми обидва опинилися на цьому острові - я вважаю, що в житті взагалі не буває випадковостей. Кожен булижник, кожна комашка, кожен звір підпорядковується якомусь заздалегідь визначеному сценарію. Але кожним нашим рухом, думкою і почуттям ми постійно додаємо до нього нові елементи і рядки, які й визначають розвиток подій і всього світу в тому чи іншому напрямку. І взагалі, я думаю, що світ - це наше власне творіння і у кожного є свій унікальний сценарій ...

Джек зробив коротку паузу, задумливо дивлячись на мене, потім опустив погляд на передавач у себе на поясі і зауважив:

- Гаразд, досить філософії посеред джунглів. Треба б краще повідомити про все Лео.

- Так, згодна. Давай! - відповіла я.

Мисливець включив передавач і виголосив в нього:

- Гей, хлопці! Швидше рухайте свої черевики до нас! Тут така чортівня щойно відбулася: Джессі самостійно погналася за Лезом Темряви, і той спробував на неї напасти ...

- Що?! - долинув до мене стривожений голос Лео на іншому кінці зв'язку. - Джессі, вона поранена?! Я зараз же викличу медичний вертоліт з докторами!

- Спокійно, Лео, у нас все гаразд, - відповів Джек. - Джессі не постраждала, лише сильно злякалася. Я прогнав чудовисько, поранивши його в плече. Тепер ця тварюка тікає далі на північний схід.

- Добре. Молодець, Джек! - похвалив його пан Мірандерік. - Значить так: неподалік знаходиться поле Скорпіонової трави, яку охороняють кількома роботами «Голіафами», я негайно накажу їм рухатися ланцюжком у напрямку до вас. Ви з Джессі не поспішаючи просувайтеся вперед, тримаючи зброю напоготові. Ми зі снайперами і мисливцями Сололеадас зайдемо з заходу і через хвилин десять зустрінемося з вами. Так ми візьмемо Лезо Темряви в «кліщі» і знищимо його раз і назавжди. План ясний?

- Ясніше нікуди, - підтвердив мисливець.
- Тоді вперед! - дав команду Лео і відключився.

Весь цей час, поки Джек розмовляв з паном Мірандеріком, я стояла поруч і дивилася на свого напарника: на його міцне мускулисте тіло і могутні груди, на широкі плечі і сильні руки, на розпатлане чорне волосся і, немов витесані з граніту, різкі риси обличчя з жорсткою щетиною, яка покривала нижню щелепу. Всі ці риси ніби підкреслювали силу, впевненість, хоробрість і мужність цієї людини. Поруч з ним я почувалася в безпеці, відчувала, що, навіть перебуваючи на волосок від загибелі, я могла покластися на нього. І з кожною миттю я відчувала, як щось світле, тепле, всеосяжне і водночас суто інтимне, давно забуте, але тепер відроджуване почуття тріпотіло в моїх грудях, немов метелик, виповзає зі свого кокона і розправляє зім'яті, але прекрасні крила для першого польоту.

Джек ... Тепер для мене це стало означати значно більше, ніж просто ім'я ...

Джек вимкнув передавач і обернувся до мене. Помітивши мій задумливий погляд, спрямований на нього, мисливець здивовано запитав:
- Щось не так, Джессі?
- Та ні-ні ... Все добре, - відповіла я, зніяковіло відвівши очі вбік.
- Точно добре? - Джек спробував зловити мій погляд. - Ти впевнена, що зможеш продовжувати полювання?
- Так, звісно. Ходімо! - впевнено відповіла я і, піднявши голову, рішуче попрямувала до заростей чагарнику, прим'ятим Лезом Темряви і забрудненим його кров'ю. Джек мовчки пішов за мною.

Тепер переслідувати чудовисько стало набагато легше: поранена тварина, в поспіху втікаючи від нас, залишила в лісі сліди зі зламаних гілок і прим'ятої трави, чагарнику і папороті, змережаних краплями його синьо-зеленої крові. Нам не було складно дотримуватися її сліду.

Через пару десятків метрів ми зустрілися з загоном пана Мірандеріка і, розтягнувшись в широку шеренгу, щоб збільшити охоплення території, рушили далі. Незабаром попереду почувся вже знайомий нам гул сирени тривоги, що супроводжувався тирадою частих лазерних пострілів - це роботи компанії зустрілися з Лезом Темряви. Ми зібрали всю силу, що залишилася, і побігли вперед.

У міру наближення до джерела звуків джунглі поступово рідшали, і в результаті ми вибігли на околицю широкого поля, покритого рівними грядками Скорпіонової трави, між яких снували кремезні багаторукі жукоподібні роботи-фуражири. На цьому ж полі неподалік виднілася невелика триповерхова будівля хімічної лабораторії GEC, куди фуражири відносили зібраний урожай.

- Он вони! - вигукнув один з снайперів і вказав на п'ятірку «Голіафів», що метушилися неподалік, - чотириметрових роботів на двох потужних ногах, озброєних крупнокаліберними кулеметами і лазерними гарматами, серед яких жваво снував Лезо Темряви.

«Голіафи» били з усіх своїх гармат по землі, намагаючись потрапити в чудовисько, але воно спритно виверталося від куль і лазерних променів, стрибаючи, немов гігантський коник. Ось Лезо Темряви метнувся в сторону, пригнувся і, зробивши величезний стрибок, опинився на ступні одного з роботів, що атакували його. Ще один стрибок - і він повис на лазерній гарматі «Голіафа», звідки швидко перебрався на його корпус. Решта роботів, не припиняючи вогню, зібралися навколо свого нещасного товариша, тим самим швидко перетворюючи того в решето. Лезо Темряви вчасно встиг зіскочити з корпусу «Голіафа»: обстріляний лазерними променями, той зрештою вибухнув, розкидавши навколо свого остова оплавлені уламки металу і різних механізмів.

Скориставшись завісою з вибуху, яскравого полум'я і густого чорного диму, що огорнув залишки знищеного робота, чудовисько стрибнуло на коліно правої ноги іншого «Голіафа» і, просунувши свою витягнуту морду під металеве покриття, почав гризти дроти та кабелі всередині. Звідти відразу посипалися іскри, ноги робота підкосилися, він незграбно хитнувся і під переможний рев Леза Темряви, що тікав щодуху, звалився на землю, зім'явши рівні посадки Скорпіонової трави.

Ми ж мовчки стояли і дивилися на палаючий остов першого «Голіафа», на другого робота, що перекидався в Скорпіоновій траві і на вцілілу трійцю, які важко стрибали по полю і намагалися наздогнати чудовисько, що швидко видалялося. Вся ця сцена відбулася настільки швидко і була настільки шокуючою, що ми просто не подумали про те, щоб скористатися своєю зброєю і допомогти роботам.

Першим із шокового заціпеніння вийшов Джек. Голосно вилаявшись, він зціпив в руках свою рушницю і кинувся було в погоню, але один з снайперів підняв гвинтівку і перегородив йому дорогу.

- Туди не можна, Джек, - пояснив Лео, даючи снайперу команду опустити гвинтівку. - Хіба Ви не бачите - це ж Скорпіонова трава?! Один укол шпилькою - і це стане Вашим останнім полюванням.

- Але ж Лезо Темряви тікає! - вигукнув мій напарник, махаючи рукою в сторону силуетів «Голіафів», що виднілися вдалині.

- Ми тут вже нічого зробити не зможемо, - заперечив директор. - Все, що я можу зробити, це наказати всім найближчим охоронним і бойовим роботам оточити поле. Що я зараз же і зроблю. Чудовисько не повинно покинути це місце ... у всякому разі живим.

З цими словами пан Мірандерік дістав передавач і став набирати відповідні команди. Джек скептично подивився на нього, нервово сплюнув, дістав з кишені цигарку і закурив.

Приблизно через двадцять хвилин стомлюючого очікування загудів передавач пана Мірандеріка. Поглянувши на його екран, Лео з прикрістю повідомив нам, що Лезо Темряви вдалося прорвати оточення і сховатися серед кам'янистих круч невисокої гори в декількох кілометрах за полем Скорпіонової трави. Засмучені і смертельно втомлені, ми незабаром занурилися у викликаний директором вертоліт і відправилися назад у селище Сололеадас. Протягом польоту я намагалася дізнатися у Лео про таємничу тварину, що харчується Скорпіоновою травою, але той був вочевидь дуже засмучений сьогоднішньою невдачею і відповідав лише короткими ухильними фразами, наприклад «Не знаю», «Та всяке тут бродить», «Краймерс повинен знати» і так далі. Тоді я вирішила в найближчі дні організувати зустріч з доктором Краймерсом і вивідати все, що йому відомо про цей феномен.

В хатину Азула ми прибули, вже коли рудий диск сонця повільно закочувався за верхівки дерев, ніби обійнятих язиками полум'я в його променях. До того часу господар приготував вечерю, що складалася із смаженої риби, салату, сагових коржів і фініків, і чекав нас за столом. Нашвидку поївши, ми знову залишили Азула прибирати зі столу, а самі недовго думаючи вирушили спати.

Я стомлено доплелася до свого гамака, скинула комбінезон, стягнула черевики і під вагою всього пережитого за цей день рухнула в гамак. Варто було тільки моїй голові торкнутися м'якої подушки, як я поринула у глибокий сон.

Розділ XI.
Крихти істини.

Цієї ночі мені знову наснився кошмар.

На цей раз я опинилася на величезному шаховому полі, де йшла запекла боротьба. Не дотримуючись жодних правил шахової гри, Чорні наступали на Білих. Своїми величезними іклами і довгими гострими кігтями вони розривали пішаків Білої армії на шматки одного за одним. Ті, в свою чергу, відчайдушно палили в супротивника зі всіляких рушниць, автоматів і гармат, але чисельна і стратегічна перевага була на боці Чорних. Ось однин з пішаків Чорного війська прямо на очах розсипався на частини, перетворившись на хмару чорних шершнів[122], які кинулися в атаку на найближчу Білу туру. Праворуч від мене, важко тупотячи і трясучи все шахове поле, пронісся Чорний слон, з розбігу наскрізь проткнув своїм бивнем Білого ферзя і, мотнувши великою вухатою головою, жбурнув його за межі поля. А в небі над усім цим хаосом, закриваючи сонце, літали гігантські гральні карти пікової і трефової масті з міткою тузів. Час від часу вони стикалися один з одним і, охоплені язиками полум'я та оповиті густим димом, повільно падали за горизонт.

Відвівши очі від небесної баталії, я раптом побачила перед собою ЙОГО ... Лезо Темряви! Те ж мускулисте тіло, ті ж пазуристі лапи, та ж блискуча луска, ті ж гострі роги, ті ж тремтячі ніздрі, той же гіпнотичний погляд жовтих очей ... Я вся затряслася.

А чудовисько відкрило свою зубасту пащу і тихо, ніби звідкись здалеку, промовило:

- Прокинься ...

Тремтіння стало ще сильніше.

- Прокинься, Джессі ... Прокинься ...

...

- Та прокинься ж ти, нарешті!

Я відкрила очі і побачила Джека, який сидів поруч зі мною в гамаку і тримав мене за плечі і Азула, що стояв поодаль. На дворі вже починало світати - у вікні вимальовувалася ділянка темно-синього неба з намистинками далеких зірок, що поступово згасали на ньому. Чулося мелодійне стрекотіння цвіркунів і цикад і перші трелі ранніх пташок.

- Все нормально? - поцікавився Джек, стурбовано дивлячись на мене. - Ти знову кричала уві сні.

Я мовчки кивнула головою.

- Добре, - полегшено зітхнув мій напарник. - Це, швидше за все, було наслідком стресу від вчорашньої зустрічі з чудовиськом. Зараз

---

[122] Шершні (лат. "Vespa") - рід паперових, або громадських ос із сімейства складчатокрилих ос (Vespidae). Є одними з найбільших представників цього сімейства, досягаючи в довжину до 55 см. Харчуються в основному нектаром і багатою цукром рослинною їжею, але нерідко полюють і на великих комах. Як і інші громадські оси, шершні будують гнізда з кількома ярусами сот. Їх «укус», хоча і є дуже болючим для людини, але в більшості випадків безпечний. Лише токсичність отрути окремих видів і алергічна реакція на нього можуть привести до летального результату. Шершні поширені в основному в Північній півкулі.

спробуй знову заснути. В разі чого, ти знаєш: я тут, поряд.

Джек встав і вирушив було в свою кімнату.

- Джек! - гукнула я його. Той обернувся: - Ти не міг би ... - закінчувати фразу не було необхідності - Джек без слів зрозумів моє прохання.

Посміхнувшись, він підійшов, знову сів у гамак поруч зі мною і, ніжно погладжуючи моє волосся, тихо вимовив: «Я поруч. Засинай, красуне». Очі мої стали повільно закриватися.

Азул ще постояв деякий час у дверях і пішов до себе. Після цього я заснула і проспала досить довго. Коли ж я прокинулася, переодяглася, вмилася і з'явилася до сніданку, Джек і Азул вже чекали мене за накритим столом.

За сніданком я знову розповіла про свої нічні видіння. На мій подив, Азул дуже зацікавився моїм сном: впродовж всієї розповіді уважно слухав, невідривно дивлячись на мене, а після став задавати питання, намагаючись вивідати найменші деталі мого нічного кошмару. Я охоче відповідала хлопчикові, а сама дивувалася, що могло так зацікавити його, що він говорив з нами більше звичайного. Обличчя його раніше залишалося серйозним з відтінком вимушеного терпіння нас у себе в будинку, і тому я не могла навіть припустити причину такої раптової цікавості.

Потік питань Азула перервав прихід пана Мірандеріка у супроводі все тієї ж пари снайперів GEC і четвірки мисливців Сололеадас. Проте цього разу до них приєднався ще один учасник - доктор Краймерс. Люб'язно привітавшись з нами і побажавши нам смачного, він відразу ж звернувся до мене з проханням розповісти про з'їдену Скорпіонову траву - де і коли я її знайшла і як виглядали недоїдки. Я, безсумнівно, задовольнила прохання нашого нового гостя і, в свою чергу, запитала його, що за тварина може харчуватися рослиною, що містить комбінацію з найбільш токсичних отрут на планеті, відомих на сьогоднішній день.

- Хм, ... - доктор Краймерс задумливо почухав своє досить велике і рівно виголене підборіддя, - це, швидше за все, Тапірус пачіфікус - різновид тапірів[123], що зустрічається у вологих тропічних лісах південно-східної Азії і на островах Тихого океану ... Так, думаю, це він.

---

[123] Тапіри (лат. "Tapirus") - рід травоїдних тварин з сімейства тапірових (Tapiridae). У довжину мають близько 2 м і важать від 150 до 300 кг. Характерна ознака - наявність короткого хобота. Мешкають в лісах Центральної і Південної Америки і південно-східної Азії. В цей час відомо 4 види. Через полювання заради м'яса та шкіри тапіри знаходяться під загрозою вимирання.

Я хотіла було заперечити йому, що, по-перше, паща і хобот тапірів не пристосовані для поїдання Скорпіонової трави, покритою, немов булава, отруйними шипами; по-друге, в жодному описі тваринного світу острова С *** я не зустрічала згадки про тапір; і, по-третє, сліди пари великих лап з трьома великими пальцями і довгими кігтями, помічені біля з'їденої Скорпіонової трави, ніяк не походили на невеликі копитця цих ссавців із загону непарнокопитих[124]. Однак у розмову втрутився Лео, повідомивши, що годину тому в східній частині джунглів був помічений труп дитини, пошматований Лезом Темряви. Доктор Краймерс додав, що загін роботів, що складається з «Сінокосця», «Каракурта» і «Голіафів», вже нишпорить навколо місця трагедії і якщо ми не хочемо знову упустити чудовисько і бажаємо врятувати наступні жертви, то нам потрібно скоріше рухатися і приєднатися до роботів.

Таким чином, ми вкотре нахабно залишили Азула прибирати зі столу і мити за нами посуд і кинулися в свої кімнати збирати спорядження. Через двадцять хвилин всі ми вже енергійно крокували серед вологих від ранкової роси заростей тропічного лісу, супроводжувані суворими снайперами і мовчазними мисливцями Сололеадас.

- А як ця дитина опинилася в самій гущі джунглів одна, без батьків? - раптово запитав Джек, розрубуючи своїм великим мачете густі переплетіння ліан на нашому шляху.

- У дівчинки не було батьків, - зауважив пан Мірандерік. - Вони пали жертвами чудовиська близько місяця тому. За сиріткою доглядала одна літня жінка з племені. Мабуть, не додивилася ... - Лео помовчав, - ну а що дівчинка шукала в джунглях ми, на жаль, вже не дізнаємося.

Після цього знову запанувала мовчанка. З усіх боків чулося мірне стрекотіння коників, дзижчання джмелів, ос, мух та інших комах, з верхівок дерев лунали крики різних тропічних птахів, а з глибини джунглів долинало шарудіння і виття невидимих звірів. Життя в лісі насолоджувалася черговим сонячним днем і нібито розповідало нам про це.

Я помітила, як над нашими головами, з голосним дзижчанням пронісся великий жук-бронзовка[125]. Його блискучі зелені з білими

---

[124] Непарнокопитні (лат. "Perissodactyla") - загін великих наземних тварин з класу ссавців (Mammalia). Характерна ознака - непарна кількість пальців, що утворюють копита. Загін включає 3 сімейства: кінські (Equidae), носороги (Rhinocerotidae) і тапірові (Tapiridae). Разом вони нараховують приблизно 17 видів.

[125] Бронзовки (лат. "Cetoniinae") - підсімейство яскраво забарвлених жуків з сімейства пластинчатовусих (Scarabaeidae). Забарвлення тіла характеризується численними цятками і металевим блиском. Сімейство містить близько 4000 видів, включаючи і найважчих жуків у світі - голіафів

цяточками надкрила, які у всіх бронзовок спаяні разом і ніколи не розкриваються (крила висуваються в щілини між надкрилами і черевцем), яскраво виблискували в стрілах сонячних променів, що пронизували листя. Жук деякий час покружляв серед них, а потім кинувся вгору до густого соковитого листя евкаліптових дерев[126], що височіли навколо нас. Але бідолаха не досяг місця призначення - невелика яскраво забарвлена так звана райська птиця[127] круто спікірувала з найближчої гілки, схопила бронзовку і зникла в кронах дерев. Яскраве блискуче забарвлення комахи, що попереджає про неприємний смак його крові, не врятувало свого власника від райського птаха, для якої бронзовка є справжніми ласощами.

Задивившись на цю коротку повсякденну трагедію джунглів, я не помітила, як до мене поступово наблизився Джек. Коли він заговорив зі мною, я мимоволі здригнулася від несподіванки.

- Слухай, - почав мисливець так, щоб його не почули інші члени нашого загону, - не вірю я всій цій історії з нападом на дитину. Адже ми загнали Лезо Темряви в північну частину острова, вірно? Так з якої це дурі йому спало мотатися сюди, ризикуючи бути поміченим і застреленим роботами Колобка лише для того, щоб загризти одну дитину, коли він міг спокійно підібратися до поселення Сололеадас і поласувати там вдосталь? Та й саму дівчинку чого це понесло в таку далечінь? Це що, місцевий варіант давньої казки про Червону Шапочку?

- Що ти хочеш цим сказати? - у відповідь шепнула я.

- А те, що наші роботодавці приховують щось, що знаходиться на півночі, за полем Скорпіонової трави. І щоб розібратися у всій цій абракадабрі, нам необхідно потрапити туди і оглянути місцевість у пошуках якихось ключів до загадок і таємниць на цьому острові.

- І як ти пропонуєш це зробити? - поцікавилась я.

- Поки не знаю, - задумався Джек. - Тут потрібен зручний випадок.

Але цього випадку не довелося довго чекати. Пройшовши ще десяток метрів, Лео запропонував нам в черговий раз розділитися на три групи: сам пан Мірандерік, доктор Краймерс і снайпери повернуть на

(Goliathus), що важать до 80 г.

[126] Евкаліпти (лат. "Eucalyptus") - рід вічнозелених дерев і чагарників із сімейства миртових (Myrtaceae). У висоту зазвичай досягають 100 м. Евкаліпти характеризуються швидкістю росту - за 10 років вони виростають на 20 - 25м. Зустрічаються в лісах Індонезії, Австралії та Океанії.

[127] Райські птахи або парадизки (Paradisaeidae) - сімейство птахів з красивим квітчастим оперенням із загону горобцеподібних (Passeriformes). Зустрічаються в основному в Новій Гвінеї і на прилеглих островах. Родина нараховує 45 видів.

південь і будуть заходити з правого боку, мисливці Сололеадас будуть просуватися навпростець, а ми з Джеком зайдемо з північної сторони, прочісуючи ліс і прикриваючи загін зліва. Так і вирішили.

Пропустивши вперед дві перші групи і залишившись одні, ми багатозначно перезирнулися.

- Не думаю, що залишити їх і піти невідомо куди на пошуки невідомо чого - це гарна ідея, - зауважила я. - А якщо їм знадобиться наша допомога?

- Самі впораються, - буркнув у відповідь Джек. - Невже кілька бойових роботів, парочка професійних снайперів і четвірка досвідчених мисливців не можуть впоратися з роботою, призначеної для нас двох?! Незрозуміло, навіщо Колобок взагалі нас найняв, якщо у нього є всі ці хлопці.

- Ну а як же ми пояснимо наш позаплановий похід Лео і всім іншим?

- Дуже просто: помітили чудовисько, погналися за ним і заблукали.

- Заблукали? З електронною картою, компасом і Джі-Пі-Ес навігацією? - іронічно зауважила я.

- Ну і що, - махнув рукою мисливець. - Коли ти переслідувала цю тварюку, часто поглядала на карту і компас?

Я промовчала. Тоді, в гонитві за Лезом Темряви, я дійсно зовсім забула про їх існування.

- Ось-ось, - продовжував Джек, - так що не будемо втрачати час дарма. Адже ти ж сама хочеш все скоріше довідатися, чи не так?

Тут мій напарник був абсолютно правий. Мене вже починали мучати деякі сумніви в повній правдивості історій пана Мірандеріка і доктора Краймерса, і я жадала докопатися до справжніх причин всього, що відбувалося на цьому незвичайному острові. Таким чином, визнаши свою поразку в цій дискусії, я кивнула Джеку і твердо сказала: «Вперед!».

Хвилин десять ми в повному мовчанні пробиралися крізь густі зарості різних чагарників, папоротей і переплетення ліан. Джек, як зазвичай, розчищав шлях своїм мачете, а я йшла за ним, уважно оглядаючи джунглі, що нас оточували.

На цей раз я перша помітила сліди. Відбитки великих трипалих лап чітко вимальовувалися на строкатому килимі з моху і лишайника. Я покликала мисливця і вказала на знахідку.

- Чудовисько пробігало тут близько півгодини тому, - зазначив Джек, пильно вдивляючись у сліди.

- А он їх продовження, - вказала я на ланцюжок ледве помітних на сухому ґрунті відбитків пазуристих лап, що йшли в зарості папороті-циатеї в північно-західному напрямку, геть від зони, яку обшукували роботи GEC та загін пана Мірандеріка.

Мій компаньйон зняв з плеча рушницю.

- Все ще сумніваєшся в моєму мисливському чутті? - єхидно запитав мене Джек. - Так от, слухай краще мене, а не цих директорів і докторів. А зараз пішли за Лезом Темряви!

Не придумавши досить вагомого аргументу для заперечення, я мовчки пішла за мисливцем, який вже заглибився в гущавину розлогих гілок папороті.

Як і минулого разу, переслідувати чудовисько було досить важко: його сліди всіляко петляли серед товстих стовбурів і коренів дерев, високої трави і густих чагарників. Однак тепер завдання значно ускладнилося: відбитки лап були ледь видні на сухій землі, і ми раз у раз випускали їх з поля зору і не раз обшарювали місцевість у пошуках їх продовження.

В один з таких моментів у мене загудів передавач - це пан Мірандерік викликав нас, напевно дивувалися з приводу нашого місцезнаходження. У пошуках виходу з цієї ситуації я втупилась на Джека.

- Не вмикай. Нехай дзвонять, - сказав він, продовжуючи оглядати траву навколо, шукаючи сліди трипалих лап.

- Але ж він може злякати Лезо Темряви, - зауважила я, дивлячись на стугонливий пристрій в своїй руці.

- Вірно, - погодився Джек, - Тоді ... ми помітили чудовисько, воно накинулося на тебе ... і в сутичці пошкодило передавач.

З цими словами мій напарник підійшов до мене, взяв пристрій, підкинув його в повітря і одним пострілом з рушниці рознес його на частини. Іскристі шматки мікросхем і корпусу передавача впали і покотилися по трав'яному покриву.

Я зі змішаним почуттям подиву й обурення подивилася на мисливця, а той тільки байдуже хмикнув і заявив:

- У Колобка цих іграшок повинно бути вдосталь. Він дасть тобі нову. А нам краще більше не відволікатися і продовжувати пошуки.

І Джек побрів далі шукати сліди.

Я знизала плечима і оглянула частини передавача, з яких стирчали дроти і мікросхеми. Однак помітивши продовження відбитків лап Леза Темряви неподалік від них, я швидко забула про пристрій і, гукнувши свого напарника, попрямувала до них. Підійшовши ближче, ми виявили, що володар великих трипалих лап затримався тут на деякий час - ґрунт був поцяткований його слідами.

- Це, звичайно, може бути і збігом, - зауважив Джек, визираючи з-за мого плеча, - але нашому лускатому приятелеві дійсно сподобалися ці смертоносні квіточки, - і мисливець вказав на молоду порость і більш дорослу квітучу Скорпіонову траву, погризену чиїмись зубами.

- Дуже цікаво, - відгукнулася я, чухаючи лоб, - думаю, мені варто взяти пробу на аналіз ДНК слини. Тоді я зможу порівняти її з різними видами тварин в моїй базі даних і визначити хоча б клас і вид цього таємничого травоїдного, а може навіть встановити його зв'язок з нашою метою.

З цими словами я дістала з кишені пінцет і одну з пластикових пробірок, які я завжди ношу з собою на випадок виявлення цікавих видів флори і фауни, обережно відламала пінцетом шматочок обгризеного стебла Скорпіонової трави, засунула його в пробірку, закрила кришечку і сховала інструменти з видобутком назад в кишеню. Виконавши цю операцію, ми повернулися до нашого першочергового завдання і, знайшовши продовження ланцюжка слідів, продовжили переслідування. Відновився свист мачете, що розсікає повітря, ретельний огляд землі і трави, розмазування поту по лобі і хльостання гілок по руках і ногах.

- Він зовсім близько, - незабаром заявив Джек, зупиняючись і пробуючи на дотик один з відбитків. - Був тут якихось п'ять-десять хвилин тому.

Ми з подвійним завзяттям кинулися за вже більш помітним ланцюжком слідів у вузький тунель, сформований з переплетених між собою величезних коренів і товстих гілок гігантського місцевого різновиду Драконового дерева[128]. Пройшовши крізь напівтемряву цього рослинного тунелю, ми вийшли на піщаний берег річки і тут же зажмурилися від яскравих променів полуденного сонця, що вдарили нам в очі.

Коли, нарешті, мої очі звикли до сонячного світла, я побачила перед собою воду досить широкої річки, що іскрилася в променях сонця. Вона брала свій початок з-під величезних сірих валунів, нагромаджених природою серед заростей тростини[129] неподалік і рясно вкритих різнобарвним мохом і лишайником. Річка стрімко вибивалася з-під них, немов бажаючи швидше опинитися на відкритому просторі і, поступово розширюючись, йшла на захід. Над її швидко поточними водами

---

[128] Драконове дерево або драцена Драконова (лат. "Dracaena draco") – рослина з роду драцен (Dracaena) сімейства нолінових (Nolinoídeae). Стовбур зазвичай має у висоту до 20м і в товщину до 4м. Гілки закінчуються пучками гострого шкірястого листя. У драцени не утворюються річні кільця, тому визначити вік дерева іноді буває неможливо. Зустрічається в тропіках і субтропіках Африки і на островах Південно-Східної Азії.

[129] Тростина (лат. "Phrágmites") - рід багаторічних трав'янистих рослин із сімейства злаків (Gramíneae). Характеризується довгими повзучими кореневищами, ланцетовим листовими пластинками і суцвіттям-мітелкою. Тростина використовується людиною в основному в будівництві. Зустрічається по всій земній кулі по берегах водойм, на болотах і в лісах поблизу ґрунтових вод.

блакитними стрілами пронизували повітря витончені бабки-красотки[130], що полювали на дрібних мошок, що роїлися там.

Несподівано Джек злегка штовхнув мене плечем і похмуро вказав на чіткі відбитки пазуристих лап на піску, що сягали до самого берега річки. На протилежному березі слідів не було видно.

- Чудовисько сховалося у воді, - констатував мисливець на той випадок, якщо я цього ще не зрозуміла. - Знайшло спосіб не залишати слідів. та ще й скористалося течією, щоб швидше піти. Розумна бестія! - констатував він, дістаючи з кишені пачку цигарок і запальничку.

Дійсно, пливучи вниз за течією, Лезо Темряви міг бути зараз в декількох сотнях метрів від нас. Він, напевно, вже вибрався на берег і зник у заростях джунглів. Продовжувати переслідування було безглуздо.

«До речі, якось тут не дуже приємно пахне ...» - подумала я, принюхуючись. У цей час Джек дістав цигарку з пачки і, злегка нахилившись, став її запалювати.

- Плазму тобі в пельку! - раптово вигукнув він, випльовуючи цигарку і піднімаючи одну ногу. - Бридка тварюка!

Я подивилася вниз і зрозуміла причину гніву мого напарника і неприємного запаху навколо. Засліплений сонячним світлом після напівтемряви рослинного тунелю в джунглях, Джек не помітив, як правим черевиком наступив у невелику купку екскрементів, щедро залишену Лезом Темряви на піску.

Я не втрималася і розсміялася.

- Нічого смішного тут немає! - огризнувся мисливець, витираючи підошву про широким листям лопуха[131] прибережного. Потім пригрозив рушницею швидким поточним водам річки вдалині зі словами. - Загін їжачків тобі в одне місце!

Я на секунду задумалася.

- А між іншим, Джек, - нарешті промовила я, дістаючи порожню пластикову пробірку і мініатюрний шпатель[132] зі своїх кишень, - тебе

---

[130] Красотки (лат. "Calopterygidae") - сімейство невеликих комах із загону бабок (Odonata). У довжину мають 3-6см. Крила рівної довжини і пофарбовані в темні кольори. Красоток можна помітити на рослинах біля водойми, де вони полюють на комах та інших безхребетних.

[131] Лопухи (лат. "Árctium") - рід дворічних рослин з сімейства складноцвітних (Compósitae). Стебло має у висоту до 1,5 м; приблизно стільки ж має в довжину і потужний стрижневий корінь. Серцеподібні листи можуть досягати до 40 см. Масло лопуха використовується як лікарський засіб. Молоді корені і пагони можуть використовуватися в їжу. Лопухи широко поширені по всьому помірному поясу Європи та Азії.

[132] Шпатель (нім. "Spatel" - лопатка) - інструмент у вигляді лопатки, який

слід привітати з чудовою знахідкою. Тепер ми вже точно з'ясуємо раціон харчування Леза Темряви і розв'яжемо загадку його слідів біля Скорпіонової трави.

Джек уважно дивився на мене, поки я, нахилившись, брала пробу екскрементів чудовиська, а потім з огидою сплюнув.

- Ви, зоологи, всі божевільні, - заявив він, - готові возитися мало не в ... та ні, прямо в цьому самому ...

- Ну і що, - заперечила я, ховаючи заповнену пробірку в кишеню і витираючи шпатель листом лопуха, - це ж теж частина природи. Екскременти - це все ті ж органічні речовини, які є їжею для деяких тварин, наприклад, жуків-гнойовиків[133], та й підживлюють грунт, підвищуючи його родючість. Такий мисливець, як ти, повинен це розуміти.

Джек блиснув на мене очима за останню фразу, але нічого не сказав. Він зібрався було повернути назад у ліс, як раптом завмер на місці.

- У чому справа? - поцікавилася я.

Роблячи вигляд, що розглядає щось у течії річки далеко, мисливець прошепотів:

- Подивися на високе розлоге дерево біля великого валуна праворуч від нас. Правіше ... ще ... от. Тепер обережно глянь на довгу гілку з п'ятьма відгалуженнями, що спускаються майже до самих заростів папороті під цим деревом. Трохи вище ... ось так. Бачиш?

Я пішла по всіх інструкціях Джека і вилупилася на крону зазначеного дерева - молодого коп'євика, але нічого незвичайного не помітила.

- А що я повинна побачити? - також пошепки запитала я.

- Почекай. Зараз він ворухнеться, - відповів на це мій напарник.

І дійсно, через пару секунд в листі щось зрушилося й блиснуло в сонячних променях. Я придивилася і побачила дзеркальну поверхню об'єктива камери, приєднаної до невеликого циліндричного корпусу, який зачепився за гілки двома парами довгих павучих ніг.

- «Косарик» GEC, - впізнала я робота-спостерігача компанії.

Джек кивнув.

- Як ти думаєш, він весь час стежив за нами? - запитала я.

- Не знаю, - відповів мій напарник, - будемо сподіватися, що він приповз тільки зараз. В іншому випадку я б, напевно, помітив його раніше. А взагалі ... зателефоную я Колобку і запитаю, що цей шматок

використовують в лабораторіях для різних маніпуляцій з речовинами.

[133] Гнойовики (лат. "Geotrupidae") - сімейство комах із з розряду жуків (Coleoptera). Розміри варіюються від 0,3 до 7 см. Харчуються грибками, падлом, екскрементами тварин і людини або не харчуються взагалі. Відомо близько 68 родів і понад 600 видів гнойовиків.

інженерії та кібернетики[134] тут робить.

З цими словами Джек дістав свій передавач, включив його і набрав код пристрою пана Мірандеріка. Через кілька секунд з передавача долинув злегка схвильований голос директора:

- Джек, як ви там? Ви чомусь дуже далеко пішли від нас. Що сталося? Я намагався зв'язатися з вами, але ви чомусь не відповідали. Ви в порядку?

- Киньте, Лео, - сказав на це Джек. - Адже Ви вже, напевно, все самі знаєте - один з Ваших механічних дружків на нас тут витріщився. Навіщо він тут?

- А, «Косарик» ... Це для вашої ж безпеки. У випадку, якщо ми не зможемо зв'язатися з вами, як цього разу, то ми хоч дізнаємося про ситуацію через наших роботів-спостерігачів і зможемо вчасно прийти до вас на допомогу, - вже спокійно відповів пан Мірандерік.

- Зрозуміло. І давно вже цей «косарик» наглядає за нами?

- Ні, не дуже. Як тільки пропав сигнал від передавача Джессі, я тут же дав команду найближчого до вашу розташування роботу з'ясувати ситуацію. Він виявив вас на шляху до річки і з тих пір наглядав за вами.

- Ну тоді Ви вже обізнані про те, що ми натрапили на сліди Леза Темряви і переслідували його до річки, де чудовисько сховалося в її течії.

- Так, я знаю, - підтвердив Лео. - Сьогодні ми вже нічого не зможемо зробити. Та й вам необхідно відпочити після погоні. Повертайтеся в село.

Джек вимкнув передавач. Ми переглянулися. Чи здогадався пан Мірандерік про нашу зухвалу умисну втечу, чи ні - для нас залишилося таємницею. Нічого не сказавши, ми вирушили назад в поселення Сололеадас.

На центральній площі поселення ми зустріли пана Мірандеріка і доктора Краймерса. Вони повідомили нам, що поки ми слідкували за чудовиськом, їх загін знайшов труп дитини і поховав його. Також Лео зауважив, що розчарований нашим раптовим зникненням без повідомлення і попросив надалі повідомляти йому заздалегідь про всі наші наміри, плани та дії, на що ми кивнули. Директор також пообіцяв мені дати новий передавач замість зіпсованого, не запитавши при цьому, яким чином я його зіпсувала. Після цього ми розійшлися: Лео з Краймерсом повернулися в лабораторію GEC, а ми з Джеком - в хатину Азула, де на нас вже чекала ситна вечеря.

Вимившись і нашвидку повечерявши, я поспішила в свою кімнату для проведення аналізу своїх трофеїв - шматочка стебла з'їденої Скорпіонової трави і проби екскрементів Леза Темряви.

---

[134] Кібернетика (др.-греч. "Κυβερνητική" - мистецтво управління) - наука про процеси управління і передачі інформації в різних механічних, біологічних чи соціальних системах.

Спочатку я зайнялася Скорпіоновою травою. Включивши ноутбук і ДНК-аналізатор, я поклала її стебло на предметний столик пристрою, запустила програму аналізу і стала чекати, стежачи за лінією прогресу, що повільно повзла на екрані монітора. По завершенню аналізу виявилося, що ДНК-аналізатор дійсно виявив на шматочку стебла молекули слини і показав їх структуру. Однак я не змогла знайти у Всесвітній генетичної базі даних, що містить інформацію про геноми всіх відомих науці живих організмів, тварину, якій могла б належати молекула ДНК, подібна до такої слини. Я цьому анітрохи не здивувалася, так як на острові С*** мешкало ще безліч видів фауни, невідомих сучасній науці, а, отже, ще не описаних і не внесених в цю базу даних.

Зберігши в пам'яті комп'ютера отримані результати, я перейшла до зразка екскрементів чудовиська. Знову на екрані поповзла лінія прогресу, після чого з'явилося знайоме повідомлення «Аналіз структури завершений». Я натиснула на «ОК», і програма видала велику таблицю з усіма речовинами, молекули, які були виявлені у зразку.

Я уважно пройшлася поглядом по рядках таблиці. Потім я відкинулася на спинку стільця і здивовано подивилася на зразок на предметному столику аналізатора, що злегка пахнув. А дивуватися було чому: мало того, що екскременти чудовиська складалися майже повністю з напівпереваренної клітковини, целюлози[135] та інших речовин рослинного походження (на відміну від м'язових волокон і шматочків кісток, очікуваних в посліді типового хижака), так ще пристрій знайшов в них незначну кількість мурашиної кислоти і баcіліcколіна.

Я була здивована. Виходило, що Лезо Темряви не нападав і не вбивав сьогодні дитину, та й навряд чи коли-небудь когось ще. Адже судячи з цього зразка він - травоїдна тварина! Але навіщо тоді йому великі гострі зуби і довгі колючо-ріжучі кігті? Це ж характерні атрибути м'ясоїдної істоти! І цей баcіліcколін як тут опинився? ...

«А раптом?!» - подумала я. Набравши на клавіатурі потрібні команди, я вивела на екран збережену структуру ДНК раніше проаналізованої слини зі стебла Скорпіонової трави і поруч - ДНК кігтя Леза Темряви. Виділивши ці дві молекули, я натиснула на опцію «Порівняти структуру».

Через кілька хвилин комп'ютер показав наступне повідомлення: «Порівняння структури завершено. Знайдено збігів: 100% ».

---

[135] Целюлоза (лат. "Cellula" - клітина) - тверда речовина білого кольору з класу полісахарид. Не розчиняється у воді і слабких кислотах. Є основним складовим оболонок клітин усіх вищих рослин. Використовується для виробництва тканин, паперу, пластмас, лаків і т.д.

Стовідсотковий збіг! Значить, структура цих молекул повністю ідентична, а, отже, таємничий поїдач отруйної Скорпіонові трави - це ні хто інший, як Лезо Темряви!

Я вирішила поділитися відкриттям з Джеком. Покликавши свого напарника, я розповіла йому про аналіз наших сьогоднішніх знахідок і висновок, до якого я прийшла. Після розповіді Джек присів на мій гамак, задумливо почухав лоба, а потім вигукнув:

- Ну й ну! Щоб мені ванну з голодними піраньями[136] приймати, якщо це дійсно так!

- Тоді починай ловити піраній, - відповіла на це я, - бо інших припущень я висунути не можу.

- Але хто ж тоді нападає на Сололеадас і співробітників GEC?

- Не маю ні найменшого уявлення. Тим не менш, ти був абсолютно правий, коли сказав, що пан Мірандерік і доктор Краймерс приховують від нас деяку інформацію про чудовисько і всі пов'язані з ним події. Нам потрібно буде знайти спосіб докопатися до істинної суті справ. І мені необхідно ретельніше вивчити зібрані зразки, щоб дати остаточну відповідь з приводу раціону харчування Леза Тьми і його причетності до вбивств на цьому острові.

- І до того ж, я вважаю, що варто скоріше розпитати Азула про всю цю кашу, яка тут вариться, - додав мисливець.

- Твереза думка, - погодилася я. - Давай спробуємо. Але потрібно це зробити якомога делікатніше і почати здалеку.

Ми знайшли Азула біля струмка неподалік від хатини, де він сидів на траві і мрійливо дивився на тропічний ліс, що поступово переховувався в сутінках наступаючої ночі. Ми стали обережно питати хлопчика про роки його життя на острові, його батьків, як вони жили і чим займалися і, нарешті, як загинули. Однак Азул вперто не бажав співпрацювати з нами і відповідав лише короткими фразами, на кшталт «Не пам'ятаю», «Не знаю», «А навіщо вам це знати?» І так далі.

Зрештою, він різко встав, повернувся і пішов в свою хатину. По дорозі Азул озирнувся на нас і з гіркотою заявив:

- Навіщо вам розповідати? Ви ж все одно мені не повірите ... як і всі інші до вас ... і так само буде і після вас.

Після цього він зник за порогом дому.

---

[136] Піраньї (лат. "Serrasalminae") - великі прісноводні риби з сімейства харациновидх (Characidae). Досягають 80 см в довжину і 1 кг у вазі. Характеризуються сильними щелепами з гострими трикутними зубами. Переважна більшість піраній м'ясоїдні, але відомо і кілька рослиноїдних видів. Здатні видавати гавкаючі і каркаючі звуки. Мешкають у водоймах і річках Південної Америки.

Ми багатозначно переглянулися.

- Ну що ж, перша спроба зроблена, хоч і без результату, - констатував Джек.

- Так, - підтвердила я.

- Продовжимо завтра.

- Точно.

Прийнявши таке рішення, ми відразу пішли спати. Однак я довго не могла заснути, обдумуючи всі події і відкриття сьогоднішнього дня. Та й Джек, схоже, робив те ж саме - час від часу чути було, як він перевертався у своєму гамаку.

Величезний сріблястий місяць за вікном був вже високо над вершинами деревних велетнів джунглів, коли мої очі, нарешті, зімкнулися і я занурилася в глибокий сон.

Розділ XII.
Відлуння минулого.

Наступного ранку за сніданком ми продовжили обережне, але наполегливе розпитування Азула про його минуле та в цілому про історію подій на острові С***, але і ця спроба не дала бажаних результатів - хлопчина просто відмахувався від нас і відповідав нам односкладовими фразами. Закінчивши сніданок і нашвидку прибравши зі столу, він поспішив піти в свою кімнату, і нам нічого не залишалося, як наслідувати його прикладу.

Цього ранку пан Мірандерік чомусь затримувався. Чекаючи його приходу, я сиділа за столом зі своїм ноутбуком і переглядала список небагатьох мешканців острова С***, зареєстрованих в глобальній базі даних тварин і рослин. У ній я нарахувала всього лише 37 відомих науці видів місцевої фауни. І як я і передбачала, в раціоні харчування жодного з них не згадувалася Скорпіонова трава.

Приблизно через годину я помітила у вікні Лео, що неспішно наближався до нашого будинку, і доктора Краймерса. Цікаво, що тепер вони були без ескорту із стрільців компанії і мисливців Сололеадас. Я покликала Джека, і разом ми вийшли назустріч нашим роботодавцям.

Директор GEC і головний доглядач розплідника компанії привіталися, запитали, як нам спалося і чи хороший був сніданок, після чого пан Мірандерік заявив:

- Друзі мої, ви, звісно ж, готові в черговий раз схопити спорядження і вирушити на пошуки кровожерливого чудовиська. Це дуже похвально! Однак поспішу вам повідомити, що полювання на сьогодні відміняється.

Ми з Джеком здивовано перезирнулися.

- Справа в тому, що ми вирішили зробити вам вихідний, - пояснив доктор Краймерс. - За останні дні ви неабияк вимоталися і пережили сильний стрес, - Краймерс глянув на мене. - Тому сьогодні ми даємо вам можливість відпочити і набратися сил для подальших походів.

- Я відправив у джунглі кілька роботів «Голіафів» і автоматичних гармат «Каракурта», а також загін снайперів і охоронців компанії, - додав пан Мірандерік. - Поки ви будете відпочивати і розслаблятися, вони займуться пошуками Леза Темряви і повідомлять мені, якщо щось знайдуть.

- Ну ... е-е ... дякую, - сказав Джек, судячи з тону голосу, не дуже зрадів цьому.

- Завжди будь ласка, - посміхнувся Лео. - Більше того, я запрошую вас о другій годині пообідати з нами в їдальні лабораторії, де ви були відразу після прибуття на острів. Наші кухарі спеціально для вас приготують свої найвишуканіші страви.

- Добре. Дякуємо за запрошення. Ми прийдемо, - відповіла я за нас двох.

- Чудово! Тоді ми будемо вас чекати. Гарного дня, Джессі, Джек!

І Лео вже зібрався повернутися і піти, як раптом згадав щось і звернувся до мене:

- Так, Джессі, я хотів ще Вас запитати: як проходить аналіз екскрементів Леза Темряви? Знайшли що-небудь цікаве?

- Звідки Ви знаєте? - ошелешено запитала я.

- Я бачив через камеру «Сінокосця», як Ви знайшли його послід і брали пробу. Напевно для якогось аналізу. Ну так що?

- Загалом, я досліджувала склад, але нічого особливого не виявила, - збрехала я.

- Так, - підтвердив мій напарник. - Звичайне смердюче ...

- Ясно, - перервав його директор. - Ну Ви тоді повідомте нам, якщо що? Добре?

- Звісно! - знову нахабно збрехала я.

- Обов'язково! - додав Джек.

- Дякую! - сказав на це Лео, ймовірно, задоволений відповіддю. - Тоді побачимося о другій годині в їдальні. Приємного відпочинку!

Попрощавшись з паном Мірандеріком і доктором Краймерсом, ми повернулися до хатини. Я зайнялася вивченням непізнаних нуклеотидів в молекулі ДНК Леза Темряви, а Джек вирушив на задній двір вправлятися в стрільбі та метанні ножа. За десять хвилин до другої ми більш-менш привели свою зовнішність у відповідність і вирушили на званий обід в будівлю головної лабораторії GEC.

Біля входу нас зустріли двоє працівників компанії, одягнених заради такого випадку у витончені чорні смокінги. При зустрічі з ними ми відчули себе трохи ніяково - аж надто сильно їх костюми контрастували з нашим похідним одягом. Працівники ж ввічливо вклонилися нам, немов ми були одними з численних багатих клієнтів GEC і, запропонувавши нам слідувати за ними, провели в їдальню, де ми обідали в перший день прибуття на острів С***.

Як і минулого разу, тільки стіл пана Мірандеріка був накритий. На ньому пахли всілякі екзотичні страви, що перемежовувалися з планктонними лампами, які освітлювали стіл м'яким блакитним сяйвом і надавали стравам ще більш спокусливого вигляду. Навколо столу з незворушним виглядом стояли офіціанти в тих же чорних смокінгах і з срібними тацями в руках, а на чолі його поруч з великим стільцем директора GEC нас чекали сам пан Мірандерік і доктор Краймерс. Вони були одягнені в чорні ділові костюми зі значками у вигляді логотипу компанії на нагрудній кишені. Привітавшись з нами і поцікавившись, як ми провели час після ранкової зустрічі, наші парадно одягнені роботодавці запросили нас до столу. Доктор Краймерс поспішив підсунути мені стілець і приємно посміхнувся у відповідь на мою подяку.

Їжа нам дуже сподобалася, особливо якщо врахувати той факт, що в попередні дні ми харчувалися в основному салатами і олениною. Тут ми дозволили собі вдосталь насолодитися найбагатшим різноманітністю делікатесів - після обіду не залишилося жодної страви, в якій не побували наші веделки і ложки.

Що стосується розмов за столом, то вони, як і меню, були вельми різноманітні. То я з доктором Краймерсом дискутувала з приводу походження життя на острові С***, то пан Мірандерік затівав суперечку з Джеком щодо етичних принципів мисливця і звіролова, який поступово переходив у розмову про важливість збереження видового біорізноманіття на Землі і закінчувався загальними міркуваннями про можливість існування високорозвиненого життя, в тому числі і розумного, на інших планетах.

За весь час обіду я отримала велике задоволення розмовляти з доктором Краймерсом. Він умів чітко і лаконічно висловлювати свою думку, уважно слухав співрозмовника, ніколи не критикував інші ідеї без вагомих підстав, а гідно приймав їх і лише давав деякі рекомендації щодо їх поліпшення. Та й за столом Альфред поводився дуже культурно, дотримуючись усіх правил етикету[137] (на відміну від Джека, який вже давно викреслив слово «етикет» зі свого словника, ... якщо воно взагалі там було).

---

[137] Етикет (фр. "Étiquette" - етикетка, картка, напис) - норми і правила належної поведінки людини в суспільстві. Термін пішов від карток (етикеток) з написаними на них правилами поведінки, які роздавали гостям у Франції при дворі короля Людовика XIV в 1600 - 1700-х роках.

Після обіду Лео запропонував нам зробити прогулянку навколо комплексу лабораторії і продовжити наші «великомудрі міркування», як висловився він. Пропозиція була прийнята одноголосно. Таким чином, бесіда відновилася вже на свіжому повітрі під дзвінке стрекотіння коників і переливчасті трелі тропічних птахів.

У той час як пан Мірандерік розписував Джеку свої враження від недавньої поїздки по тропічних дощових лісах Амазонії[138], доктор Краймерс розпитував мене про подробиці моєї наукової кар'єри. Як і під час першої нашої зустрічі з головним наглядачем розплідника лабораторії, мене знову приємно вразила його обізнаність про мою роботу і монографії, а також те, що доктор Краймерс активно підтримував більшість висунутих мною ідей і теорій. І я, звичайно ж, із задоволенням відповідала на його питання і розповідала про свої досягнення в галузі біології та генетики. Потім і Альфред поділився зі мною деякими результатами своєї п'ятнадцятирічної роботи в якості вченого-генетика. Як виявилося, він брав участь у такому цікавому міжнародному науковому проекті, як дослідження і розшифровка генетичного коду так званих «людей індіго», що вважаються поряд з нами, людьми розумними, найбільш високорозвиненим видом тварин на Землі.

Термін «люди індіго» з'явився давно і приписувався людям нібито з аурою[139], або біоенергетичним полем кольору індіго. Найбільш популярна на сьогоднішній день теорія про «людей індиго», або, як їх ще іноді називають, «людей ікс», свідчить, що вони еволюціонували від Людини розумної і нині є окремим видом в сімействі гомінід[140]. Представники «індіго» зовні практично не відрізняються від звичайних людей, але мають здатність набагато більше використовувати ресурси і потенціал свого організму, а також можуть надзвичайно активно взаємодіяти з навколишнім середовищем на біоенергетичному рівні. У зв'язку з цим для них характерний високий рівень інтелекту, великий творчий потенціал і наявність деяких неординарних здібностей. Тим не

---

[138] Амазонія чи амазонська низовина - найбільша низовина на Землі. Розташована в Південній Америці в басейні річки Амазонки. Її площа становить понад 5 млн км2.

[139] Аура (грец. "Аυρα" - віяння) - в езотериці та релігії прояв душі людини, представлений у вигляді сяючого образу, що оточує її тіло. Найчастіше представлена як така, що складається з декількох взаємопов'язаних шарів різного кольору. Поки що існування аури науково не доведено.

[140] Гомініди або великі людиноподібні мавпи (лат. "Hominidae") - сімейство найбільш високорозвинених приматів, до якого відносять і рід людей (Homo). Крім людини розумної (Homo sapiens), сімейство включає орангутангів, горил і шимпанзе. Всього в ньому 7 сучасних видів.

менш, через передбачувані генетичні і біоенергетичні відмінності «люди індіго» дуже важко адаптуються до людського суспільства і тому часто стають замкнутими і потайними, що ускладнює їх вивчення і доказ або спростування теорії їх існування. Незважаючи на це, вчені все ж робили спроби у вивченні «феномена індіго», однією з яких і був науковий проект за участю доктора Краймерса.

Я, звісно ж, і раніше чула про подібні дослідження, але те, з яким захопленням мій співрозмовник розповідав про відкриття нових генів в ДНК ймовірних «людей індіго», про знімки і складених картах їх біоенергетичних полів і про психологію взаємин з людьми розумними, мене дуже вразило. Давно вже я не бачила людини, яка з таким інтересом і пристрастю поглибилася в біологічні науки. І в мене мимоволі виникла думка: «Як шкода, що я не зустріла тебе раніше ...».

Захопившись бесідами, ми й не помітили, як сонце поступово почало опускатися за високі стіни джунглів навколо лабораторії GEC. Денні птиці одна за одною припиняли свій спів, і їх замінювали вечірні музиканти - цвіркуни і цикади. Ми повернулися до головного входу і стали прощатися.

- Сподіваюся, що ви залишилися задоволені сьогоднішнім днем, - сказав пан Мірандерік, потискуючи нам руки.

- Так, дуже! - щиро відповіла я. - Дякуємо вам обом за обід, прогулянку та бесіди!

- Приєднуюся, - додав Джек, - добре було для різноманітності ворушити не ногами, а язиком.

- Чудово! - засяяв Лео. - Тоді, завтра ми повернемося до полювання з новими силами. Підемо і перевіримо ситуацію в невеликому лісі на західному узбережжі острова.

- Добре, - відгукнувся Джек.

- До речі, Джессі, - раптом звернувся до мене доктор Краймерс, - щодо аналізів екскрементів Леза Темряви: до обіду Ви випадково ще раз не проводили його?

- Ні, - на цей раз сказала я правду. А потім, помітивши багатозначний погляд свого напарника, додала: - Та й немає сенсу цим займатися: малоймовірно, що його випорожнення чимось відрізняються від інших хижаків.

- Зрозуміло, - відповів Альфред, - тоді до завтра! - І він узяв мою руку, злегка нахилився і поцілував її, від чого я дуже зашарілася.

З боку Джека почулося сердите сопіння, але я тоді не зрозуміла причини його невдоволення і просто проігнорувала його.

Попрощавшись з паном Мірандеріком і доктором Краймерсом, ми попрямували до хатини Азула. По дорозі Джек тихо зауважив: «Щось ця парочка дуже вже небайдужа до твоєї метушні з «подарунком» нашого лускатого приятеля. Не подобається мені це. Пупком чую, що за нами пильно спостерігають». Однак я не звернула особливої уваги на те, що там чув пупок Джека, так як мої думки повністю заповнив прекрасний образ Альфреда. Його великі зелені очі, доброзичлива посмішка під рівними чорними вусами, ставна постать, ніжні руки, завжди охайний і чистий одяг, а головне - його непідробний інтерес до природничих наук - все це ідеально підходило під мої вимоги. Мені здавалося, що саме таким має бути чоловік моєї мрії. І сьогодні я обідала з ним, гуляла, розмовляла про науку і ... і він поцілував мені руку! Невже і мене, нарешті, знайшло воно - довгоочікуване жіноче щастя?! Ах, як це чудово!

З такими світлими і приємними думками я, немов метелик, впурхнула в свою кімнату. Мені хотілося розповісти всьому світу про свою радість, почуттях і мріях, ... але хто мене буде слухати? І тоді я включила комп'ютер, створила новий документ і почала вести свій електронний щоденник. Я записала туди все, що стосувалося поїздки на острів С***, починаючи з прибуття сюди і закінчуючи сьогоднішнім обідом в гостях у пана Мірандеріка. У розповідь я включила і опис Леза Темряви, і переживання від зустрічі з ним, і мої нічні кошмари, і результати аналізу його кігтя, екскрементів і слини зі стебла Скорпіонової трави разом з моїми висновками. І хоча я просиділа за комп'ютером до глибокої ночі, робота над цим щоденником дала мені можливість побачити всю картину подій на острові протягом усього мого перебування на ньому і подумати над наступними діями.

Особливе місце в оповіданні, безумовно, відводилося доктору Краймерсу. Я вклала в опис першої зустрічі з ним, походів по джунглях і недавніх дискусій всі почуття, що переповнювали мене в той момент. Я анітрохи не сумнівалася, що між нами, ніби за помахом чарівної палички, виникло те прекрасне, світле, чарівне, надихаюче і животворне явище, яке називають любов'ю. Це було схоже на відлуння минулого, на нагадування про те перше почуття закоханості, яке я відчула в юності в університеті. І мені було дуже приємно згадати і знову відчути його ...

У той момент, коли я описувала своє захоплення глибокими науковими знаннями Альфреда і бажання знову зустрітися і поговорити з ним, до кімнати зайшов Джек. Деякий час він постояв у мене за спиною, ймовірно, дивлячись на мої старання, а потім невдоволено заявив:

- Мабуть, про цього підлизу Краймерса пишеш.

- Я вирішила завести щоденник і записати туди всі події і результати цієї поїздки і роботи на острові, - відгукнулася я, не відриваючись від комп'ютера.

- Нудить мене від цього Краймерса, - раптом висловив свою думку Джек, - надто вже він ідеальний і, я б сказав, якийсь ... «нудотний».

При цих словах я повернулась до мисливця і спантеличено втупилася на нього.

- А, як на мене, Альфред - дуже хороший, порядний і розумний чоловік, - заступилася я за доктора, - і я не бачу причин для сумнівів у цьому.

- Альфред, значить, так? - багатозначно сказав Джек. - Знаєш, у гонитві за ідеалом можна втратити чимало, - тут видав він і, повернувшись, пішов у свою кімнату.

Я провела напарника здивованим поглядом. «І що це з ним сьогодні?» - подумки задала я собі питання, і, не придумавши досить переконливої відповіді, повернулася до свого перерваного заняття.

Виклавши в комп'ютер все, що хотіла, я зберегла свої записи, вимкнула його, переодяглася і лягла спати. «Хороший був день, - думала я, погойдуючись у гамаку. - Ніякого стресу, одне задоволення». І хоча я нітрохи не втомилася, але ніжні трелі цвіркунів і цикад упереміж з мірним уханням сови[141], що присіла десь неподалік, швидко заколисали мене.

Ближче до ранку я раптом прокинулася від дивних, схожих на гарчання звуків і неголосного нерозбірливого бурмотіння, що доносилися з вікна. Однак, коли я встала і обережно виглянула у вікно, щоб визначити їх джерело, гарчання і бурмотіння припинилися. Почекавши якийсь час, але так і не почувши і не побачивши нічого особливого, я лягла назад в гамак і знову міцно заснула.

Розділ XIII.
Відновлення та поділ.

Наступний ранок в цілому і сніданок зокрема пройшли у мовчазній і напруженій обстановці - кожен ніби чекав якихось роз'яснень від інших. Але ніхто не знав, про що говорити, чи не хотів цього робити, так що після сніданку ми поспішили розійтися: Азул знову усамітнився в своїй кімнаті, а ми взяли спорядження і попрямували на зустріч з паном Мірандеріком і доктором Краймерсом. Дочекавшись їх разом зі снайперами GEC і мисливцями Сололеадас, ми без зайвих слів рушили в західному напрямку.

Строкатий тропічний ліс острова С*** знову вітав нас різноманітними барвами, звуками і запахами. У косих пучках сонячного

---

[141] Сови (лат. "Strigidae") - сімейство хижих птахів із розряду совоподібних (Strigiformes). Характеризуються великими, нерухомими очима, що дивляться вперед. Зір і слух надзвичайно добре розвинені. Від інших хижих птахів відрізняються відсутністю зобу і наявністю довгих сліпих кишок. У сімействі налічується 23 родів і близько 200 видів.

світла, що пробивалося крізь густу завісу з листя і гілок дерев і ліан, нерухомо зависли в повітрі невеликі нешкідливі мухи-журчалки, або сирфіди[142], що вдало маскуються під жалячих бджіл своїм чорно-жовтим забарвленням. Як я вже згадувала раніше, такий спосіб наслідування називається мімікрією. Однак це не єдине, чим можуть похвалитися ці комахи. Збереження постійного положення в повітрі на зразок вертольота, так званий стоячий політ, ще одна цікава особливість сирфід і деяких інших мух. Це досягається шляхом збільшення частоти змахів крил, а також їх опускання прямовисно вниз без відведення косо вперед, як при звичайному польоті. Такий стоячий політ використовується в основному самцями журчалок як танець для залучення самок. Цим самець як би говорить: «Дивіться сюди, милі пані! У мене відмінна координація і чудове вміння керувати польотом, а значить, відмінне здоров'я, зашифроване в моїх генах. Так що якщо ви бажаєте дати своєму потомству найкращі гени, то негайно звертайтеся до мене!». І така реклама, безумовно, працює - то до одного, то до іншого самця підлітали самки сирфід і разом, кружляючи серед соковито-зеленого листя, вони відлітали для спаровування і продовження свого роду.

Але ось одна з журчалок, мабуть, зголодніла і покинула своїх танцюючих побратимів. Вона підлетіла до невеликого темно-зеленого глечика з підведеною кришечкою, що звисав з однієї з гілок дерева неподалік. Опустившись на край його горлечка, муха покружляла кілька секунд, потім заглянула всередину в пошуках солодкого нектару і тут же зникла в порожнині глечика.

Тепер вона вже ніколи звідти не вибереться, адже глечик - це видозмінений лист м'ясоїдної рослини-кувшинника непентеса[143] пузатого. Комаха, притягнута солодким запахом нектару, що виділяється медовими залозками, або нектарниками, цієї рослини, сідає на горлечко яскраво пофарбованого листа-глечика і відразу ж зісковзує вниз по його слизьких стінках. На дні цієї спокусливої і хитромудрої пастки воно гине в липкій рідини, яка, по суті, є травним соком непентеса. Так один

---

[142] Журчалки або сирфіди (лат. "Syrphidae") - сімейство мух із розряду двокрилих (Diptera). Характерна ознака - наслідування бджолам і осам за допомогою форми і забарвлення тіла. Зустрічаються на всіх материках за винятком Антарктиди. Відомо приблизно 6000 видів журчалок.

[143] Непентеси (лат. "Nepenthes") - єдиний рід чагарникових ліан в сімействі непентових рослин або кувшиннників. Від інших рослин відрізняються наявністю своєрідного глечикоподібного листя, яке виконує функцію як фотосинтезу, так і лову комах. Їх довжина може досягати 50 см. Непентеса виростають у тропічній Азії, Північній Австралії та Океанії. Рід включає близько 120 видів.

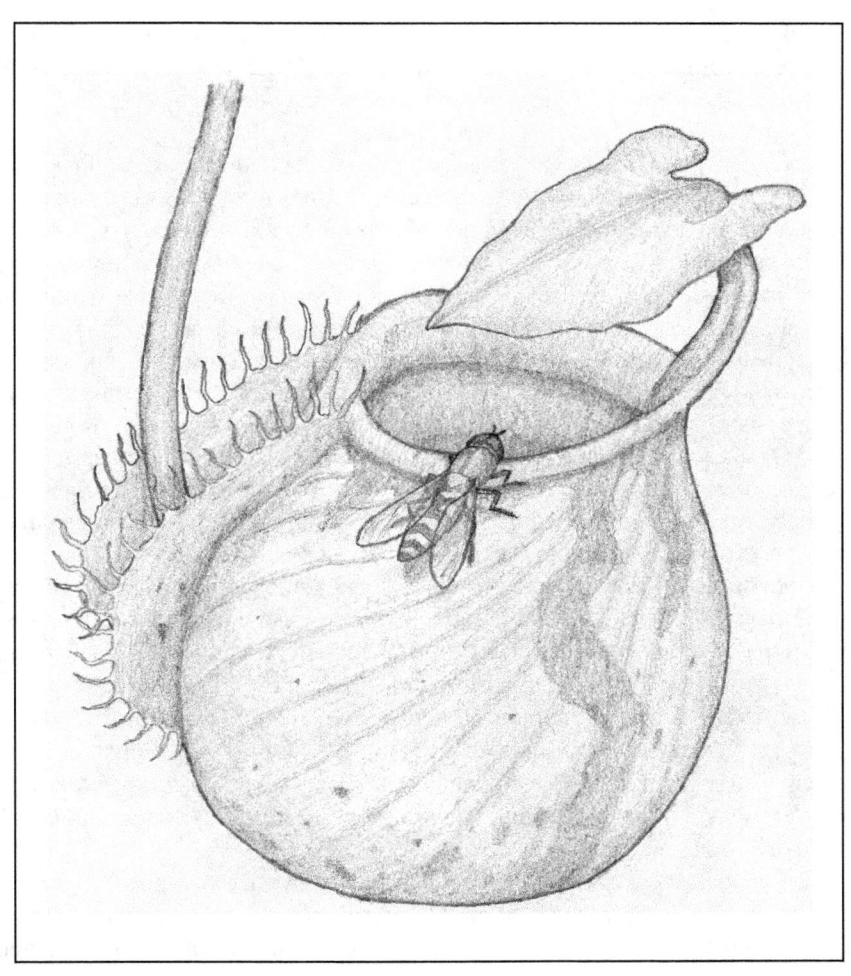

Журчалка на кувшиннику. Ілюстрація Олександра Іщенко.

глечик може зловити і переварити тисячі комах всього за пару місяців. Але не завжди рослина отримує свою здобич. На стінках глечикоподібної пастки можуть поселятися вельми нахабні павучки, які перехоплюють комах, коли ті зісковзують на дно глечика.

Однак комахи важливі для рослин не стільки як їжа, скільки як запилювачі для практично всіх представників флори на Землі. Адже це метелики, бджоли, мухи та інші членистоногі, які переносить пилок з однієї квітки на іншу і забезпечують запліднення і розмноження рослин. І для цього останні намагаються притягувати їх найрізноманітнішими способами: солодким нектаром, запашним ароматом, фарбами та візерунками, видимими тільки в ультрафіолетових променях, які якраз і сприймають комахи; формою квіток, що нагадує м'ясо, яке розлягається, - для заманювання падалі мух, і так далі.

Ось я спостерігаю ефективність одного з зазначених способів. Недалеко від нашого загону, що пробирається крізь хитросплетіння тропічних рослин, серед листя дерев і чагарників погойдується невелика витягнута квітка яскраво-червоного кольору з чорними плямами. Належить вона місцевому різновиду язичкової орхідеї з сімейства орхідних[144]. Формою квітки, її забарвленням і запахом, що виділяється, ця хитра рослина імітує самку оси-наїзника іхневмона[145]. Зваблений таким методом, самець іхневмон сідає на квітку і починає тертися об нього своїм чорно-червоним черевцем в спробі запліднити уявну «самку». Однак замість бажаного результату він тільки збирає собі на черевце пилок орхідеї. Розчарувавшись у своїй «партнерці», іхневмон покидає квітку і вирушає далі, несучи на кінці черевця пилок для іншої язичкової орхідеї.

Так, завдяки тривалому еволюційному процесу в різних умовах навколишнього середовища, природа «розробила» безліч видів живих істот з багатющим набором інструментів і засобів для виживання і процвітання.

---

144 Орхідні, ятришникові або орхідеї (лат. "Orchidáceae") - велике сімейство квіткових рослин у вигляді трав, чагарників і ліан. Назва «орхідея» походить від дав.-грец. «Ὄρχις», що означає «яєчко ссавця», на яке схоже кореневище цієї рослини. Орхідеї широко використовуються як декоративні рослини. Зустрічаються на всіх континентах, окрім Антарктиди. Відомо близько 24000 видів цього сімейства.

[145] Іхневмон (лат. "Ichneumonidae") - сімейство паразитичних комах із загону перетинчастокрилих (Hymenoptera). Мають вигляд невеликих ос з довгим черевцем, вусиками і яйцекладом у самок. Личинки іхневмонів паразитують в личинках і куколках різних жуків, метеликів та інших членистоногих. Зустрічаються всюди, за винятком Арктики і Антарктики. Описано приблизно 30000 видів іхневмонів.

Але на цьому робота не закінчена - вона все ще продовжує удосконалювати свої «винаходи» і експериментувати з новими методами і пристосуваннями у вічному прагненні до досконалого балансу всього живого.

Тут доктор Краймерс, мабуть, помітив, як я захоплено оглядала місцеву флору і фауну, бо наблизився до мене і затіяв розмову про теорію біорізноманіття на острові С***, згодом зачепивши концепцію видоутворення, або мікроеволюції в цілому.

За припущенням Альфреда, практично всі унікальні види живих організмів на цій ділянці суші виникли як результат просторової, або географічної ізоляції - дуже поширеного в природі явища, коли представники окремих видів рослин і тварин виявляються закинутими на територію, віддаленої від основної групи або популяції цих видів. При цьому віддаленою територією тут може бути не тільки географічний острів в океані, але й так звані «екологічні острова»: озера, гірські ланцюги, ділянки лісу в степу та інші. В такій ситуації схрещування членів основних та ізольованих груп і видів різко скорочується або припиняється повністю. В ізольованій популяції, або ізоляти, еволюційний процес проходить незалежно від інших популяцій відповідного виду. Його результат може бути одним з наступних: або ізольований вид повністю вимирає, або відновлює зв'язок з батьківським видом, або, що трапляється рідше всього, утворює абсолютно новий вид організмів.

Що стосується острова С***, то, відповідно до теорії доктора Краймерса і групи інших вчених, насіння деяких рослин і яйця окремих видів комах, рептилій та інших тварин були занесені сюди вітром, течіями або перелітними птахами. Це і стало ізолюючим фактором для їх популяцій і згодом стало пусковим механізмом для перетворення цих ізольованих груп в нові види рослин і тварин, які ми спостерігаємо на сьогоднішній день. Висловлюючись суто науковою мовою, видоутворення тут відбувалося і в цей час протікає за географічним, або аллопатричним[146], типом. Крім нього існує ще екологічне або симпатричне[147], видоутворення, коли нові види формуються на єдиній території.

Більше того, Альфред дотримувався думки, що виникнення нових видів на острові відбувалося шляхом істинного видоутворення, що полягає в розщепленні спочатку виду, що існував, на два і більше нових. Інші два основних шляхи: філетичний з перетворенням одного виду в інший без зміни їх числа і гібридогенний зі злиттям двох видів в один новий, часом супроводжується зникненням батьківських видів, - були малоймовірні, оскільки для них не вимагалося явище відокремлення популяцій від батьківського виду. Лише справжнє видоутворення було

---

[146] Від лат. "Allos" - різний і "patria" - батьківщина.

[147] Від лат. "Sym" - однаковий і "patria" - батьківщина.

неможливо без географічної ізоляції. На мою думку, це ще не доводило, що абсолютно всі види на острові С*** виникли саме цим шляхом, але фактів для спростування даної теорії у мене, звичайно ж, не було. Тому я мовчки продовжувала слухати висновки свого співрозмовника.

Протягом усієї цієї розмови про видоутворення доктор Краймерс робив мені досить помітні знаки уваги: ніжно обіймав мене за плечі, спішно прибирав гілки і ліани, що зустрічалися на нашому шляху і скидався з мого волосся листя і комах. І я цьому аніскільки не пручалася, навпаки, мені надзвичайно лестила його ввічливість і турбота і дуже подобалася його освіченість і інтерес до біологічних наук. Я охоче приймала залицяння Альфреда і навіть сама стала серцем тягнутися до нього. Але коли я тільки почала це усвідомлювати, Джек, який зазвичай розчищав нам шлях попереду, зупинився і повернувся до нас.

- Тут я пропоную піти по нашій традиційній тактиці: розбитися на групи і рухатися далі окремо, - рішуче заявив він.

- Думка гарна, - відповів пан Мірандерік. - Але я сподіваюся, Ви це пропонуєте не для того, щоб знову раптово зникнути, як минулого разу, - тут же з підозрілою усмішкою додав він.

- Ми будемо періодично доповідати про наші пересування, - сказала на це я.

- Чудово! - розцвів Лео, задоволений відповіддю. - У такому разі ви з Джеком заглибтеся далі в ліс в південно-західному напрямку, а всі інші разом зі мною обстежують прибережні зарості на північний захід від нашого поточного місця розташування. Звідти ми попрямуємо уздовж берега в південну частину острова, де й зустрінемо вас.

Так ми і вирішили. На прощання Альфред крадькома підморгнув мені, а я помахала йому рукою.

- Ходімо! - буркнув Джек і потужним ударом мачете розрубав товсту ліану на нашому шляху.

Довгий час ми пробиралися серед високих і розлогих евкаліптів і коп'євиків в повному мовчанні. Говорити з Джеком про формування видів, поширенні популяцій та інші речі з біологічної тематики не було сенсу, та й сам він не виявляв бажання вести бесіду зі мною. «Нехай він і не володіє великими знаннями і не дуже товариський, але зате він хороший слідопит», - подумала я, як би захищаючи і виправдовуючи свого напарника для самої себе. І підтвердження цьому не змусило себе довго чекати.

Обігнувши стрункий і гладкий стовбур одного з молодих коп'євиків, мисливець раптово зупинився і став вдивлятися в густі зарості чагарнику епакрісу в декількох метрах від нас. Потім він дещо грубувато схопив мене за шию і притиснув палець до моїх губ.

- Тихо, - прошепотів Джек, як ніби я до цього нестримно тріщала, як сорока[148], і вказав на чагарник попереду.

Я теж стала вдивлятися в переплетення гілок, листя і рожево-білих кольорів, але нічого особливого не виявила і запитливо знизала плечима. Тоді мисливець махнув мені рукою, даючи зрозуміти, щоб я йшла за ним, і, крадучись, почав наближатися до чагарнику. Я наслідувала його прикладу. Підійшовши до заростей і трохи розставивши гілки, я побачила те, що раніше помітив натренований мисливський погляд мого напарника - Лезо Темряви.

Рогатий ящір перебував у невеликій низині метрах в тридцяти від нас. Він стояв на всіх чотирьох лапах спиною до чагарнику, де ми ховалися, і, низько опустивши витягнуту морду, щось вишукував у трав'яному покриві. Довгий і сильний хвіст його ходив з боку в бік чи то від старанності, чи то від задоволення.

Джек злегка штовхнув мене в бік і тихо зауважив: «Плече». Спочатку я не зрозуміла, про що це він. Однак, оглянувши чудовисько ще раз, я з великим здивуванням виявила, що його ліве плече, прострелене мисливцем при першій зустрічі, повністю зажило - не було й сліду від великої рваної рани від розривної кулі. І це всього лише за три дні!

Я відчула поряд рух і озирнулася на Джека - той повільно піднімав рушницю, щоб пристрелити ящера. «Цього разу в голову ...» - прошепотів мисливець.

Але Лезо Темряви, схоже, відчув небезпеку. Хвіст його перестав рухатися, а сам він став на задні лапи і повернуло голову, втупивши прямо в нас широко розкриті жовті очі з чорною безоднею зіниць. Тут я побачила пом'яту темно-синю квітку з великим шипом, що стирчала з пащі чудовиська. «Скорпіонова трава», - звичайно ж, впізнала я рослину. Але вказати Джеку на це явне підтвердження моїх висновків я так і не встигла, бо події почали розвиватися з незвичайною швидкістю.

Лезо Темряви весь напружився, різко повернувся на дев'яносто градусів, пригнувся до землі і, не видавши жодного звуку, кинувся на нас.

- Щоб тобі! - заревів Джек, скинув рушницю, прицілився і вистрілив.

Чудовисько блискавично вивернулося, і куля пролетіла повз, рознісши на друзки частину стовбура високого евкаліптового дерева позаду тварини. Ящір ж продовжував стрімко наближатися. Але тільки

---

[148] Сороки (лат. "Pica pica") - невеликі птахи з сімейства воронових (Corvidae). Характеризуються чорно-білим оперенням і довгим хвостом. Є осілими птахами. Вважаються одними з найбільш інтелектуальних пернатих. Сороки - єдині відомі птиці, здатні впізнати себе в дзеркалі. Широко поширені в Європі та Азії.

Джек приготувався вистрілити ще раз, як Лезо Темряви, не зменшуючи швидкості, різко звернуло праворуч і зник у заростях чагарників і папороті.

- За ним! - скомандував Джек і кинувся в погоню, прокладаючи шлях крізь переплетення гілок своїм широким і могутнім торсом. Я тут же прокинулася від заціпеніння, викликаного таким несподіваним поворотом подій, і кинулася слідом за мисливцем.

І ось знову цей божевільний біг з пістолетом-транквілізатором напоготові, хльостання гілок по руках і обличчю і викидом адреналіну в кров. Попереду чулися звуки пострілів і тріск деревини від вибухів куль - це мій напарник наполегливо намагався поранити або вбити чудовисько, що втікало.

На ходу я дістала передавач і, важко дихаючи, повідомила панові Мірандеріку про переслідування мети.

- Добре! Намагайтеся направляти його прямо вперед! - долинуло з передавача. - Скоро буде невелика прогалина - там зараз знаходяться кілька наших роботів. Вони влаштують цій тварюці жарку зустріч.

Піднапружившись і наздогнавши Джека, я передала йому вказівку директора. Той кивнув на знак згоди і пустив чергову кулю ящерові слідом. Так, пострілами не даючи тварині відхилитися в сторону, ми гнали його в потрібному напрямку.

І дійсно, через хвилин десять погоні джунглі порідшали, і попереду з'явилася невелика, яскраво освітлена сонцем і вкрита густим трав'яним покривом галявина. У центрі її стояли напоготові три бойових робота: павукоподібних «Каракурт» з розгорнутою плазмовою гарматою і прикривали його фланги два високих двоногих «Голіафа». І ми направляли Лезо Темряви прямо до них.

У мене загудів передавач.

- Джессі! - почула я голос Лео. - Вам краще негайно зупинитися і сховатися за найближчі дерева. Зараз роботи відкриють вогонь, і ви ризикуєте потрапити під нього. Ми будемо стежити за чудовиськом через камеру «Сінокосця», що розташувався на гілках одного з дерев, і так направляти наших «діток».

Почувши ці слова, я зразу ж смикнула Джека за руку і сказала йому про пораду пана Мірандеріка. Ми звернули вбік і заховалися за товстий стовбур деревоподібної папороті, який височів неподалік. Злегка висунувшись із-за нього, ми стали спостерігати за подіями.

Помітивши роботів, що чекали на його, Лезо Темряви зупинився і, нахиливши голову, почав оглядати збройні машини. З густої крони високого дерева поруч з ним показався робот-спостерігач «Косарик» і втупив в ящера своє око-камеру. У наступну секунду «Голіафи» відкрили вогонь зі своїх кулеметів і лазерних гармат.

Однак Лезо Темряви в черговий раз показав свою силу, спритність, моторність і небувалу кмітливість. Відштовхнувшись могутніми задніми ногами, ящір блискавично відскочив високо в сторону, тим самим пішовши з-під вогню, і опинився на стовбурі найближчого дерева. Звідти він перескочив на ліану, що звисала з крони, і з неї, попередньо розгойдавшись, на «Сінокосця», який нічого не підозрював. Вчепившись кігтями за циліндричний корпус робота-спостерігача, Лезо Темряви став гойдатися на ньому, як на гойдалках.

У цей момент «Каракурт» виплюнув зі своєї великої гармати блискучу кулю концентрованої плазми, яка швидко наближалася до чудовиська.

Але останній, добре розгойдавшись, відпустив «Сінокосця» і, використавши прискорення і інерцію, злетів високо в повітря. Заряд плазми влучив у робота-спостерігача, миттєво і майже повністю розплавивши бідолаху. Шматки оплавленого металу і мікросхем посипалися на траву.

Чудовисько ж чітко приземлилося на одного з «Голіафів», знайшло щілину між пластинами корпуса робота і стегновим зчленуванням його правої ноги і негайно прошмигнув у неї. Через кілька секунд зі щілини посипалися іскри, нога машини підкосилися, і та впала прямо на «Каракурта», що стояв поруч, придавивши його грізну гармату.

І серед цієї купи металобрухту і блиску іскор раптом показався Лезо Темряви, видав переможний рев і кинувся навтьоки в завісу джунглів. «Голіаф», що залишився, розвернувся і, продовжуючи посилати ящерові лазерні та кулеметні черги, потопав слідом за втікачем. Але ми вже знали: куди йому було змагатися з такою жвавою і моторною істотою!

Через деякий час до місця цієї невеликої битви наспів захеканий загін пана Мірандеріка на чолі з самим директором. Той втомлено оглянув останки машин, на вогневу міць і кмітливість яких він покладав великі надії, і тихо вилаявся. Потім пан Мірандерік наказав доктору Краймерсу викликати вертоліт для повернення в лабораторію GEC.

Вже у вертольоті, що плавно нісся над верхівками дерев, він повідомив нам, що завтра ввечері має прибути перша партія нових моделей роботів «Голіафів»:

- «Перлинні голіафи» або «Мелеагріси», - це зібрані спеціально на наше замовлення напівавтоматичні бойові машини. Крім посиленого

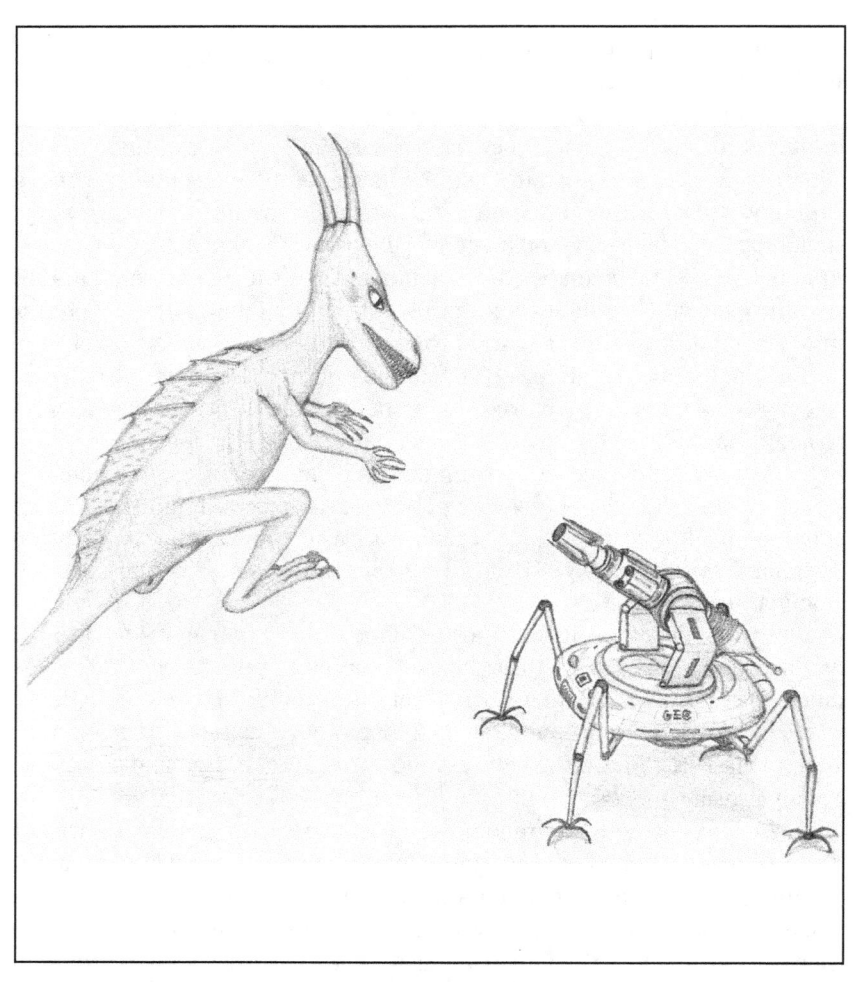

Лезо Темряви проти Каракурта. Ілюстрація Олександра Іщенко.

озброєння, вдосконаленої системи наведення і поліпшеного захисту, ці роботи також мають кабіну для одного пілота, який при необхідності може взяти керування на себе. Так ми зможемо покладатися не тільки на дуже обмежений процесор машини, але і на високорозвинений розум людини.

Переконавши, насамперед, самого себе в ефективності нового обладнання, пан Мірандерік помітно повеселішав. Він навіть наважився передбачити швидке й успішне завершення місії і наше повернення додому вже на цьому тижні. Особисто мені в це не вірилося.

Попрощавшись з нашими роботодавцями на вертолітному майданчику, ми повернулися в хатину Азула, і кожен зайнявся своїми справами: Джек став відточувати прицільну стрільбу, висунувшись з рушницею з вікна своєї кімнати і перетворюючи листя дерев вдалині в решето, а я продовжила аналіз генетичного матеріалу слини Леза Темряви зі з'їденого стебла Скорпіонової трави і хімічного складу його екскрементів. Під час дослідження мені вдалося з'ясувати, що слина чудовиська містила особливі хімічні сполуки, які, вступаючи в реакцію з отрутою басіліксоліном із Скорпіонової трави, значно змінювали його хімічні властивості. Які саме і до чого це призводило - залишалося поки загадкою. Для її вирішення мені потрібно було виділити вже змінений басіліксолін з екскрементів ящера, що я і зробила за допомогою свого устаткування. В результаті в пробірці виявилося близько трьохсот міліграмів рідини синьо-зеленого кольору.

Однак продовжити дослідження з нею мені не вдалося. Раптово затріщав передавач, я від несподіванки випустила пробірку з тільки що отриманою речовиною, та впала на стіл і, злегка тріснувши, перекинулася. Змінений басіліксолін розлився на стіл і кіготь Леза Темряви, що лежав поряд з комп'ютером. У кількох досить сильних і нецензурних словах я висловила все ставлення до своєї незграбності і, все ще повна обурення, схопила пристрій, що надривався з усіх сил.

Це був доктор Краймерс. Нерви мої відразу заспокоїлися, як тільки я почула його м'який спокійний голос. Альфред запрошував мене повечеряти в його особистих апартаментах і заодно подискутувати на тему про місце і роль Людини в природі. Ледве приховуючи свою радість, я, звісно ж, погодилася, і ми домовилися зустрітися біля входу в лабораторію GEC через п'ятнадцять хвилин.

Вимкнувши передавач, я ще деякий час сиділа нерухомо, немов у трансі. «Не може бути! - думала я. - Сьогодні я буду разом з Альфредом, цим розумним, галантним і приємним джентльменом! І обговорювати ми будемо одну з моїх улюблених тем, по якій я написала чимало наукових статей!». І тут в моїй голові мимоволі промайнуло настільки приємне слово «побачення» ...

Я глянула на стіл і кіготь-амулет з плямами синьо-зеленої рідини на них. «Ну що ж, спробую наступного разу. Знайдемо ми ще екскременти, і я зможу ще раз отримати цю речовину. Нічого страшного не сталося», - подумки заспокоювала себе я, витираючи плями на столі і пазурі.

У цей час у дверному прорізі здався Джек.

- Хто дзвонив? - поцікавився він.

- Це був ... доктор Краймерс, - якомога недбаліше відповіла я. - Запросив мене обговорити деякі наукові питання. Так що я відлучуся години на дві. Ви вже тут повечеряйте без мене.

Мисливець з хвилину постояв, мовчки свердлячи передавач недобрим поглядом, потім понуро кивнув і зник назад в своїй кімнаті. Я не звернула на його реакцію особливої уваги і стала чепуритися для майбутньої зустрічі. Кіготь-амулет я залишила на столі.

Як ми і домовлялися, доктор Краймерс чекав мене біля вхідних дверей лабораторії GEC. Він був одягнений в елегантний чорний костюм, білу сорочку і сріблястого кольору краватку. Чорні туфлі його були ретельно відполіровані і начищені до блиску. А темно-русяве волосся було пригладжено гелем для волосся. Видно було, що Альфред намагався добре підготуватися до нашої зустрічі, і це мені дуже лестило.

Помітивши мене, він привітно посміхнувся, загнав мене у фарбу, після чого ніжно взяв мене за руку і мовчки провів по коридорах лабораторії в сектор персоналу. Відкривши одну з могутніх візерункових дверей, Альфред запросив мене до своєї оселі.

Апартаменти помічника директора компанії представляли собою три просторі кімнати з окремою кухнею, ванною кімнатою та туалетом. Всі вони були зі смаком обставлені різним науковим обладнанням і витонченими меблями ручної роботи з досить дорогого мармурового кедру[149]. На стінах висіли великі картини з панорамами

---

[149] Кедри (лат. "Cedrus") - рід великих вічнозелених дерев з сімейства соснових (Pinaceae). Характеризуються темно-сірою корою, розлогою кроною і гілковидною хвоєю синьо-зеленого або сріблясто-сірого кольору. У висоту досягають 40-50м. Кедри поширені в гірських районах по берегах Середземного моря і в Гімалаях. Деревина високо цінується як будівельний матеріал і використовується у виробництві меблів, кораблебудуванні та інших будівлях. У Біблії кедрова деревина символізує добробут і процвітання. Усього відомо 4 види кедрів.

найбільших міст світу, освітлені різнокольоровими планктонними лампами. А широкі скляні двері у вітальні виходили на невеликий балкон, за яким простягалося соковито-зелене покривало з крон дерев тропічного лісу.

Доктор Краймерс провів мене в цю саму вітальню, в центрі якої стояв невеликий стіл і два шкіряних крісла. Стіл був вже накритий на двох і майорів делікатесами, яких я раніше і не бачила. Ми сіли за нього і почали їсти. Протягом декількох годин ми не поспішаючи ласували стравами та спокійно розмовляли, насолоджуючись кожною хвилиною перебування разом.

В цілому, наша розмова йшла про те, що природі повністю байдуже все, що вариться в казанку людського суспільства. Незважаючи на те, яка партія прийшла до влади, хто обраний президентом тієї чи іншої країни і чи задоволений народ підсумками виборів, квіти так само продовжують розпускатися, бджоли як і колись збирають з них нектар і переносять пилок, їх лічинки як і раніше продовжують рости в зліплених цими бджолами стільниках, і так далі. Так, незалежно від того, що люди вважають правильним, а що неправильним, що білим, а що чорним, що добром, а що злом, життя йде далі в своєму розвитку, слідуючи стародавнім неписаним законам світобудови. І лише коли Людина своєю діяльністю починає чинити відчутний збиток навколишньому середовищу та загрожує порушити крихкий природний баланс, вона різними катаклізмами недвозначно нагадує їй про її місце в цьому світі. На жаль, люди пізно це усвідомлюють (якщо усвідомлюють взагалі!) і тим самим все частіше страждають від подібних «нагадувань». Найяскравішим і руйнівним прикладом за останній час став Великий Атлантичний Катаклізм.

У ході дискусії мені згадалася дуже давня європейська казка «Красуня і Чудовисько». За сюжетом жахливе чудовисько, в яке зла фея перетворила молодого принца, закохується в юну дівчину Белль[150] і робить все можливе, щоб завоювати її любов. Проте ні розкішні зали його палацу, ні незліченні багатства, приховані в них, ні шикарні бенкети і розваги, влаштовані спеціально для Белль, не можуть підкорити серце дівчини. Лише коли Чудовисько починає приділяти їй справжню увагу і турботу і разом вони долають низку тяжких випробувань, почуття стає взаємним. І тоді, незважаючи на страхітливий вигляд, Белль дарує Чудовиську поцілунок, в результаті якого воно перетворюється назад в прекрасного, турботливого і люблячого принца. Я уявила собі Природу в образі цієї юної дівчини і

---

[150] Від фр. "Belle" - красуня.

Людину в якості Чудовиська і подумала: «А Людина коли-небудь зможе вчинити так само? Чи зможе вона проміняти багатство і економічне зростання на справжню турботу і любов до прекрасної Природи? І перетвориться вона коли-небудь з чудовиська, що викачує з планети всі можливі ресурси і забруднюючи її своєю діяльністю, в турботливого принца, що живе в гармонії з навколишнім середовищем?». Вголос я ці думки не висловила.

Протягом всієї бесіди доктор Краймерс при будь-якій можливості робив мені компліменти, захоплюючись моєю красою, розумом, начитаністю, умінням добре розміркувати та іншим, тим самим кожен раз змушуючи мене густо червоніти від збентеження. А в кінці розмови він раптом присунувся до мене, нахилився і ніжно поцілував мене в губи. Приємний дурманний жар охопив мої губи, щоки, вуха і хвилею прокотився по всьому тілу. Серце моє прискорено забилося, немов малинівка[151] в сильцях[152]. Я страшенно зніяковіла і спішно пробурмотіла, що вже досить пізно і мені пора повертатися до додому. Альфред розуміючи посміхнувся і, взявши мою руку, сказав, що проводить мене до села Сололеадас. Я аніскільки не заперечувала; навпаки, була тільки цьому рада.

Зворотний шлях пройшов в повному мовчанні. І тільки на головній площі села Альфред повернувся до мене, подякував за прекрасний вечір і побажав мені на добраніч. Після цього він злегка торкнувся губами моєї руки, широко посміхнувся і пішов назад в комплекс лабораторії. Я кілька секунд стояла мовчки, зачарована такою увагою, потім, отямившись, крикнула доктору Краймерсу на прощання: «На добраніч, Альфред! І ... дякую за все!» - і, наче метелик на величезних повітряних крилах, «полетіла» до хатини Азула.

На ганку нашого тимчасового будинку на цьому острові стояв Джек і задумливо смоктав димучу сигарету. Помітивши мене, весело крокуючу по дорозі з мрійливою посмішкою на обличчі, він багатозначно підняв бров.

---

[151] Малинівки або зорянки (лат. "Erithacus rubecula") - дрібні перельотні птахи з сімейства мухоловкових (Muscicapidae). Характеризуються довгими лапками і сіро-зеленуватим оперенням з білим черевцем і рудої грудиною, горлом і чолом. Харчуються комахами, дощовими черв'яками, равликами і ягодами. Мешкають в листяних і змішаних лісах в Західній Євразії та Північно-Західній Африці.

[152] Сильце - пристрій для лову птахів і дрібних ссавців, споруджене з підручних матеріалів.

- Бачу, що вечеря пройшла просто чудово, - зауважив мисливець, коли я порівнялася з ним.

- Так, мені сподобалося. Ми обговорювали дуже цікаву тему ... - зупинившись, почала розповідати я.

- І доктор Краймерс був дуже ввічливим, - тут перебив мене Джек.

- Ну так. Альфред дуже чемна і вихована людина, - відповіла я, не звертаючи уваги на уїдливі нотки в голосі співрозмовника, - і ще добре начитаний: він представив мені досить великий спектр теорій ...

- І він залицявся до тебе, робив компліменти ... - продовжував Джек з тією ж уїдливою інтонацією, одночасно огортаючи себе хмарами сизого сигаретного диму.

Я в подиві втупилася на свого компаньйона.

- Джек, в чому справа? Ми тільки повечеряли разом ...

Раптово мисливець викинув недопалок, схопив мене за плечі і, пильно дивлячись мені в очі і дихаючи на мене нікотином, заявив:

- Тримайся подалі від цього Краймерса! Нутром чую, що це слизька бестія. Він як риба-вудильник[153]: поки тільки махає перед тобою своєю привабливою приманкою, а коли ти, спокусившись, підпливеш ближче, тут-то він і покаже свою величезну пащу з гострими зубами. Ти і оком моргнути не встигнеш, як він уже тебе підлаштує під свої корисливі інтереси!

- Що за дурниці ти несеш! - обурилася я, звільняючись від його міцної хватки. - Та й взагалі, з якого дива ти взявся вчити мене життю?! З ким зустрічатися, а з ким ні - це суто моя особиста справа!

- Він використовує тебе, Джессі! - не вгамовувався Джек. - Повір моєму досвіду роботи і спілкування з такими типами. Краймерс має намір щось отримати від тебе. А коли він цього досягне, то викине тебе, як використану гільзу.

- Та за що ж ти так на нього розсердився? - дивувалася я, як раптом мене відвідала цікава думка, яку я не забула висловити вголос. - Чи не ревнуєш ти?

- Ха! З чого б це мені ревнувати ?! - натягнуто посміхнувся Джек. - Тим більше до такого, як Краймерс! Та якби перед тобою стояв вибір, за

---

[153] Вудильники або церацієвидні (лат. "Ceratioidei") - глибоководні риби із розряду вудильникоподібних (Lophiiformes). Характеризуються тим, що перший луч спинного плавника у самок перетворений на «вудку» з «приманкою», що світиться. Самці набагато дрібніше самок і у деяких видів паразитують на їхньому тілі, перетворюючись на його придаток, що виробляє сперму. Вудильники мешкають у відкритому океані на глибині 1500 - 3000 м. Відомо 11 сімейств і 120 видів цих риб.

кого вийти заміж: за цього гарненького заучку Краймерса або за мене, то ти, без сумніву, вибрала б мене. Адже жодна дівчина не може мені відмовити!

Від цих слів я розлютилася.

- Невже?! - отруйно вимовила я. - Так чому ж у тебе досі не було і немає дівчини, а?

Лице Джека залилося густою фарбою, брови густими заростями нависли над самими очима, а губи щільно стиснулися. Але мисливець нічого не відповів, а тільки різко повернувся і швидко зник у дверях. «Добре я відметелила цього самовпевненого нахабу!» - зловтішно подумала я, дивлячись йому вслід. Потім, все ще повна обурення, я пройшла повз Азула, що визирав з-за дверей, в свою кімнату, швидко переодяглася і лягла спати. Однак ще довго я переверталася в гамаку, переварюючи в думках вечірній конфлікт і звинувачуючи Джека мало не у всіх смертних гріхах.

«А якщо Джек дійсно ревнує, - раптом майнула думка. - Значить він мене...».

Але глибокий сон перервав це сміливе припущення.

Розділ XIV.
Світло в ночі.

Я різко розплющила очі. Навколо було досить темно, лише з вікна з синяво-чорного неба таємничо блимали далекі зірки. Вони немов намагалися пробитися крізь оточуючу темряву, то згасаючи, то спалахуючи з новою силою. Пульсації зірок вторили приховані в траві і листі дерев цвіркуни і цикади, наповнюючи поселення Сололеадас вельми гучним стрекотінням. Часом вітер пробігав по кронах дерев і додавав до їх концерту фоновий звук шелесту листя. І над усім цим панувала глибока ніч.

Я лежала в гамаку, даючи очам звикнути до темряви і думала, від чого ж я прокинулася. Крім нічної симфонії комах і вітру, навколо було тихо і спокійно ...

«Стоп! Ось воно!».

Як і минулої ночі, я почула незрозумілі, схожі на гарчання звуки, що супроводжувалися швидким і нерозбірливим бурмотінням. Я сіла в гамаку і прислухалася: звуки долинали з вікна звідкись поруч з хатиною.

З сусідньої кімнати з'явилася велика темна постать Джека.

- Ага, ти теж почула, - прошепотів він. - Як думаєш, хто або що це?

- Ревіння віддалено нагадує Лезо Темряви, але от бурмотіння ...

- Ні, це не чудовисько, - заявив мисливець, - більше схоже на голос людини. Хоча я до кінця не впевнений. Потрібно перевірити.

- Так, пішли, - погодилася я, вилазячи з гамака.

Джек на кілька секунд зник у мороці своєї кімнати, а потім повернувся вже з ліхтариком і одним зі своїх пістолетів. Я теж захопила свій транквілізатор, і разом ми вийшли на ганок.

Ніч була прохолодною. Холодний вітер нахабно піддував мені під піжаму, викликаючи мурашки по всьому тілу. Джек теж злегка зіщулився.

Раптово незрозумілі звуки припинилися. Ми стояли на холодному вітрі, слухаючи нічну пісню цикад і шелест листя і чекаючи відновлення дивного гарчання і бурмотіння. Через хвилину ми знову почули їх.

- Чути з заднього двору, - прислухавшись, визначив Джек і ми, крадучись, стали обходити наше житло.

Мисливець першим заглянув за ріг.

- Я його бачу, - прошепотів він. - Це людина.

Я подивилася через його плече і в напівтемряві ночі теж розгледіла джерело незрозумілих звуків - темний силует людини, що сидів навпочіпки на траві.

- Підійдемо і познайомимося, - запропонував Джек і повільно попрямував до силуету. Я пішла за ним.

За десять кроків від незнайомця мій напарник зупинився, включив ліхтарик і направив промінь світла на силует.

- Ну, привіт! - різко і голосно сказав він.

Від несподіванки незнайомець скрикнув і спробував схопитися на ноги, але не втримав рівновагу і впав на бік. І хоча він намагався прикритися рукою від яскравого світла ліхтарика, ми все ж змогли розгледіти його обличчя.

- Азул ?! - здивовано вигукнули ми разом.

Дійсно, перед нами на траві лежав, все ще мружачись від світла, гостинний господар хатини. Джек протягнув хлопчикові руку і допоміг йому встати.

- Що, безсоння спати не дає? - поцікавився він.

Азул промовчав, опустивши очі.

Тоді я ніжно взяла хлопця за плечі і м'яко звернулася до нього:

- Азул, ми за тебе дуже переживаємо. Ми бачимо, що тебе щось турбує, але не можемо зрозуміти що саме, адже ти нам нічого не кажеш. Тому, якщо хочеш, щоб ми були друзями і допомагали один одному, тобі варто нам все розповісти: про цей нічний ритуал, або що ти тут робиш, про Сололеадас, про чудовисько, та й в цілому, що ж таки відбувається на цьому острові. А там ми вже вирішимо, повірити тобі чи ні.

Азул окинув нас похмурим поглядом, потім важко зітхнув, махнув рукою і сказав: «Гаразд. Ходімо до мене в кімнату». І ми пішли за хлопчиком до хатини.

У кімнаті Азула ми мовчки присіли на дерев'яні стільці і стали енергійно потирати руки, щоб швидше зігрітися. Сам Азул ввімкнув настільну лампу і забрався в гамак. Світло лампи створювало на стінах химерні тіні, і здавалося, що люди з тривимірних фотографій, розвішаних на них, були реальні і спостерігали за нами з напівтемряви. Я придивилася - на фотографіях в основному були зображені статний вусатий брюнет із зеленими очима років п'ятдесяти і вельми струнка блондинка з довгою рудою косою приблизно того ж віку, яка дивилася на світ ніжним поглядом небесно-блакитних очей.

- Мої дідусь і бабуся до катаклізму, - пояснив хлопчик, простеживши за моїм поглядом. - А он там зображені мої батьки, - і він вказав на кілька фотографій, з яких на нас дивилася молода пара: високого і сильного мисливця Сололеадас з чорним волоссям і карими очима і стрункої дівчини, блакитні очі якої були прикриті пасмами русявого волосся.

- Зрозуміло, - відповіла я, подумки зрадівши, що Азул сам почав розмову про них. Це був добрий знак.

- А як звали твоїх батьків?

- Тата звали Томас - він родом з англійської родини. Мама моя - Катерина Олександрівна, мала російське коріння.

- І ти напевно дуже сумуєш за ними.

- Так. Звісно, - стримано промовив Азул. - У мене тепер нікого немає.

Тут у розмову втрутився Джек.

- Так, давайте поки не будемо ворушити минуле. Ти, хлопче, не дрейф! У тебе є ми, - мисливець підморгнув мені, і я кивнула. - Ти нас тут прихистив, не давав з голоду зачахнути, так що ми перед тобою в боргу. Джек вклонився, як би присягаючи на вірність хлопчикові. Але той і бровою не повів.

- Але щоб ми могли тобі допомогти, - продовжила я, - нам добре було б знати, що за події відбуваються тут, на острові С***.

- Так, - додав мій напарник, - і зокрема, що це ти робив на дворі десять хвилин тому?

Азул недовірливо подивився на мисливця, а потім на мене.

- Адже ви мені все одно не повірите ...

- Та досить вже! - перервав його Джек, махнувши при цьому рукою. - Це ми раніше чули. Ти скажи нам що-небудь новеньке. А вірити тобі чи ні - це ми вже потім самі розберемося.

Хлопчик зсутулився, опустив очі, голосно зітхнув, потім раптом випростався, пильно подивився на нас і, нарешті, заявив:

- Я кликав Лезо Темряви.

Ми остовпіли. Кілька секунд ні Джек, ні я не могли вимовити ні слова. Потім мисливець нахилився до мене і прошепотів: «Схоже, що

Колобок був правий», натякаючи на слова пана Мірандеріка про нібито неврівноважений психічний стан Азула.

- Стривай, Джек, - відмахнулася я від мисливця і ласкаво звернулася до хлопчика: - Азул, милий, скажи нам, навіщо ти кликав чудовисько? Може, ти хотів розділити долю, що спіткала батьків? Але це не вихід. Батьків вже не повернеш, а тобі потрібно продовжувати жити ...

- Ні! - обурено перебив мене Азул. - Я не хотів покінчити з життям, давши Лезу Темряви мене з'їсти. Та він і не став би цього робити. Я намагався покликати його, щоб він нам допоміг.

- Допоміг? - перепитала я. - Як? Яким чином?

- Він може припинити злодіяння, що відбуваються на острові, - впевнено заявив наш співрозмовник.

- Припинити злодіяння? Ти маєш на увазі загибель членів Сололеадас? Чому ти так вважаєш?

- Тому що він вже один раз врятував мене від смерті. І може врятувати все наше плем'я ... і напевно намагався ... до того, як ви тут з'явилися ...

- Так, стоп машина! Кондуктор, натисни на гальма! - вигукнув Джек. - Я тепер нічого тут не розумію. Ми всі ходимо навкруги. Хлопець, давай-но почни все спочатку, тобто з самого прологу всієї колотнечі на цьому віддаленому шматку землі. І з усіма подробицями, будь ласка.

Азул пильно подивився на мисливця крізь злегка примружені очі.

- Ну що ж, - сталевим голосом мовив він, - якщо ви так хочете, то я розповім все, що бачив і пережив за останній час. А потім ви визначитеся: приєднатися до того великого натовпу, який вважає мене божевільним, або ж допомогти мені захистити Сололеадас.

І ось що розповів нам Азул Судоселесте.

Хлопчик народився на острові С***, вже коли той давно був придбаний батьком Леонардо Мірандеріка, а компанія на той час була перейменована в «Genetical Enjoyment Company». Батьки Азула також з'явилися на світ на цьому клаптику суші посеред Тихого Океану і вже добре пристосувалися до життя тут. За десять років вони навчили свого сина практично всім навичкам виживання без технологій і зручностей цивілізації, добуванню їжі в тропічному лісі і господарюванню, якими володіли самі. І Азул активно став використовувати їх, допомагаючи матері по господарству. Батько його, Томас Судоселесте, вдень часто був відсутній, кажучи синові, що працює разом з багатьма іншими чоловіками Сололеадас в лабораторії GEC. В якості винагороди за цю роботу в кінці кожного місяця співробітники компанії привозили додому на візках солідні запаси їжі на наступний період та іноді деякі корисні інструменти. Так і жила сім'я Судоселесте, як, втім, і інші жителі села Сололеадас.

Азул знав про те, що його дідусь і бабуся разом з іншими засновниками племені припливли з Європейського континенту з широкими полями, густими лісами, високими гірськими хребтами і великими густонаселеними містами. У батьків збереглося кілька тривимірних фотографій Великобританії та інших європейських країн, де побували його дідусь і бабуся, і хлопчик часто розглядав їх, уявляючи собі життя людей там, за океаном. Був він обізнаний і про Великий Атлантичний катаклізм з його жахливими наслідками і про те, що саме він став причиною ізоляції Сололеадас. Проте хлопчик ніяк не розумів, чому «великі люди з континенту» досі не прийшли їм на допомогу, а також чому Сололеадас не можуть скористатися літаючими машинами компанії GEC, що доставляють на острів обладнання і персонал і повернутися на батьківщину бабусі і дідуся. Батьки Азула всіляко ухилялися від розпитувань сина, то змінюючи тему розмови, то кажучи, що він ще занадто малий, щоб зрозуміти весь стан речей.

У ранньому дитинстві у Азула був друг - Лінда, мила дівчинка з великими зеленими очима, маленьким кирпатим носиком і довгим волоссям каштанового кольору. Разом вони проводили багато щасливих моментів: весело грали на головній площі села або прогулювалися навколо неї, тримаючись за руки. Азулу дуже подобалося товариство Лінди і з плином років його ставлення до неї поступово ставало більш, ніж дружнім.

Але одного вечора, коли хлопчик пішов покликати Лінду на прогулянку, він раптом побачив, як четверо високих і суворих чоловіків у чорній уніформі увійшли в хатину сім'ї дівчинки і через хвилину вивели Лінду і її батьків і повели їх до околиці поселення. Двоє чоловіків міцно тримали батька і матір дівчинки ззаду за руки, третій ніс на руках Лінду, яка брикалася, а четвертий йшов позаду процесії, тримаючи руку на поясі, де у нього висів якийсь пристрій. Полонені намагалися чинити опір, але хватка незнайомців у чорному була надто міцна. Тоді батько і мати Лінди стали благати чоловіків зглянутися над ними або хоча б над їхньою донькою і волали на допомогу жителів села. Однак незнайомці залишалися глухі до їх благань, а Сололеадас, що траплялися на шляху, спішно ховалися в своїх будинках. Азул, не розуміючи, що відбувається, і бажаючи врятувати свого друга, кинувся на чоловіка, який тримав Лінду, і став молотити по ньому своїми маленькими кулачками. Презирливо посміхнувшись, незнайомець звільнив праву руку, розмахнувся і потужним ударом верхній частині кулака в скроню відкинув маленького захисника. Усвідомлюючи свою безпорадність і відчуваючи нестерпний біль у скроні, Азул розридався і кинувся додому кликати батьків. Але коли батько почув про цю подію, він схопив сина, який все ще плакав за плечі, пильно глянув у його червоні і мокрі від сліз очі і жорстко сказав:

- Запам'ятай, Азул: ніколи, ні за яких обставин не трапляйся цим людям на очі. Це дуже погані люди. Обіцяй нам, що будеш всіляко уникати зустрічі з ними. І молись, щоб те ж саме не сталося з нашою сім'єю.

Ні Лінду, ні її батьків Азул більше не бачив. Їх хатину незабаром заселили нові господарі. А хлопчик так і продовжував жити в невіданні всього, що відбувалося в племені Сололеадас.

Але все ж настав той час, коли тонкі промінчики світла стали прориватися крізь густу завісу таємниці. А разом з ними просочилося і нове горе.

В один із спекотних сонячних днів пан Імпруденте, мисливець Сололеадас, що жив по сусідству з сім'єю Судоселесте, повернувся з полювання з незвичайним трофеєм. Він тут же розбовтав на все село, що знайшов яйце динозавра, і плем'я Сололеадас зібралося біля його хатини подивитися на дивовижну знахідку. Азул теж бачив її - це було величезне яйце блискучого темно-синього кольору з дрібними зеленими цятками...

- Великоднє яєчко, з якого вилупився Лезо Темряви, - здогадався Джек.
- Вірно, - підтвердив Азул і продовжив, - отже...

Пан Імпруденте розповів, що знайшов яйце в печері гори, що знаходиться в північній частині острова за полем Скорпіонової трави. Стіни цієї печери, за його словами, були розписані малюнками дивовижних звірів і незрозумілими ієрогліфами. В глибині її мисливець натрапив на «ложе» з листя і квіток Скорпіонової трави, на якому і лежало яйце. Оскільки шкаралупа його була суцільно покрита дрібними, але дуже гострими шипиками, то шукач пригод загорнув свій трофей в сорочку і притягнув в село людям на огляд.

Почувши всю цю історію, вождь Сололеадас, Кабеза Релампагея, не на жарт злякався. Він став запевняти народ, що печера - це притулок темних сил, а яйце - посудина для зберігання страшного прокляття, припасеного ними для людей, які підберуть його. Кабеза наказав моєму Імпруденте негайно віднести «Прокляття Темряви» назад у печеру, поки воно не вийшло на волю. І хоча жителі села сумнівалися в істинності припущень старого вождя, вони все ж радили мисливцеві послухатися його і повернути знахідку на місце, від гріха подалі.

Проте пан Імпруденте лише посміявся над побоюваннями вождя і одноплемінників і заявив, що краще віднесе яйце в лабораторію GEC, де за такий трофей можуть дати тримісячний запас продуктів. Так він і зробив.

Минув день, другий, а пан Імпруденте все не повертався. Лише на четверту добу представники GEC прийшли до Сололеадас і повідомили про загибель підприємливого мисливця, імовірно від порізів шипами Скорпіонової трави по дорозі в лабораторію. Тіло нещасного поховали співробітники компанії і ніхто з племені його не побачив.

Над селом зависло передчуття, що щось жахливе має статися. І воно не змусило себе довго чекати.

Через кілька місяців після сказаних подій Кабеза зібрав все плем'я Сололеадас на головній площі для дуже важливого повідомлення. Поруч з вкрай схвильованим вождем стояв суворий пан Мірандерік. Кабеза Релампагея з тремтінням у голосі повідомив, що його побоювання щодо невідомого яйця виправдалися: воно дійсно виявилося посудиною для зберігання Прокляття Темряви, яке тепер вирвалося на волю у вигляді жахливого чудовиська, сіючого смерть і руйнування.

- Великий гріх вчинили ми, принісши яйце на землю нашу! - вигукував вождь, трясучи в повітрі різними амулетами і оберегами. - Прокляте тепер наше село і плем'я наше! Моліться ж Богу і приносьте багаті жертви, щоб Він захистив нас від Прокляття Темряви!

Потім виступив пан Мірандерік. За допомогою Азула в якості перекладача він підтвердив, що з яйця, знайденого і принесеного паном Імпруденте, вилупилося страшне ящіркоподібне створіння з повадками хижака. Незважаючи на складну і високоефективну систему стеження і охорони в лабораторії GEC, чудовиську вдалося вирватися на волю, і тепер воно вільно блукає по джунглях острова. Як виявилося, хижак не проти поласувати людським м'ясом. Він нападає в основному вночі, безшумно підбираючись до своєї здобичі, а потім блискавично стрибаючи на неї з темряви. Так кілька співробітників компанії вже пали жертвами гострих кігтів і зубів чудовиська. За це воно отримало прізвисько Лезо Темряви.

Тим не менш, директор компанії запевняв Сололеадас, що його кращі роботи і снайпери вже ведуть полювання на чудовисько і що GEC зробить все можливе, щоб захистити плем'я від «Прокляття Темряви». Також він закликав мисливців Сололеадас допомогти йому в затриманні або вбивстві чудовиська, в результаті чого четверо найсильніших і спритних чоловіків племені відразу зголосилися добровольцями.

Проте захист з боку GEC виявився малоефективним. Майже кожні два тижні хтось із Сололеадас пропадав безвісти, і компанія оголошувала, що його зжер ненаситне Лезо Темряви. Але ні чудовиська, ні залишків його жертв нікому не вдавалося побачити. Мисливці знаходили лише сліди невловимого хижака; йому самому завжди вдавалося сховатися. Так минуло ще два неспокійних місяці.

Одним прохолодним осіннім вечором вождь покликав Азула в якості перекладача на чергову зустріч з паном Мірандеріком. Вони довго обговорювали загальний стан племені і настрою в ньому, а після перейшли до плану розміщення автоматичних гармат компанії навколо села для захисту її жителів від Леза Темряви. Весь цей час хлопчик слухняно виконував роль перекладача, так що повернувся додому він пізно вночі.

Батька все ще не було, хоча, зазвичай, він повертався додому ще до заходу. Азул покликав маму, але вона, схоже, кудись пішла, не залишивши жодної записки. Хлопчик занепокоївся.

Через кілька хвилин на порозі з'явився пан Мірандерік. Він повідомив Азула, що його батько в даний момент працює над одним дуже важливим і невідкладним проектом в лабораторії GEC, а мати вирішила допомогти йому, щоб він зміг укластися в термін. Директор також припустив, що батьки зможуть повернутися додому лише на наступного вечора. Заспокоївши, як він думав, Азула, пан Мірандерік приязно посміхнувся, поплескав хлопчика по плечу і покинув хатину. Однак Азул все ще переживав з приводу раптової відсутності батьків і вирішив вранці неодмінно відвідати їх.

Лише тільки перші промені сонця осяяли крони дерев, як Азул вже стояв біля дверей лабораторії і просив охоронців впустити його побачитися зі своїми батьками. Але ті були непохитні і несприйнятливі до прохань хлопчика, так що тому довелося повернутися назад у хатину.

День пройшов в нестерпному чеканні. Від батька і матері не було ні єдиної звісточки. Під вечір до хижі Азула з'явився один з мисливців Сололеадас і запросив хлопчика на зустріч з вождем - той хотів повідомити йому щось надзвичайно важливе.

Кабеза Релампагея знову був з паном Мірандеріком. Азул вже приготувався увійти в роль перекладача, однак вождь заперечливо похитав головою, даючи зрозуміти, що зараз це не потрібно. Він сказав хлопчикові, що у пана Мірандеріка є дуже важливе повідомлення для нього і зразу ж передав слово директору компанії.

- Мій дорогий друже, - твердим і серйозним голосом почав він, - мені дуже важко про це говорити, але я повинен повідомити тобі цю страшну звістку ...

Азул насторожився, а пан Мірандерік продовжив:

- Це стосується твоїх дорогих тата й мами. Вони повинні були повернутися до тебе близько години тому. Однак по дорозі додому на них напав Лезо Темряви. Наші співробітники та охоронні роботи помітили чудовисько і кинулися на допомогу твоїм батькам, намагаючись застрелити хижака. Але було вже пізно - злісній бестії вдалося вислизнути, забравши з собою їх вже бездиханні тіла ... Азул, хлопчик мій, прийми наші найщиріші співчуття.

Азул стояв як вкопаний. Його розум просто відмовлявся вірити в почуте. Він вже погано сприймав слова директора, який обіцяв йому щомісячну безоплатну допомогу з боку GEC, а також запевнення вождя в наданні хлопчикові захисту всього племені Сололеадас. Адже у Азула відібрали найдорожче, що у нього було в житті - улюблених тата і маму, і ніхто з компанії і племені не міг їх повернути.

Азул вийшов із заціпеніння, повернувся і мовчки покинув хатину вождя.

Лише вдома він дав волю горю, що душило його. Зіщулившись в темному кутку своєї кімнати, він голосно і довго ридав, з болем у серці згадуючи батьків, що так раптово покинули його і, жорстоко проклинаючи Лезо Темряви і пана Імпрудентe, який приніс те прокляте яйце в село. Суміш горя і гніву розпирала груди Азула, вириваючись на волю у вигляді гірких сліз і гучних проклять.

Що йому було тепер робити? Крім своїх батьків і Лінди, у Азула не було близьких йому людей і тепер, коли всі загинули, йому не до кого звернутися ... йому не в силах було повернути ні тата, ні маму, ні кращого і єдиного друга ... йому не було сенсу більше жити ...

Так поступово в мозок хлопчика проникла страшна думка: «Самогубство»...

- Але, схоже, що вона недовго там проіснувала, - тут вставив Джек, - що, звичайно ж, дуже добре. Молодець, хлопче, що взяв себе під контроль!

Я обурено цикнула на мисливця, а потім звернулася до Азула:
- Будь ласка, продовжуй.

Хлопчик і бровою не повів на репліку Джека і відновив розповідь...

Думка була дуже привабливою: вона обіцяла позбавлення від чорної порожнечі, що утворилася в серці і гострого болю, заподіяного нею.

Але тут погляд Азула зупинився на фотографії ще молодих тата й мами, що висіла на протилежній стіні та інша думка, ще більш спокуслива, стала заповнювати розум: «Помста»...

«Я кину виклик вбивці, - гарячково міркував хлопчик. - Я зустрінуся з чудовиськом, і тоді сам Бог вирішить мою долю: або я розділю долю батьків і зустрінуся з ними в іншому світі, або вб'ю прокляту тварюку і помщуся за загибель тата і мами».

Азул знав, що у батька мав бути променевий пістолет для полювання і захисту. Хлопчик уже знаходив його один раз в шафі. Витираючи сльози, він встав і з крижаною упевненістю пішов в батьківську кімнату.

Там стояв повний безлад. Стіл зі стільцями був перекинутий; вміст шафи було розкидано на підлозі; розбита настільна лампа валялася там же; більшість фотографій, що висіли на стінах, ряснили вигадливими візерунками тріщин, а гамак був наполовину розірваний.

«Що тут сталося? - дивувався хлопчик. – Зазвичай, тато завжди був дуже акуратним».

Взявши зі своєї кімнати кишеньковий ліхтарик і включивши його, він став шукати батьківський пістолет. Однак, переворушивши всі речі на підлозі, Азул нічого схожого на зброю не знайшов. Тоді він вирішив скласти все на свої місця і, можливо, в процесі він знайде пістолет. І хлопчик знову став повзати по підлозі, збираючи одяг, книги, зошити та інші речі, як раптом помітив біля перекинутого столу невеликий клаптик паперу. Азул взяв його, і мурашки побігли по його спині...

Тут оповідач потягнувся до книжкової шафи, дістав одну з книг, розкрив її, витягнув звідти шматочок паперу і простягнув його нам. Ми придивилися - на папірці кострубатим почерком було написано:

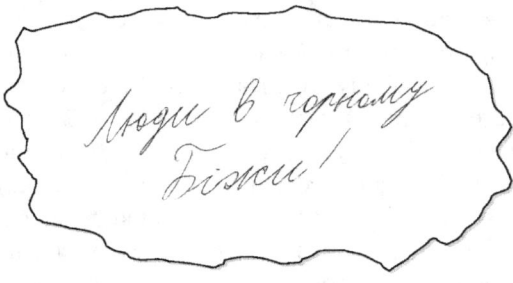

- Той самий клаптик паперу? - вирішила переконатися я.
Азул кивнув і продовжив...

Незважаючи на те, що слова на папірці були написані поспіхом, хлопчик впізнав почерк - це написав його батько.

«Значить, тут замішані й незнайомці в чорній уніформі, які забрали Лінду і її сім'ю, - Азул подумки намагався приєднати знайдений доказ до всієї цієї похмурої історії. - Батьки не йшли працювати над яким-небудь проектом в лабораторію - їх забрали ці люди. Поки мене не було, вони, напевно, увірвалися до нас у дім ... Тато намагався чинити опір ... Проте людей в чорному було багато. Вони схопили тата і маму, відібрали у них пістолет і відвели їх в будівлю лабораторії, попередньо переворушивши всі речі і переконавшись, що в будинку більше немає зброї. Але пан Мірандерік сказав, що їх убило чудовисько ... Виходить, що він обдурив мене і що і він якось замішаний у цій справі ... Можливо навіть, що він навмисно покликав мене на зустріч, щоб я не заважав його негідникам здійснювати злодіяння»...

- Так-так, - знову перервав розповідь Джек, чухаючи своє заросле підборіддя, - цікаві припущення. Мене теж непокоять підозри, що цей гарненький Колобок не чистий на руку, ногу і всі інші частини тіла. А ну, хлопець, давай далі! І, будь ласка, з найдрібнішими подробицями.

Азул слухняно кивнув і повернувся до спогадів...

Знайдена записка додавала нові подробиці до зникнення батьків і істотно змінювала первісну оцінку подій, що відбулися. Але що Азулу було тепер робити? Послухатися батька і бігти в джунглі, згодом ховаючись і намагаючись прожити там без даху над головою, продовольства і в компанії кровожерного хижака? Звернутися за допомогою до Сололеадас, деякі з яких можуть бути у змові з викрадачами і здатні відразу ж видати їм хлопчика? Або ж знайти спосіб пробратися в лабораторію GEC і пошукати ключ до розгадки всієї цієї таємниці там?

Останній варіант представлявся найбільш небезпечним, проте обіцяв деякі цінні результати. Можливо навіть, що батьки Азула все ще живі, і він зможе їх відшукати. Натхнений цією останньою думкою, юний Судоселесте зупинився на третьому варіанті. Він вже не думав про ризик, адже втрачати йому було вже нічого. Прихопивши на додаток до ліхтарика моток манільської мотузки[154], Азул вийшов на ганок хатини.

Ніч була тихою і прохолодною. Тонкий місяць, що тільки народжувався, сяючою дугою вимальовувався на темному небосхилі серед безлічі мерехтливих зірок. Над дахами сільських хатин безшумно пролетів силует кажана.

---

[154] Манільська мотузка - тонкий, гнучкий і міцний трос, виготовлений з судинних волокон черенкової частини листя банана текстильного, або абаки (Musa textilis). Характеризується плямистою поверхнею, яка утворюється від поєднання коричневих і золотистих волокон.

Азул було попрямував до будівлі компанії, але не встиг він зробити і п'яти кроків, як почув шурхіт зліва від себе.

- Азул! - гукнув чийсь слабкий і хриплий, але дуже знайомий голос.

Хлопчик різко повернувся і побачив темну постать людини, що стояла біля вікна і спиралась однією рукою об стіну. Азул включив ліхтарик, спрямував промінь світла на неї і завмер від шоку.

- Синку ... - з ніжною батьківською любов'ю пробелькотала фігура, ледве тримаючись на ногах.

Тут хлопчик вийшов із заціпеніння і, ні секунди не зволікаючи, кинувся до свого батька і міцно обійняв його. Той, у свою чергу, теж ласкаво притиснув сина до себе. Деякий час вони так і стояли, обнявшись і схлипуючи від почуттів. Потім Азул пробурмотів крізь сльози:

- Я вже думав, що вас вбило чудовисько ... Так сказав пан Мірандерік ...

Батько опустився на одне коліно, узяв хлопчика за плечі і пильно подивився йому в очі:

- Мірандерік? Так він тобі сказав? От брехун і пройдисвіт! Насправді чудовисько ...

- А де мама? - раптово запитав Азул.

Томас Судоселесте з сумом опустив голову.

- Її більше немає, - ледь чутно пробурмотів він, - вона не витримала всіх тих мук ...

Потім батько знову глянув в обличчя свого сина і вже в поспіху продовжив:

- Однак у нас обмаль часу - агенти GEC напевно вже прямують сюди. Це вони схопили нас і відвели в лабораторію. Там вчені компанії ставили на нас та інших викрадених Сололеадас якісь експерименти, опромінюючи різними приладами, уколюючи всякі препарати і примушуючи пити огидні рідини ...

Тільки тепер при слабкому світлі ліхтарика Азул звернув увагу на незрозумілі червоні й зелені плями, пухирі і синці на обличчі й тілі батька. А той розповідав далі:

- Це було жахливо! Прикуті до операційних столів, ми корчилися від нестерпного болю у всьому тілі, а їх вчені байдуже дивилися на нас і записували щось у своїх комп'ютерах. Під цими нелюдськими знущаннями мама загинула вже через кілька годин, в результаті чого експерименти перервали і мене відправили у відділення для утримання «піддослідних кроликів», як вони висловилися. Однак по дорозі на нас напало Прокляття Темряви, яке звідкись взялося. Воно кількома потужними ударами пазуристих лап і хвоста швидко вирубило охоронців, але мене чіпати не стало. Замість цього чудовисько обережно рушило вперед по коридору, час від часу озираючись з тихим риком, немов пропонуючи мені слідувати за ним. На допомогу людей там мені розраховувати не доводилося, так що я вирішив прийняти її від звіра і приєднався до нього. На диво, це виявилася надзвичайно кмітлива бестія - Прокляття Темряви спритно і вміло провело мене повз камери, сенсори і охоронних роботів по коридорах, а потім по вентиляційних шахтах, в результаті чого ми невдовзі опинилися на задньому подвір'ї будівлі лабораторії...

«Так ось як новонародженому чудовиську вдалося непоміченим вибратися з лабораторії GEC, - здогадалася я - Але судячи з того, що він це зробив дуже вміло й успішно, та й до того ж з першого разу, Прокляття ... чи то Лезо Темряви повинен володіти неабиякими розумовими здібностями. Не дивно, що йому щоразу вдавалося від нас вислизати».

Так, в черговий раз переконавшись у кмітливості чудовиська, я знову сконцентрувалася на історії Азула...

Батько хлопчика також повідав, що Лезо Темряви і він успішно вибралися з території компанії, так і залишившись непоміченими, після чого несподіваний рятівник повів його крізь нічні джунглі в своє лігво. Це була та сама печера в схилі єдиної гори острова С ***, поціткована таємничими малюнками і знаками, де пан Імпруденте знайшов яйце. Вказавши своєму гостеві на своєрідне гніздо з сухої трави та листя, Лезо Темряви зник в ночі, надавши людині розташовуватися на його розсуд. Так як гніздо було зроблено з колючої Скорпіонової трави, батько Азула не зміг скористатися запропонованим ліжком і йому довелося згорнутися поруч на широкому порослому моху. Змучений проведеними над ним дослідами, він тут же заснув і міцно проспав до самого полудня.

- ... Прокинувшись, - швидко розповідав своєму синові Томас Судоселесте, - я побачив перед собою жменю їстівних ягід і коріння. Будучи страшно голодним, я в одну мить знищив її, потім встав, вмився водою, що капала зі стелі печери і вийшов назовні. Мого несподіваного і незвичайного рятівника ніде не було видно. Тоді я вирішив негайно відправитися додому, щоб побачити тебе і повідомити про всю цю жахливу ситуацію, бо не був впевнений, чи знайшов ти записку, залишену мною під час викрадення, чи ні.

Азул мовчки дістав з кишені клаптик паперу, знайдений в кімнаті батька. Той подивився на неї, схвально кивнув і продовжив:

- Я перетнув ліс, намагаючись не потрапляти нікому на очі, що мені цілком вдалося. Тим не менш, наближаючись до нашого села, я помітив агентів GEC в чорних костюмах, що обшарювали зарості навколо нього. Прийнявши рішення про те, щоб перечекати, поки вони не підуть, я заліз на одне з дерев і зачаївся в його кроні. Лише коли повністю стемніло, я зважився вибратися з укриття і попрямувати до нашої хатини. У вікні своєї кімнати я побачив слабке світло, однак не наважився увійти до будинку, побоюючись, що це могли бути агенти компанії. Лише коли ти, Азул, вийшов, я по зросту впізнав тебе.

Томас Судоселесте ще раз подивився на записку в руці Азула.

- Тепер нам потрібно тікати звідси. Я відведу тебе в лігво Прокяття Темряви. Там ми будемо в безпеці, та й воно буде не проти, як мені здається. Ми погостюємо у чудовиська кілька днів або тижнів, протягом яких я спробую проникнути в лабораторію GEC, визволити інших Сололеадас і відправити сигнал про допомогу. Далі будемо діяти за обставинами.

Хлопчик схвально кивнув.

- Тоді вперед! - тихо скомандував батько, взявши Азула за руку, і обережно попрямував до темної стіни джунглів за хатиною. Син слухняно пішов за ним, попередньо вимкнувши ліхтарик, щоб не видавати їх присутність. Однак цей захід обережності виявився вже зайвим. Не встигли втікачі зробити і п'ятнадцяти кроків, як були засліплені раптово спрямованими на них яскравими променями світла від чотирьох кишенькових ліхтарів.

- Стояти на місці! - долинув суворий голос, що говорив англійською мовою з невідомим Азулу акцентом.

Батько прикрив своїм тілом хлопчика.

- Біжи в хатину і сховайся там, - шепнув він синові.

Але той не поворухнувся.

- Я не кину тебе, тату, - відповів Азул, ще міцніше стискаючи руку батька.

Сліпучі плями ліхтарів повільно, але невблаганно наближалися.

- Азул, любий мій, - благально вимовив Томас Судоселесте, не обертаючись, - ти не повинен потрапити в руки агентів, а повинен бути на волі, щоб при нагоді послати повідомлення з проханням про допомогу на континент. Ніхто ще не знає, що я розповів тобі сьогодні. Переконай Мірандеріка і вождя у своїй незамінній користі як перекладача, і вони не чіпатимуть тебе. Однак доки ми разом, тобі загрожує серйозна небезпека ...

- Навколо світлових плям, що наближалися, стали вимальовуватися силуети чотирьох високих чоловіків міцної статури.

- ... Так що йди, Азул! Біжи! Сховайся! ...

Від незнайомців їх відокремлювали вже лічені метри.

- ... Я люблю тебе, синку.

У променях ліхтарів блиснули стовбури лазерних рушниць.

- Ні ... Я не хочу знову втратити тебе, - пробелькотів Азул, не в силах відпустити батька. Його серце відчайдушно билося, глухими ударами віддаючись в голові.

- Біжи ж! - видихнув старший Судоселесте і потужним ривком звільнив свою руку, а потім поштовхом передпліччя кинув хлопчика на траву позаду себе. Той спробував піднятися, але раптом побачив, як яскрава пляма світла одного з ліхтариків різко сіпнулася, забігала, а потім впала на землю і покотилася по траві. Промені інших ліхтарів стали хаотично обшарювати галявину – їх володарі намагалися з'ясувати, що ж сталося з напарником. Однак того ніде не було видно.

Тут в одному з променів світла промайнуло могутнє лускате тіло, пролунав короткий здавлений крик і ще один ліхтарик упав і покотився по землі. Двоє незнайомців, що залишилися, вмить освітили місце, де секундою раніше стояв їхній товариш: промені світла вихопили з нічної пітьми величезний корпус чудовиська, який тримав у передніх лапах бездиханне тіло своєї другої жертви. Ящір повернув свою витягнуту рогату голову в їхньому напрямку, недбало відкинув здобич в сторону і пригнувся до землі, готуючись до атаки.

- Прокляття Темряви! - полегшено зітхнув Томас Судоселесте. - Він відверне агентів, а ми поки сховаємося.

З цими словами він допоміг синові піднятися і разом вони поспішили геть від місця битви.

- Ціль відходить! - раптово донеслося до Азула, потім пролунав короткий свист, блиснув тонкий блакитний промінь ... Батько різко і шумно зітхнув і вмить, немов підкошений, впав на траву, зачепивши і перекинувши при цьому хлопчика. Той швидко піднявся, увімкнув свій ліхтарик, спрямував промінь світла на свого батька ... і так і завмер від жаху: той лежав без руху обличчям вниз, а в потилиці у нього зяяв і злегка димився отвір від лазерного пострілу.

Усвідомивши, що сталося, Азул кинувся до тіла батька, обхопив його за плечі і беззвучно заплакав. Дізнатися про загибель дорогого серцю людини - це страшний удар, але бути присутнім у момент його смерті і не змогти її запобігти... такого і ворогу не побажаєш!

Скільки часу провів він біля тіла батька Азул не пам'ятав. Але коли він трохи оговтався від такого удару долі і взяв себе в руки, то відчув у себе за спиною чиюсь присутність. Хлопчик схопив ліхтарик, що лежав поруч, різко повернувся і включив пристрій.

Над ним височів Лезо Темряви, який, схиливши голову набік, уважно стежив за Азулом своїми великими жовтими очима. Довгі, тонкі і пазуристі пальці ящера були вимазані кров'ю, а на лусці висіли клаптики одягу незнайомців - все це нагадувало про недавню битву і вказувало на незаперечну перемогу чудовиська в ній.

На одному з клаптиків чорної тканини Азул розрізнив три широко відомі на цьому острові літери: «GEC».

- Отже, люди в чорному - це дійсно агенти пана Мірандеріка, - подумав молодий Судоселесте. - Виходить, що він і його компанія можуть бути причетні практично до всіх зникнень Сололеадас ... GEC використовує наше плем'я для проведення якихось експериментів ... І робить це організовано, прикриваючись легендами про напад хижого чудовиська ... Але що це за експерименти? Яка їх мета? Навіщо? І як взагалі все це можливо і допустимо?

Мозок Азула заскрипів від таких міркувань і питань без єдиного посилання на відповіді.

Лезо Темряви тим часом перевів погляд на тіло Томаса Судоселесте. Уважно оглянувши його голову, він знову глянув на хлопчика і видав протяжне жалібне гарчання, як би співчуваючи Азулу. Потім чудовисько зовсім по-людськи розвів передніми лапами, даючи зрозуміти, що нічим не може допомогти, розвернувся і зник в темряві ночі.

- Стривай! Не йди! - поспішив покликати його Азул. - Мені потрібна твоя допомога!

Але темна стіна джунглів попереду відповіла лише шелестом листя і стрекотінням цвіркунів і цикад. Азул залишився один на полі недавньої битви. Лише зі своїми думками, здогадками, переживаннями і страшним горем.

Юний Судоселесте поховав батька прямо на місці його загибелі. Могилу він постарався зробити якомога більш непомітною, замаскувавши її покровом з гілок і листя. Тіла ж агентів GEC хлопчик перетягнув в джунглі і сховав у густих заростях папороті.

Протягом наступних днів, включаючи і день прибуття на острів Джека і мене, Азул слухняно виконував роль перекладача в племені Сололеадас. З огляду на те, що жоден з агентів GEC не вижив після зустрічі з чудовиськом, ніхто ні в компанії, ні в селі не знав про нічну трагедію за участю хлопчика, а той намагався не викликати зайвих підозр.

Самого Леза Тьемряви Азул з тих самих пір не бачив. Однак в серце молодого Судоселесте жевріла надія, що могутній ящір ще прийде йому на допомогу. І часом хлопчик виходив пізно вночі на задній двір свого спорожнілого будинку до могили батька, там молився за його і мамину душі в іншому світі і кликав чудовисько, намагаючись наслідувати його гарчання. Проте всі спроби були марні - нічний рятівник не з'являвся. А жителі села Сололеадас все також продовжували зникати безвісти, нібито стаючи жертвами чудовиська. І на довершення до всього на острів заявилися ми, мисливці, які пообіцяли вбити Лезо Темряви. Азул вже почав втрачати всяку надію на порятунок Сололеадас...

Ніч повільно відступала. За вікном вологий, свіжий, бадьорий ранок чергового дня вихоплював з напівтемряви все нові об'єкти, ніби відвойовуючи їх у ночі. Небо набуло темно-синього кольору, який поступово ставав все світліше. Пухнасті, повільні, наче ще сонні, хмари обтягнули свої пухкенькі черевця тонкими золотистими тканинами - це промені сонця, що сходило висвітлювали їх знизу. З боку тропічного лісу долинули перші пробні трелі - це пернаті співаки готували свої рожеві глотки до традиційного ранкового концерту.

Азул закінчив свою розповідь вже хвилин п'ять - десять тому. Ми сиділи в повному мовчанні, повільно сортуючи в розумі весь цей склад нової шокуючої інформації. Хлопчик терпляче чекав нашої реакції.

Першим вийшов із заціпеніння Джек. Почухавши свій широкий ніс, він заявив:

- Ну і казочка для шанувальників безсоння! Хлопець, тобі треба своє телевізійне шоу вести «Байки з острова С***» або щось в тому ж дусі. Успіх буде... просто неперевершений!

- Не слухай Джека, - поспішила вставити я, - він жартує часто, але не завжди вдало, - і блиснула очима в бік мисливця, після чого додала: - Азул, ти молодець, що розказав нам. Велике тобі дякую за це! Але зрозумій, будь ласка, твоя історія справді ... скажімо так ... несподівана.

Хлопчик глянув на нас спідлоба.

- Тобто, ви мені не вірите, як і всі інші, - розчаровано буркнув він.

- Ну, як тобі сказати, - зам'ялася я, - розповідь, звісно, може бути цілком правдивою, і ми віримо тобі, Азул, що ти не бажаєш нас обманювати. Однак, ми б хотіли перевірити і уточнити деякі деталі, перш ніж робити які-небудь певні висновки і приступати до рішучих дій. Дозволь нам провести невелике розслідування протягом одного - двох днів, після чого ми повернемося до цієї розмови ...

З боку Джека почулося здавлене позіхання.

- Ну а зараз ми підемо і здрімнемо годинку - іншу перед сьогоднішніми пошуками Леза Темряви. Свіжі сили нам дуже знадобляться.

Після цих слів ми з Джеком встали, ще раз подякували Азулу за щирість, мисливець поплескав його по плечу і ми вийшли з кімнати.

Однак, перед тим як лягти спати, ми влаштували коротку нараду в моїх апартаментах. Темою обговорення була, звичайно ж, історія Азула.

- У чесності хлопчини я не сумніваюся, - тихо висловлював свою думку Джек, стоячи, впершись на бамбукову стіну біля входу в свою кімнату. – Однак, не можу сказати такого про його оповідання: надто вже неймовірно і неправдоподібно воно звучить.

- Неймовірність суб'єктивна, - відповіла я, сидячи в гамаку, і тут же підтвердила цей вираз прикладом: - Неймовірно, що ссавець качконіс[155]

---

[155] Качконіс (лат. "Ornithorhynchus anatinus") - водоплавний ссавець і єдиний представник сімейства качконосових (Ornithorhynchidae) із розряду

відкладає яйця. Але воно це робить, незважаючи на нашу думку про цей факт ...

Я замислилася на секунду, а потім продовжила:

- Тим не менш, розповідь його може бути результатом психічного розладу, тобто психозу[156]. Втрата батьків могла дезорієнтувати розум Азула, змінивши його сприйняття навколишнього світу і змусивши доповнювати його все новими придуманими деталями.

- Так, таке можливо, - кивнув мій напарник. - Але, з іншого боку, Колобок і цей пихатий професор-заучка ...

- Не говори так про Альфреда! - заступилася я за доктора Краймерса, але Джек проігнорував мої слова.

- ... Вони точно щось недоговорюють ... і приховують ... в північній частині острова, де саме і знаходиться печера Леза Темряви.

Мисливець звернув на мене погляд, сповнений твердої чоловічої рішучості.

- Моє мисливське чуття підказує, що ключ до цієї проклятої загадки ми знайдемо в кузні, де його викували, тобто у джерелі всього цього гармидеру - лігві Леза Темряви. І нехай мене чекає доля євнуха[157] в жіночій лазні, якщо воно мене обманює!

- Не турбуйся, тобі це не загрожує ... Я маю на увазі жіночу лазню. Про євнуха нічого не можу сказати, - усміхнулася я, - справа в тому, що твоє чуття підтверджується ще простою логікою: в печері знайшли яйце чудовиська, а також незрозумілі ієрогліфи на її стінах, туди ж, судячи з розповіді Азула, привів його батька Лезо Темряви, і, нарешті, туди нам не дає потрапити пан Мірандерік.

- Тоді нам потрібно потрапити в цю печеру якомога швидше! - Джек рішуче вдарив кулаком по стіні, від чого вона обурено затріщала. - Завтра розробимо план проникнення в лігво ящера, а післязавтра рано вранці втілимо його в життя.

однопрохідних, або яйцевідкладаючих (Monotremata). Ці унікальні звірі характеризуються плоским хвостом і дзьобом, лапами з плавальними перетинками, залозами з отрутою в задніх ногах, здатністю вловлювати слабкі електричні поля, а також відкладанням яєць. Качконоси зустрічаються тільки в Австралії і Тасманії.

[156] Психоз (др.-греч. "Ψύχωσις" - душевний розлад) - порушення психічної діяльності, при якому спостерігається протиріччя між психічними реакціями і реальною ситуацією. Це відображається в розладі сприйняття реального світу і дезорганізації поведінки.

[157] Євнух (др.-греч. "Εὐνοῦχος" - охороняє ложе) - кастрований (оскоплений) чоловік. Історично так називали кастрованих слуг при гаремах східних владик і вельмож.

На тому і вирішили. Після цього Джек пішов до себе і незабаром з його кімнати почувся гучний храп.

Я ненадовго затрималася біля комп'ютера, щоб зробити кілька заміток про історію юного Судоселесте у своєму щоденнику, а потім теж влаштувалася в гамаку і заснула.

Однак перед тим як заснути, я помітила, як золотисті сонячні промені увірвалися через вікно в кімнату і освітлили кіготь Леза Темряви, який лежав на столі.

Розділ XV.
Спокій та ураган.

Прокинулася я від наполегливого реву передавача. Пристрій невпинно гудів і вібрував на столі, немов заводна іграшка.

Я ліниво потягнулася, присіла в гамаку, протерла злиплі повіки, знехотя вибралася зі своєї постелі, хиткою ходою дійшла до столу, взяла передавач, що надривався і клацнула вимикач.

- Я слухаю, - пробурмотіла я, все ще приходячи до тями після дрімоти.

З переговорного пристрою долинуло вітання доктора Краймерса, а потім і запрошення на сніданок в його кабінеті. Від його бадьорого голосу я остаточно прокинулася і, попередньо подякувавши за запрошення, з радістю прийняла його. Ми домовилися через годину зустрітися біля головного входу в будівлю лабораторії, після чого я вимкнула передавач і поклала його на стіл.

Кіготь Леза Темряви лежав на столі.

Однак було в ньому щось дивне ... Виглядав він злегка по-іншому. Я і раніше помітила, що в ньому відбулися деякі зміни. Тільки ось які, я ніяк не могла зрозуміти.

Я взяла горезвісний амулет і стала крутити його в руках, пильно розглядаючи від кінчика до основи: ті ж злегка загнуті вістрі, той же ріжучий край з зазублинами, блискуча поверхня, просвердлений отвір ...

Ось воно! Отвір! Він якимось чином повністю заріс, поглинувши сегмент мотузки з ліани, що проходив крізь нього.

«Як це могло статися? Адже тканина кігтя вже давно мертва», - задалася я питанням, розглядаючи новий вигляд амулету. Випадково я кинула погляд на передавач на столі і тільки тут я все зрозуміла: «Минулого разу, коли Альфред зв'язувався зі мною і запрошував до себе, я випадково розлила на цей кіготь змінений басіліськолін, який витягла з екскрементів Леза Темряви. Речовина вбралася в тканину кігтя, і його чудові властивості викликали пожвавлення і активне відновлення відмерлих клітин, тобто їх регенерацію».

Поступово окремі спостереження і факти зв'язувалися в моїх думках в єдиний логічний ланцюжок: «Лезо Темряви поїдає Скорпіонову траву. Особливі з'єднання в його слині вступають в реакцію з отрутою басіліксоліном, надаючи басіліксоліну регенеруючу властивість, подібно до того, як GEC отримує з цієї отрути метілгетеродонолін оброблений, який викоритовують в медикаментах компанії.

Тільки у чудовиська, завдяки ферментам[158], що знаходяться знову ж таки в його слині і, які є набагато ефективніше штучних каталізаторів GEC, цей процес здійснюється набагато швидше, простіше й ефективніше, як і все інше при порівнянні досягнень Людини і Природи».

Я поклала кіготь назад на стіл. А думка в цей час йшла далі: «Таким чином, Лезо Темряви отримує запас лікарського засобу, що скупчується в його слинних залозах або десь поруч з ними. При пораненні, навіть надзвичайно серйозному, чудовисько змочує рану слиною, яка не тільки дезінфікує її, завдяки ферменту лізоциму[159], що входить до складу слини будь-якої тварини, але і значно стимулює відновлення клітин і тканин через присутність у ній зміненого басіліксоліна. Саме завдяки цій особливості, ящерові вдавалося виживати і відновлюватися навіть після дуже запеклого обстрілу роботами і снайперами GEC. Отже, виходить, що Лезо Темряви ... практично невразливий!».

Від останньої думки у мене всередині все похололо - відчуття було таке, наче мені крижаної води налили в хребетний стовп.

«Але в такому разі, - прошепотіла я сама собі, - як же ми його вб'ємо? ... Та й чи потрібно?».

Відповідей, звісно ж, не знайшлося. Тому я вирішила поки викласти всі сьогоднішні спостереження і думки в щоденник, а потім подумати над питаннями, що виникли. А руки вже самі включили комп'ютер і опустилися на клавіатуру.

В процесі набору тексту я почула за спиною ліниве човгання босих ніг по підлозі і глибоке позіхання. Не обертаючись і не припиняючи біганину пальців по клавішах, я вітала свого напарника:

---

[158] Ферменти або ензими (лат. "Fermentum" - закваска) - білкові молекули, що прискорюють або сповільнюють хімічні реакції в живих організмах. Здатні підвищувати реакції в мільйони і мільярди разів. Наявні у всіх живих клітинах і сприяють перетворенню одних речовин в інші, тим самим відіграючи важливу роль у регулюванні обміну речовин в організмі.
[159] Лізоцим або мурамідаза - антибактеріальний фермент, присутній у великих кількостях в слині організмів тварин, а також в сльозах, грудному молоці, слизу носоглотки і слизовій оболонці шлунка та кишковика. Використовується в харчовій промисловості як харчова добавки, а також у медицині як антисептик.

- Доброго ранку, Джек! Як спалося?

У відповідь прозвучало невиразне сонне бурмотіння.

- Прекрасно, - незворушно продовжила я. - Слухай, я тут щойно з'ясувала дуже цікаве явище, що наштовхнуло мене на деякі роздуми ... - і розповіла мисливцеві про своє спостереження і всі припущення.

Спочатку відповіддю мені було мовчання, потім я відчула теплий подих над правим вухом - це Джек уважно розглядав кіготь чудовиська на столі.

- Отже, наша мета - це травоїдна, надзвичайно кмітлива тварюка, здатна до самовідновлювання, - зробив висновок для всіх наших спостережень Джек.

Я стверджувально кивнула, продовжуючи друкувати.

- Хоча, - задумався мисливець, - невразливість чудовиська не може бути абсолютною. Упевнений, що якщо зарядити йому розривною кулею або іонним променем між очей, то все, що у нього відповідає за відновлення, буде повільно стікати з гілок дерев навколо. Та й інші характеристики та особливості Леза Темряви поки ще залишаються під сумнівом ... принаймні для мене.

Тут я перервала свою роботу над щоденником і повернулася до Джека. Той стояв поруч в одних шортах і задумливо дивився то на кіготь-амулет, то на екран мого комп'ютера, чухаючи при цьому своє щетинисте підборіддя.

- А скажи-но мені: виходячи з усього, що ми змогли дізнатися, чи можемо ми вже заявити, що чудовисько непричетне до загибелі людей на цьому острові? І в такому випадку чи є сенс його вбивати?

Мисливець перевів погляд на мене.

- Ну-у ... - протягнув він, - по-перше, ми підписали контракт; по-друге, нам за це платять і аванс ми вже отримали; по-третє, вся інформація ще потребує ретельної перевірки; по-четверте ...

- Лезо Темряви може бути одним з небагатьох, якщо не єдиним екземпляром свого виду, - перервала я його, намагаючись натиснути на кнопки розсудливості в його мисливській логіці, - і ти сам знаєш, до яких наслідків може призвести повне винищення будь-якого виду.

Тактика спрацювала.

- Так, це ти вірно підмітила, красуне, - погодився Джек, згадавши даний мені епітет. - І це ще раз говорить на користь нашого наміру проникнути в печеру чудовиська і прочесати там все вздовж і впоперек, обстежити його гніздо, вивчити малюнки і символи або що там, кажуть, написано на стінах тієї печери. Для цього знадобиться певне обладнання і вибір відповідного моменту та й Колобка з його прихвоснем потрібно якось відволікти ... Необхідно скласти план ... Прямо зараз!

Я кинула погляд на годинник.

- Зараз не вийде, - повідомила я Джеку, повертаючись до комп'ютера, щоб зберегти записи і вимкнути його, - я домовилася про зустріч сьогодні і скоро вже повинна йти. Скільки вона триватиме, не знаю. Так що обговоримо все ввечері.

Екран монітора виключився.

- Краймерс?! - досить голосно пролунало питання мисливця. І мені здалося, що я почула скрегіт зубів на звуці «с».

- Ну ... так.

Я встала, щоб вмитися і переодягнутися.

Джек не ворухнувся. Його погляд холодним і гострим скальпелем встромився в мене.

- У нас немає на це часу! - люто заявив він. - Ми припхалися на цей диявольський острів, щоб полювати на чудовисько-вбивцю, а не цілуватися з бовдурами-заучками!

Ось тут полум'я обурення знову охопило мій розум.

- Хто це цілується?! - вигукнула я, стискаючи кулаки. - До твого відома, ми з Альфредом провели час у наукових бесідах, які наштовхнули мене на багато цікавих думок. Та й твої образи на його адресу теж безпідставні і безглузді. Альфред дуже розумний і може розповісти багато цікавого і корисного, на відміну від деяких інших, - я блиснула очима на мисливця. - Він казав ...

- Саме так - казав! - огризнувся Джек. - Краймерс тільки й робить, що базікає! Схоже, мова - це єдине, чим твій дружок вміє ворушити!

Від цієї його фрази я розсміялася:

- Ой, ну ти видав! Ніби у тебе багато чого ворушиться! Альфред практично ідеальний чоловік. Та будь ти хоч на одну третину таким, як він, у тебе б уже давно була любляча дружина і парочка веселих і енергійних карапузів!

- Так присісти мені в пащу кайману[160], якщо я на хоч краплю уподібнюся Краймерсу! - вигукнув Джек і для більш яскравого вираження свого ставлення до об'єкта сварки енергійно сплюнув у вікно. - А щодо дружини ... так може, я підбираю собі саму, саму ... може, у мене до жінок вимоги високі ... може, я хочу, щоб вона була моєю єдиною і неповторною обраницею, якій я все своє життя готовий буду віддати ... на відміну від ДЕЯКИХ ІНШИХ, - мисливець постарався якомога

---

[160] Каймани (лат. "Caiman") - хижі плазуни з сімейства алігаторів (Alligatoridae). Від алігаторів і справжніх крокодилів відрізняються наявністю кісткового черевного панцира. Поширені в Центральній і Південній Америці. Розрізняють 3 види кайманів: крокодиловий (Caiman crocodilus), широкомордий (Caiman latirostris) і парагвайський (Caiman yacare) кайман.

більше натяку вкласти в ці слова, - які спокушають дівчину, отримують від неї все, що хотіли, а потім кидають її і переходять до наступної.

— Та що ти розумієш ... - почала було я, але нашу суперечку перервав третій голос. Він звучав м'яко і спокійно, чим сильно резонував з нашими гучними, різкими і роздратованими тонами.

— Як вам не совісно! Такий галас здійняли через дрібницю ...

Ми обернулися. У дверях стояв Азул. Він похитав головою і продовжив:

— І взагалі, що ви намагаєтеся довести? До якого результату ви сподіваєтеся прийти? До істини? Мій тато вчив мене, що в суперечці, а тим більше в сварці, ніколи не народжується істина, тому що оцінка світу завжди суб'єктивна і істина у кожного своя. Він говорив, що у сварці визначається лише переможець, але це найчастіше відбувається ціною взаємних образ, зруйнованих нервів і гірких сліз. А уявіть, що ви разом одна родина і при цій сварці присутні ваші діти ...

— Ми ніколи не будемо разом! - в один голос вигукнули ми, і цю секунду очі наші знову зустрілися. Здавалося, що в той момент нашими поглядами можна було свердлити метал.

Потім Джек грізно пирхнув, розвернувся і зумисне різко пішов до себе в кімнату. Я хмикнула йому вслід, після чого схопила зубну щітку з пастою і пройшла повз Азула на ганок хатини і далі до струмка. Хлопчик же, мабуть, задоволений результатом своєї промови, мовчки повернувся в свою кімнату.

Нашвидку вмившись і одягнувшись, я вирушила на зустріч з доктором Краймерсом. Коли я підійшла до лабораторії GEC, той уже чекав мене біля входу, як і минулого разу в елегантному чорному костюмі і ретельно випрасуваній білій сорочці. Він, схоже, побачив у виразі мого обличчя сліди недавньої сварки з Джеком і тому запитав:

— Джессі, з Вами все гаразд?

— Так-так ... все добре ... не виспалась просто, - відмахнулася я. - Може, підемо?

Альфред розуміюче кивнув, взяв мене за талію, відчинив вхідні двері і провів мене по коридорах лабораторного комплексу в знайомі мені вже апартаменти.

Як і при першому моєму візиті, доктор Краймерс заздалегідь подбав про те, щоб до нашого приходу стіл був накритий: на ньому вже парував і пахнув вишуканий сніданок. Безсумнівно, після ніжного омлету з перепелиних[161] яєць з чорною ікрою і креветковим соусом,

---

[161] Перепелиця (лат. "Coturnix coturnix") - невеликі птахи з сімейства фазанових (Phasianidae). Довжина тіла 16-20см. Оперення охристого кольору з бурими плямами і смужками. Яйця перепелиць також покриті бурими

давньоруськими котлетами з молдавським сиром-бринзой[162], ніжного тістечка тірамісу[163] і криваво-червоного напівсолодкого французького вина «Марселан»[164] з особистого льоху пана Мірандеріка я зовсім забула про ранкову сварку і повністю занурилася в перипетії наукової дискусії з організатором цієї чудової зустрічі.

Віддавшись в м'які обійми шкіряних крісел і насолоджуючись вином, ми продовжили розмову про «феномен індіго», розпочату під час нашого спільного обіду в їдальні лабораторії позавчора. Як я вже зазначала раніше, доктор Краймерс протягом п'ятнадцяти років працював у проекті з дослідження ДНК «людей індіго». І тепер, як досвідчений фахівець у цій галузі, він висловлював свою думку про виникнення цього нового виду людей на нашій планеті. Я вже знала про те, що існує кілька теорій і легенд з цього питання: одні пов'язують їх появу з активністю інопланетян на Землі - мовляв, «індіго» є їх агентами для вивчення людства; інші вважають цих гомінід ангелами, посланниками Господа Бога для оповіщення про прийдешній Кінець Світу; треті, навпаки, відносять «індіго» до слуг Диявола, які допомагають йому сіяти хаос і руйнування і так далі. Альфред ж дотримувався найпоширенішої наукової гіпотези, яка стверджувала, що основою виникнення і розвитку «феномена індіго» є така важлива шестерня в механізмі еволюції, як мутаційна мінливість, тобто, зміна різних ознак у організмів під впливом мутацій.

Мутація - це досить рідкісна, випадкова, але стійка зміна генетичного коду (найбільш часто зустрічається генна мутація), структури хромосом (хромосомна мутація) або їх кількості (геномна мутація) в організмі під впливом зовнішнього або внутрішнього середовища. Незважаючи на загальноприйняту думку про шкоду мутацій, вони також можуть <u>бути корисні, тобто, сприяти кращій адаптації організму</u> до умов плямами. Поширені в Європі, Африці і Західній Азії. Людина вживає м'ясо і яйця перепелиць в їжу. Перепел був першою живою істотою Землі, що народилася в космосі на орбітальній станції «Мир» в 1990 р.

[162] Бринза - сир з овечого молока, який дозріває в розсолі і тому має водянисту концентрацію і високий вміст солі. Колір - від чисто білого до світло-жовтого. Є важливим складовим молдавської, румунської, української та балканської кухонь з найдавніших часів.

[163] Тірамісу (італ. "Tiramisù" - вознеси мене) - італійський багатошаровий десерт, до складу якого входять курячі яйця, вершковий сир маскапоне, кава, цукор і бісквітне печиво савоярді. Дуже популярний у світі і зустрічається в декількох адаптаціях рецепта. Перший письмовий опис тірамісу датується 1971 роком.

[164] «Марселан» (фр. "Marselan") - марка червоного вина з сорту винограду Марселан, який є продуктом схрещування сортів Каберне Совіньон і Гренаш. Виробляється у Франції та Південній Америці.

навколишнього середовища, або нейтральні - ніяк не позначатися на життєдіяльності об'єкта впливу. Однак, незважаючи на характер мутаційної мінливості і рідкості її виникнення, вона характеризується тим, що може стійко передаватися з покоління в покоління, разом з тим роблячи істотний внесок в освіту та еволюційний розвиток нових видів живих істот. Це положення теорії мутацій[165] справедливе і для «індіго», які шляхом активного накопичення корисних мутацій поступово виробили в собі різні надлюдські здібності і з людей розумних еволюціонували в новий різновид мислячих організмів.

Однак, що ж стало поштовхом до виникнення у них активних мутацій? Як відомо, існують три групи факторів, що роблять найбільш сильну мутагенну дію на організм: це фізичні (радіаційне, електромагнітне і ультрафіолетове випромінювання), хімічні (деякі пестициди, харчові добавки, лікарські препарати та інші речовини та їх сполуки) і біологічні (в основному, віруси) чинники. У науковому світі їх називають мутагенами. Всі вони здатні збільшувати частоту виникнення та інтенсивність природного мутаційного процесу в сотні і навіть тисячі разів, причому у всіх живих організмах і при дії в дуже малих дозах.

На сьогодні середовище існування людини рясніє найсильнішими мутагенами, без яких сучасне суспільство, як не дивно, не може обійтися. Це випромінювання від телевізорів і комп'ютерних моніторів, рентгенівські промені в медичних установах і пунктах митного контролю, радіаційне випромінювання від ядерних реакторів, хімічні речовини в медикаментах, продуктах харчування та питній воді, а також нові різновиди вірусних інфекцій. Всі вони певною мірою здійснюють прямий або непрямий вплив на ДНК людини, підвищуючи ймовірність виникнення того чи іншого типу мутацій. Звичайно, далеко не кожна зміна її структури неодмінно переходить в мутаційний процес. Часто відбувається «виправлення помилок», тобто, відновлення пошкодженої ділянки ДНК за допомогою особливих ферментів. Це явище носить назву «репарація». Тим не менш, вона не завжди ефективна, та й вплив згаданих раніше мутагенів може бути дуже сильним. І з розвитком цивілізації цей вплив все зростає, приводячи до того, що мутації у людей виникають все частіше. Багато хто з них, безсумнівно, шкідливі і стають причиною різних каліцтв і важких спадкових захворювань. Але все ж окремі мутації призводять до виникнення і розвитку нових здібностей, які допомагають їх власникам адаптуватися до мутагенного середовища, що швидко змінюється, і процвітати в ньому. Такі мутаційні зміни

---

[165] Теорія мутацій або мутаційна теорія - розділ науки генетики, що містить основи генетичної мінливості та еволюції. Теорія мутацій зародилася в 1899-1903 рр. завдяки вченим Коржинському і Де Фріз.

зберігаються і передаються наступним поколінням. Так поступово і формується новий, більш пристосований до сучасного довкілля вид людей, яких називають «індіго».

Тим не менш, деякі вчені, в тому числі й Альфред, вважають, що «люди індіго» - це ще не остаточно сформований вид, а лише проміжна ступінь між Людиною розумною і її майбутньою еволюційною формою. Природа ніби випробовує на них ефективність різних адаптивних здібностей за допомогою мутацій: малоефективні здібності будуть поступово відсіяні в процесі природного відбору[166], а дійсно корисні та необхідні стануть невід'ємними характеристиками людини майбутнього. У певний момент відмінності між Людиною розумною та «індіго» стануть настільки суттєвими, що ці організми будуть несумісними ні біологічно, ні психологічно, ні соціально. І тоді відбудеться біологічна ізоляція, що знаменує існування на Землі двох різних видів людей. І якщо зазначена теорія вірна, то очікується, що новий вид запросто витіснить свого прабатька і сусіда в боротьбі за існування на виснаженій людською активністю планеті ...

Всю цю вкрай цікаву для мене розповідь доктор Краймерс активно ілюстрував зразками своїх наукових статей і книг, а також різними державними нагородами за заслуги в галузі генетики, дістаючи їх з численних шаф і полиць в кабінеті. Навіть прибульцю з іншої планети було б зрозуміло, як оповідач пишався своїми досягненнями і заслугами і яке задоволення йому приносило їх публічне визнання. «Все ж Альфреду варто було б бути трохи скромнішим і віддавати належне іншим ученим, - промайнуло у мене в голові. - Не один же ж він працював в рамках цього наукового проекту». Вголос же я нічого не сказала і надала співрозмовнику можливість показати себе з найкращого боку.

І наукова бесіда тривала. На певному її етапі, коли ми перейшли до обговорення майбутнього людського роду і коли слова Альфреда твердо переконали мене в його виняткових здібностях в науці і відсутності у нього скромності, а вино - в його щедрості і гостинності, доктор Краймерс посміхнувся, вклавши в цю усмішку весь свій запас привітності та невинного інтересу, і промовив:

- Ну, досить про «індіго» і тим більше про мене. Адже я всього лише скромний науковець з деякими цікавими теоріями і досягненнями.

---

[166] Природний відбір - процес, під час якого число організмів з найкращою пристосованістю до навколишнього середовища збільшується, а кількість менш пристосованих - зменшується. Рушійним чинником цього процесу є спадкові зміни, що накопичуються з покоління в покоління. Цей термін почав широко використовуватися в теорії еволюції завдяки Чарльзу Дарвіну і його книзі «Походження видів», в якій натураліст вказав на природний відбір як на одну з основних рушійних сил еволюції.

Ви ж, дорога Джессі, викликаєте у мене щире захоплення як видатний вчений у своїй галузі ... ну і як просто прекрасна жінка...

Я відчула, як ціле цунамі фарби захльостує моє обличчя. А мій співрозмовник як ні в чому не бувало продовжував:

- Я впевнений, що і Вам є чим похвалитися перед науковим світом. Взяти хоча б, скажімо, цю таємничу істоту - Лезо Темряви. Ви вже, напевно, можете багато чого розповісти про його раціон харчування, спосіб полювання, звички і деякі особливості чудовиська, тільки лише виходячи з Ваших спостережень і аналізу його екскрементів. Адже так?

Я відчула, як всередині мене повільно піднялося бажання відповісти на цей виклик: похвалитися своїми результатами і сміливими здогадками, виправдати його впевненість у моїх здібностях і підвищити свою оцінку в його очах. Якщо це бажання можна було представити як річ, то воно було б м'яким, теплим, пухнастим, приємним на дотик і солодким, злегка нудотним на смак. Я глянула в очі Альфреда. Вони були наповнені чистим, живим інтересом. Нічим більше. Тоді я ще раз «доторкнулася» до бажання, яке виникло. Воно обволокло моє внутрішнє «я» дурманним рожевим серпанком. Я не втрималася ...

Доктор Краймерс з великою увагою вислухав мою розповідь про спостереження в джунглях, про зустріч з Лезом Темряви, про аналіз кігтя - амулета, шматочка стебла Скорпіонової трави і екскрементів чудовиська, а також про мої останні висновки, занесені до щоденника. Альфред був вельми вражений.

- Дуже цікаво! - вигукнув він. - Які сміливі припущення! Ми їх обов'язково перевіримо, коли зловимо цю тварюку. Можливо, в наших руках опиниться джерело найцінніших наукових відкриттів в біології, генетиці та медицині, які допоможуть багатьом людям ... та заодно і нас прославлять ще більше ... Ох, прошу вибачення! Здається, мені телефонують.

Доктор Краймерс поліз у кишеню штанів і дістав звідти сучасний і вельми дорогий голографічний телефон[167]. Поглянувши на мініатюрний екран, розташований під голографічним прожектором телефону, він відразу ж підвівся і сказав мені:

- Я прошу мене вибачити, Джессі, але мені доведеться залишити Вас на пару хвилин. Дуже важливий дзвінок.

З цими словами Альфред ввічливо кивнув мені і вийшов з кімнати.

Я задумливо провела його поглядом. Потім глянула на своє відображення в залишку криваво-червоного вина на дні свого келиха. Я була дуже задоволена сьогоднішньою бесідою в компанії доктора Краймерса, але моя надмірна відвертість з ним мене дещо насторожувала.

---

[167] Голографічний передавач - переговорний пристрій, що дозволяє приймати і передавати тривимірні зображення співрозмовників в реальному часі.

Я визнавала той факт, що Альфред викликав в мені більше ніж просто симпатію: схоже, що це була людина, яку я шукала все життя. І тепер я вдалася до всіляких способів, щоб зблизитися з ним і утримати його поруч із собою. Нехай навіть мені доведеться повністю відкритися і розповісти йому про всі свої відкриття та таємниці.

Однак з глибин розуму Свідомість пильно спостерігала за моїми думками і вчинками. «Як би це не призвело до біди ...» - застережливо прошепотіло воно.

До кімнати увійшов Альфред.

- Від справ можна втекти, але неможливо сховатися, - сказав він і кивнув на телефон у своїй руці, - особливо в еру високих технологій.

- Це був пан Мірандерік, вірно? - здогадалася я. - Ви вже розповіли йому про мої спостереження та висновки про чудовисько?

- Так, це був він, - підтвердив Альфред, - але ні, я йому не сказав про це. Я вважав за потрібне спочатку запитати Вашого дозволу.

- Правильно, - з полегшенням видихнула я, - нехай поки це все залишиться між нами. Коли ми зловимо Лезо Темряви, то зможемо підтвердити або спростувати мої припущення і тоді вже надамо їм загального розголосу.

- Як скажете, - знизав плечима доктор Краймерс. - До речі, про Лео: він запрошує нас зараз спуститися в їдальню і пообідати з ним. Сьогодні наш шеф-кухар з Японії приготував вишуканий делікатес: рибу фугу[168]. Ви, Джессі, бажаєте приєднатися?

Я, звісно ж, чула про рибу фугу. Це досить велика риба, яскраве забарвлення якої слугує вказівкою на надзвичайну отруйність м'яса і деяких органів свого володаря. Отрута її паралізує м'язову тканину, включаючи і дихальні м'язи, що призводить до зупинки дихання і смерті. Тим не менш, в Японії та деяких інших країнах цю смертоносну рибу вживають в їжу і вона вважається делікатесною стравою. Секрет знешкодження її м'яса полягає в особливому вмінні його приготувати. Проте варто лише трішки помилитися і відвідувачів ресторану, які скуштували цю страву, доведеться виносити вперед ногами. Тому лише небагатьом, найкращим майстрам кухні, які пройшли спеціальне навчання і мають ліцензію дозволяється готувати рибу фугу. Безперечно, такі кухарі-аси користуються великою пошаною і повагою.

---

[168] Риби-фугу або бурі скалозуби (лат. "Takifugu rubripes") - великі морські риби з сімейства голкобрюхів (Tetraodontidae). Тіло довжиною від 40 до 80 см вкрито колючками. Їх шкіра, печінка, яєчники, ікра, кишечник і деякі інші органи містять смертельну дозу отрути тетродотоксина. Мешкають в північно-західній частині Тихого Океану. Незважаючи на отруйність, м'ясо риб-фугу при особливій техніці обробки і приготування вживається в їжу.

З огляду на те, що мені жодного разу не доводилося куштувати м'ясо фугу через його вартість, я без зволікання погодилася.

Ми пройшли до їдальні лабораторії. Пан Мірандерік вже чекав нас за своїм столом, як завжди заставленим різноманітними стравами, які наповнювали привабливими ароматами всю їдальню. Цього разу в її просторому приміщенні було набагато жвавіше: за рештою столів, накритими дещо скромніше, їли і ділилися останніми новинами численні співробітники компанії - дослідники, інженери, програмісти, техніки, керівники секторів і відділів та інші. Деякі з них звернули на мене увагу, але помітивши поруч доктора Краймерса, швидко відвернулися і стали про щось перешіптуватися між собою. З динаміків, вбудованих в стіни і стелю приміщення, долинала приємна класична музика. «З опери «Євгеній Онегін» російського композитора Петра Ілліча Чайковського[169], -впізнала я твір і подумала: - Дивно, як музика, написана ще в далекі тисяча вісімсоті роки, й до тепер є досить відомою і шанованою, в той час як популярні хіти минулих десятиліть «померли» протягом кількох років».

Ми підійшли до обіднього столу пана Мірандеріка. Той встав, посміхнувся, вітаючи нас, і запропонував приєднатися до його скромної (ті зі співробітників, які почули цей прикметник, здивовано обернулися) трапези. Альфред підсунув мені стілець і ми всі троє сіли за стіл.

Протягом усього обіду працівники компанії іноді кидали в мою сторону зацікавлені погляди. Лео помітив це і повідомив мені, що гості в лабораторії - досить рідкісне явище і тому кожен відвідувач відразу ж стає об'єктом загального інтересу. «... Особливо, якщо відвідувач - це прекрасна й надзвичайно розумна дівчина», - підморгнув мені директор GEC.

Незважаючи на цю підвищену увагу, обід пройшов якнайкраще. Ніжне м'ясо риби фугу, що викликало легку ейфорію від залишкової кількості отрути в ньому, а також інші страви японської кухні мені дуже сподобалися - кухар, який приготував їх, дійсно був майстром своєї справи. Класична музика на фоновому плані усолоджувала слух і сприяла заспокоєнню і насолоді їжею. Та й неквапна бесіда в гарній компанії Альфреда доповнювала це приємне проведення часу.

---

[169] Чайковський Петро Ілліч (1840-1893) - відомий російський композитор, диригент і музично-громадський діяч. Автор понад 80 творів, включаючи десять опер («Воєвода», «Ундіна», «Опричник», «Євгеній Онегін», «Орлеанська діва», «Мазепа», «Черевички», «Чародійка», «Пікова дама» і «Іоланта ») і трьох балетів («Лебедине озеро», «Спляча красуня» і «Лускунчик»). На його честь названо багато музичних установ та вулиці міст в Росії, Україні, Казахстані та інших країнах, а також один з кратерів на планеті Меркурій.

Для початку пан Мірандерік поцікавився, як ми провели ранок і чи залишилася я задоволена. І Лео, і Альфред помітно підбадьорилися, коли я підтвердила, що сьогоднішній ранок і сніданок в апартаментах доктора Краймерса були просто чудовими. Далі, директор GEC повідомив мені, що в цей момент його снайпери і мисливці разом з Джеком аналізують дані про появу і переміщення Леза Темряви, зібрані роботами-спостерігачами «Сінокосцями» і нами під час походів в різні частини острова С***. Це має допомогти в розподілі автоматичних гармат «Каракуртів» та класу «Кліщ», лазерних огорож та інших пасток на цій території, а також визначити найбільш вірогідне розташування цілі у фінальний день полювання, намічений паном Мірандеріком на післязавтра. «... До того ж, сьогодні мають прибути контейнери з партією нових бойових машин «Мелеагрісів», - з азартом дитини, яка отримала дорогу іграшку, поінформував мене Лео, - так що пізніше Джек допоможе службовцям компанії розвантажити і підготувати їх до експлуатації для призначеного дня».

Те, чим був зайнятий Джек в мою відсутність, мене аніскільки не цікавило ... у всякому разі я намагалася переконати себе в цьому. А ось бойові машини спонукали мене задати вельми сміливе і актуальне питання:
- Скажіть, Лео, а звідки у такої фармацевтичної компанії, нехай навіть і глобального рівня, як GEC, більш ніж хороший доступ до найсучасніших видів озброєння? Хіба ви збираєтеся оголошувати комусь війну?

На це пан Мірандерік енергійно засміявся, а доктор Краймерс впустив своє вагасі[170] в чай, винувато посміхнувся і взявся виловлювати його паличками для їжі. Це ще більше розсмішило директора і той відкинувся на спинку стільця і залився оглушливим низьким сміхом, приковуючи до себе здивовані погляди оточуючих. Я зберігала серйозний вигляд, натякаючи на важливість свого питання і не розуміючи причини подібної реакції. Нарешті, закінчивши сміятися і утерши виступаючі сльози, Лео пояснив:

- Ні, моя мила Джессі, воювати ми ні з ким не збираємося. А військові технології нам необхідні для охорони наших винаходів та інновацій. Адже багато з них настільки гарні і унікальні, що наші конкуренти сплять і бачать, як би накласти свої, не завжди чисті руки, на наші досягнення. І для того, щоб відігнати найбільш настирливих «мух», доводиться постійно закуповувати й удосконалювати «мухобійки», - пан Мірандерік неабияк сьорбнув чаю зі своєї об'ємної кухлі з написом

---

[170] Вагасі - традиційні солодощі з Японії. Готуються з різних натуральних продуктів таких як: рис, червона квасоля, батат, каштан, рослинний желатин, різні трави та чаї. Вперше стали виготовлятися на Японських островах в 700-х роках.

«Великий Бос» і продовжив: - Звідки ми дістаємо останні новинки озброєння? Відповісти на це питання дуже просто: ми є глобальним корпоративним лідером в області медицини і фармацевтики, ми також постачаємо свою продукцію державам для медичного забезпечення їх збройних сил. Натомість наші клієнти надають нам свої передові розробки охоронних систем і озброєння. Так всі сторони партнерських угод отримують бажане і всі задоволені.

- У такому разі, теоретично, ви можете займатися розробками біологічної зброї на замовлення? - насторожилася я.

- Теоретично, так, - спокійно відповів директор, - але практично ми, як і будь-яка інша організація, що бере участь в Угоді про заборону виробництва і використання біологічного озброєння Союзу Об'єднаної Землі, не маємо на це права. А так як GEC - добропорядна компанія і дотримується статті цієї Угоди, то наші поставки військовим частинам включають лише медикаменти, імплантати, медичне обладнання та автоматизовані пересувні госпіталі. Та, знаєте, і совість не дозволяє втручатися в подібні темні справи.

На ці слова Альфред схвально кивнув і проковтнув останній шматочок свого вагасі. Я сприйняла заяви пана Мірандеріка як вельми переконливі і не стала продовжувати цю тему. Все тепер було відкрито і ясно ... начебто ...

Бесіду продовжив доктор Краймерс, розповівши мені про численні успіхи компанії на світовому ринку, ризикованих операціях з постачання медикаментів в зони бойових дій і найбільш значущих нагородах GEC на міжнародних медичних виставках і конференціях. Під час розповіді про отримання компанією чергової значущої премії за заслуги в галузі генетики, Лео перервав свого колегу, повідомивши, що він повинен повернутися до вирішення своїх «проблемок», встав, побажав нам приємного спілкування і залишив приміщення їдальні, яке на той час вже майже спорожніло - співробітники компанії відновили свою повсякденну роботу.

Альфред запропонував мені зробити прогулянку навколо лабораторії для продовження розмови на свіжому повітрі і я погодилася. Залишивши офіціантів прибирати зі столу, ми вийшли з будівлі і повільно пішли по вже знайомій доріжці, що вела навколо комплексу лабораторії GEC.

Сонце, ніби втомившись за весь день безперервного сяйва, поступово починало хилитися до обрію. Великі купчасті хмари[171] повільно пливли по безкрайому небосхилу, часом проходячи перед

---

[171] Купчасті хмари - щільні яскраво-білі хмари, що виникають в нижньому шарі атмосфери, тропосфері, в середині дня і зазвичай руйнуються до вечора. Висота нижньої межі цих хмар може досягати від 800м до 4км.

сонячним диском і частково або повністю приховуючи його. У ці моменти їх пухнасті краї набували золотисто-вогненного кольору, немов були охоплені полум'ям.

Ось на тлі блакитного неба і білосніжних хмар з'явився великий силует мандрівного альбатроса[172]. Він плавно ширяв над океаном і островом С*** на своїх надзвичайно довгих і вузьких крилах. Що робив цей вправний майстер польоту, одягнений в біле оперіння з чорними кінчиками крил, сказати було важко: можливо, він вишукував, чим би поживитися в просторах океану, що розстелявся під ним, а може, шукав місце для гнізда на скелях гори острова С***, адже саме на таких невеликих острівцях зі скелястими кручами альбатроси і будують свої гнізда, куди відкладають одне єдине яйце. Так що мені залишалося просто милуватися його силуетом у височині ... і трохи заздрити. Адже від перебування зі мною Альфреда і його щирої уваги мені самій хотілося розкинути величезні білосніжні крила, злетіти в неосяжні небесні простори і звідти, з висоти, прокричати світу про своє щастя. А потім знову спуститися на землю і опинитися в Його обіймах ...

Протягом всієї прогулянки я майже не сприймала слів мого співрозмовника, а лише насолоджувалася його присутністю, із захватом слухала звучання його голосу і милувалася його високою фігурою в чорному костюмі, чітко окресленою на тлі зеленої стіни джунглів навколо. З тих фраз, які я вловила, було ясно, що доктор Краймерс продовжив інформувати мене про досягнення компанії та про його особистий внесок в її процвітання (у чому я анітрохи не сумнівалася). А після його розповіді, під час прощання біля головного входу в будівлю лабораторії, знову настала та чудова мить, коли наші губи злилися в бажаному, солодкому і пристрасному поцілунку. Альфред пестив мої палаючі щоки і шию, немов підкидав оберемки дров у вже і без того розжарений камін. Потім ми ще довго з ніжністю дивилися в очі один одного, перш ніж розійтися. Але перед цим ми, звичайно ж, домовилися про нову зустріч наодинці вже після заключного дня полювання на Лезо Темряви.

І знову зворотна дорога пройшла в екстазі пухнастого рожевого щастя, незважаючи на похмурі дощові хмари, що виднілися через верхівки дерев. Важко перевалюючись, вони повільно виповзли на

---

[172] Мандрівні альбатроси (лат. "Diomedea exulans") - великі морські птахи з сімейства альбатросових (Diomedeidae). Характеризуються білим оперінням з чорними облямівками на задній частині крил. У довжину досягають 130см. Альбатроси мають найбільший серед птахів розмах крил - до 350м. В день вони можуть пролетіти до 1000 км. Тривалість життя - від 10 до 50 років. Гніздяться на субантарктичних островах: Кергелен, Крозе, Маккуорі, Південна Георгія та інші.

небосхил і стали підбиратися до диску сонця, обіцяючи черговий сильний злив. Однак ніщо вже не могло зіпсувати мені настрій.

У хатині Азула і біля неї нікого не було: мабуть, Джек ще не повернувся, а сам господар кудись відлучився. Та мені зараз вони і не були потрібні.

Я «впурхнула» в свою кімнату в передчутті відкрити щоденник і вилити в нього почуття, які переповнювали мене…

- Якого біса ?! - вигукнула я, в подиві і гніві завмерши на порозі і оглядаючи приміщення.

А обурюватися було чого: всі мої речі були вивалені з рюкзака і шафки і розкидані по підлозі, на столі також спостерігався безлад з розбитих колб і пробірок, а ноутбуком явно хтось безцеремонно скористався. Всі ознаки того, що хтось поспіхом шукав у мене щось важливе, були в наявності. Гублячись у здогадах про особу нахабного прибульця і цілі його пошуків, я включила комп'ютер і стала перевіряти свої файли і архіви. «Все-таки знайшов, змієня яйцеїда[173]!» - подумки вилаялася я. Як виявилося, файл щоденника з усіма моїми записами був видалений, попередньо, як можна було здогадатися, будучи скопійованим на зовнішній носій злодія. «Але кому міг знадобитися мій щоденник? І навіщо цей нахаба знищив його, коли міг би просто зберегти у себе його копію?». Я гарячково міркувала, втупившись в дисплей комп'ютера … в те місце, де ще вчора був зображений цінний для мене (і мабуть не тільки) документ. «Значить так, - йшла думка. - Про щоденник, крім мене самої, знали ще дві людини: доктор Краймерс і Джек. Альфред весь день провів зі мною, тому він відразу ж відпадає. Та й навіщо йому потрібен щоденник? Адже я і так розповіла йому всі свої записи. А ось Джек … Але йому-то щоденник навіщо міг знадобитися? ». Я стала згадувати вміст файлу, щоб встановити можливий зв'язок між ним і Джеком: опис мисливських полювань, результати досліджень і спостережень за Лезом Темряви, зроблені на них висновки і припущення, враження від зустрічей з Альфредом … І тут мене осінило. «Невже … звичайні ревнощі?!» - з обуренням подумала я і представила, як Джек, смачно лаючись, ворушить мої речі в пошуках чогось, пов'язаного з доктором Краймерсом, потім переглядає вміст ноутбука, знаходить файл щоденника, читає, після чого в нападі сліпих ревнощів видаляє його. «… Адже жодна дівчина не може мені відмовити! …» - згадала я вчорашню репліку мисливця, яка

---

[173] Яйцеїди або африканські яєчні змії (лат. "Dasypeltis") - невеликі (до 1 м) змії із сімейства вужеподібних (Colubridae). Забарвлення дуже різноманітне, навіть у межах однієї популяції. Харчуються виключно яйцями птахів, через що зуби яйцеїдів сильно короткі, кістки черепа надзвичайно рухливі, а шийні хребці мають довгі відростки, що виходять в стравохід і допомагають розрізати шкаралупу яєць. Ці змії зустрічаються в Центральній і Південній Африці.

говорила на користь моєї здогадки. І ця здогадка мене просто розлютила.

«Ну стривай, Джек! - в люті подумала я, збираючи розкидані по підлозі речі. - Тільки попадись мені на очі! Я тобі таке влаштую!».

Минуло приблизно півгодини, коли ззовні почулася важка хода сильних ніг в армійських черевиках. Оповита мороком наступаючого вечора, я сиділа в гамаку і підбирала найбільш яскраві, жорсткі і образливі вирази для зустрічі з Джеком. При звуці його кроків на ганку хатини кулаки мої самі стиснулися до білих кісточок. Кроки наближалися. Я вся напружилася, мов очкова кобра[174] перед кидком.

Мисливець увійшов до кімнати, несучи на плечі один зі своїх великих рюкзаків. І в ту ж мить з напівтемряви вечірніх сутінків на нього налетів цілий ураган жіночого гніву.

- Що це ти собі дозволяєш? - в нападі образи і люті кричала я. - Думаєш, тобі тут все дозволено ?! Дзуськи! Моє життя і стосунки - це моя суто особиста справа! Це означає, що я сама вирішую, кого в неї пускати, а кого ні! А після твоєї відверто нахабної поведінки для тебе мої ворота тепер наглухо закриті ... і ... і колючий дріт натягнутий ... під напругою ... Ось!

Від несподіванки Джек упустив рюкзак і злегка відсахнувся. Обличчя його виражало повне здивування.

- Джессі, ти це чого? - почав було мисливець, всім своїм виглядом показуючи необізнаність в причинах моєї несподіваної поведінки. Це розлютило мене ще більше і я накинулася на нього з новими силами:

- Не корч із себе невинну овечку, Джек! Ти чудово знаєш, про що я! Так, я здогадалася, що це ти все зробив! А потім втік, як підлий боягуз, і тепер зображаєш з себе актора Великого театру[175]...

---

[174] Очкові або індійські кобри (лат. "Naja naja") – яскраво забарвленні отруйні змії із сімейства аспідів (Elapidae). Довжина тіла становить приблизно 1,5-2м. Характеризуються наявністю на голові малюнка, схожого на окуляри. Харчується плазунами і дрібними гризунами. Очкові кобри, ледь вилупившись з яєць, вже мають досить сильну отруту, що ушкоджує нервову систему. Ці змії поширені в Середній і Південно-Західній Азії, а також на островах Малайського архіпелагу і Філіппін.

[175] Великий театр або Державний двічі ордена Леніна академічний Великий театр Російської Федерації (ДАВТ) - один з найвизначніших в світі театрів опери та балету. Розташований на Театральній площі, в центрі Москви, в Росії. З моменту заснування театру в 1776р. спроб його будівництва було декілька - у всіх випадках будівля театру повністю або частково згоріла. Офіційне відкриття Великого театру відбулося лише в 1856р. За весь час його існування в ньому було поставлено понад 800 творів.

- Я весь день був у лабораторії ... - спробувала виправдатися жертва мого обурення. Це мало такий самий ефект, як помах крила метелика на тлі завивань ураганного вітру.

- Мене не хвилює, де ти ховався після скоєного! - продовжувала я. - Головне - це те, що ти накоїв!

- Та що ж я такого зробив?! - обурився мисливець, втрачаючи терпіння.

- Так ти не віриш, що я могла сама здогадатися про твою причетність до події ?! Що ж, дозволь тобі це довести і повідати про твої ж підлі дії сьогоднішнім днем, - натягнуто спокійно, з деякою часткою самовдоволення заявила я. Потім, надавши своєму обличчю виразу детектива, здатного розплутати надзвичайно складну справу, продовжила: - Ти, Джек, перебуваючи під напругою від нашої вчорашньої розмови і змучений постійно гризучими тебе ревнощами відносно доктора Краймерса, вирішив прибрати все, що було пов'язано з Альфредом, помилково вважаючи, що так я швидко забуду його і в нестямі від щастя кинуся в твої обійми. Ти зайшов в мою кімнату і став нахабним і безцеремонним чином ворушити мої речі. Не знайшовши нічого, ти раптом згадав про мій щоденник, де були записані зустрічі з Альфредом. У нападі ревнощів ти відкрив мої особисті файли і видалив їх, можливо, попередньо зберігши у себе копію для насолоди перемогою. Після всього скоєного ти відправився в лабораторію GEC, щоб ввечері прийти і невинно дивуватися моєму обуренню. Ну що, вже нема чого заперечити ?!

Джек дійсно знаходився в мовчазному заціпенінні, відкривши рот і дивлячись на мене здивованим поглядом з-під кирпатих брів. Потім рот його поступово стиснувся у вузьку щілину, а брови опустилися на очі, повернувши особі мисливця звичайний суворий вигляд. Однак в очах його блиснула недобрий спалах.

- Вельми рідкісна маячня! - нарешті вимовив він. - Навіть якби я раптом приревнував тебе до гарненького заучки Краймерса, то вже точно не став би копатися в жіночих речах, а відразу ж організовав зустріч з цим так званим доктором. Ми б просто поговорили як чоловік з чоловіком. Цілком можливо, що під час бесіди Краймерс би випадково вдарився своєю пихатою фізіономією об мій кулак ... і ще кілька разів об мій лікоть ... а потім впав би животом на моє коліно ... теж випадково. Але в цілому, все б пройшло цивілізовано і по-чоловічому.

- Не смій чіпати Альфреда! - заступилася я за свого друга ...

- Дзуськи, я цьому підлизі і Казанові[176] нагадаю, де його місце! Я

---

[176] Казанова Джакомо Джироламо (1725-1798) - італійський авантюрист, мандрівник і письменник. Відомий своєю автобіографією «Історія мого життя (Histoire de ma vie)», в якій він описав свої численні любовні пригоди.

його туди по саму черепушку закопаю, якою б великою і заумною вона не була! - грізно прогримів Джек, стискаючи величезні кулаки і червоніючи від припливу крові.

- У такому разі я не бажаю тебе більше бачити! - вигукнула я, перебуваючи вже на межі власного гніву. - Завтра ж піду в лабораторію до Альфреда! Буду жити в його затишних і комфортабельних апартаментах. А ти би скоріше забирався звідси - все одно не здатний вистежити і добути чудовисько!

Мисливець весь напружився і приготувався випалити щось дуже грізне і образливе ...

- Припиніть, - спокійний голос Азула увірвався в кімнату, немов порив холодного північного вітру в розпечену піч.

Ми миттєво обернулися: як і сьогодні вранці, хлопчик стояв в дверях і з докором дивився на нас.

- Досить вже сваритися, - продовжив він, - ведете себе гірше немовлят. Тим більше, що у вашій словесній перепалці немає ні краплі сенсу, адже Джек тут абсолютно не причому - його не було у мене вдома цілий день.

Мисливець кинув на мене переможний погляд. Я намагалася не відповідати на нього, відчуваючи провину перед Джеком і безпідставність всіх моїх докорів. До того ж, я перебувала в повній розгубленості.

- У такому разі, кому ще могло знадобитися ритися в моїх речах і видаляти щоденник? - задала я питання швидше собі, ніж будь-кому з присутніх.

- Я знаю, - раптом упевнено сказав Азул, - я ховався в своїй кімнаті і бачив усе.

Наші погляди спрямувалися на хлопчика. А той незворушно продовжував: - Сьогодні вдень я повинен був відлучитися за дорученням вождя, але затримався, зайнятий прибиранням у будинку. Десь опівдні, перед обідом, до моєї хатини підійшли люди в чорних костюмах - агенти компанії. Їх було троє. Я вчасно почув їхні кроки, тому встиг сховатися в своїй кімнаті, і вони мене не помітили. Агенти, схоже, знали, що в будинку нікого не повинно бути і тому впевнено увійшли всередину. Вони також добре уявляли собі, що шукають, і при цьому дуже поспішали цю річ знайти. Визираючи з-за рогу, я бачив, як двоє з них стали швидко ворушити вміст Вашого рюкзака і шафки, Джессі, а третій включив комп'ютер і почав уважно вдивлятися в екран монітора. Через пару хвилин він гукнув інших і показав їм щось на екрані. Потім він витягнув з кільця на своєму лівому вказівному пальці мініатюрний роз'єм, вставив

Саме завдяки цим пригодам його ім'я стало прозивним і використовується в значенні «спокусник жінок».

його в одне з гнізд комп'ютера, правою рукою натиснув на кілька клавіш і витягнув кільце з роз'ємом. Виконавши таким чином своє завдання, трійця незнайомців у чорному поспішно залишила мій дім. Витримавши деяку відстань, я пішов за ними, час від часу ховаючись за стінами хатин. Так я зміг простежити за агентами до будівлі лабораторії, де вони увійшли через задні двері і замкнули її зсередини. Після цього я негайно вирушив виконувати доручення вождя, щоб мене не запідозрили у перебуванні в будинку під час цього обшуку і злодійства. Ось все, що я побачив і зміг вам розповісти, - закінчив Азул і уважно подивився на мене.

- Але навіщо агентам GEC потрібен був мій щоденник? І як вони могли дізнатися про нього? - дивувалася я.

- Пупком чую пухкенькі рученята Колобка на цій справі, - заявив тут Джек. - Напевно це він постарався організувати так, щоб вдень у цій хатині нікого не було, а потім відправив своїх хлопців добути твої записи. Ти кому-небудь ще говорила про щоденник? - звернувся він до мене.

- Про нього знали лише ти і доктор Краймерс, - сказала я і, помітивши переможний блиск в очах мисливця, поспішно додала: - Але він не міг розповісти пану Мірандеріку. Він не міг так вчинити. Він обіцяв мені ... На цю фразу Джек багатозначно хмикнув.

- Ворог багато обіцяє, а ось друг ще й виконує, - зазначив він, однак я пропустила цю репліку повз вуха.

- Не міг Альфред розповісти про мій щоденник, - запевняла я і присутніх і себе. - Певно, пан Мірандерік якимось чином підслухав нашу розмову в кабінеті Альфреда і вирішив дістати мої записи про Лезо Темряви.

- Та-ак, ... - задумливо протягнув мисливець, чухаючи підборіддя, - у Колобка вочевидь якісь особливі почуття по відношенню до нашого лускатого друга. Чи то він хоче дізнатися про нього щось конкретне, чи то він вже знає це і хоче приховати цю інформацію. І знаєш що, - він перевів погляд на Азула, - я починаю тобі вірити, хлопець, ... незважаючи на всю неймовірність твоєї історії про чудовисько.

Хлопчик нічого не відповів, а лише схвально кивнув.

- І ґрунтуючись на цій історії, Лео явно знає про те, що Лезо Темряви непричетне до загибелі людей на острові, - підтримала я Джека, - проте він активно доводить нам і всьому племені Сололеадас зворотне. А робить це пан Мірандерік тому, що, знову ж виходячи з розповіді Азула, його компанія насправді використовує чудовисько для прикриття викрадень Сололеадас її агентами з метою проведення якихось небезпечних експериментів над людьми.

- ... І у випадку, якщо жертва експерименту гине, компанія без жодних докорів сумління звалює провину на Лезо Темряви, приписуючи тому кровожерливість і ненаситне людоїдство, - продовжив думку мисливець.

Настала недовга задумлива пауза.

- Тільки от навіщо пан Мірандерік найняв нас вбити чудовисько, якщо воно так добре вписується в його брехливу історію і нелюдські плани? - порушила я мовчання, запитуючи швидше саму себе. - Далі, що це за жорстокі експерименти над Сололеадас? І як вони можуть залишатися непоміченими і безкарними з боку Глобального комітету етики, що регулює дотримання принципів медичної, екологічної та інших розділів етики[177]? І, нарешті, яке відношення мій щоденник має до всього що відбувається?

- Питань тут, звісно, забагато, - кивнув головою мій напарник. - Але ось місце, де можна знайти відповіді, принаймні, більшість з них, тільки одне. Це печера чудовиська. Пропоную, як ми і домовлялися, рано вранці піти туди. Я саме захопив із собою необхідне приладдя.

З цими словами Джек відкрив рюкзак, і я побачила два акуратно складених захисних костюма кольору хакі з зеленувато-коричневим відтінком, а також пару захисних окулярів і дихальних масок.

- Ці речі допоможуть нам безпечно перейти поле Скорпіонової трави. До того ж мені вдалося прихопити з собою ще дві теплоуловлювальні лінзи «Хіткетчер», за допомогою яких ми зможемо заздалегідь помічати агентів GEC.

Мисливець, мабуть, помітив мій здивований і запитуючий погляд, тому поспішив пояснити:

- Все це барахло я підібрав під час мого ранкового таємного візиту в лабораторію. Відразу після того, як ти вирушила цілуватися з підлизою Краймерсом (тут я невдоволено фиркнула, але промовчала), я попросив Азула докладніше розповісти про потаємний хід, за яким його батько, ведений Лезом Темряви, втік з будівлі. Мушу зазначити, що наш лускатий приятель виявив дивовижну кмітливість у використанні цього ходу - мені знадобилося чимало часу, щоб знайти його і потрапити всередину. Не дивно, що співробітники компанії досі про нього не здогадуються. Однак, мені все ж вдалося проникнути в лабораторію, взяти «напрокат» костюми і повернутися назад, залишившись абсолютно непоміченим. Так що після походу в печеру можна буде повернути дрібнички в такий самий спосіб.

- А чому ти вирішив, що тебе не помітили? - засумнівалася я.

---

[177] Етика (др.-греч. "ἠθικόν" - звички, звичаї) - філософське дослідження моралі і моральності. Також використовується для позначення системи моральних і етичних норм певної соціальної групи. Термін «етика» вперше був вжитий Аристотелем. На сьогоднішній день існує безліч розділів етики, що вивчають норми моралі і моральності в різних сферах.

- Сховавши рюкзак з костюмами в заростях чагарнику недалеко від хатини, я зв'язався з Колобком і запропонував йому свою допомогу в аналізі ареалу[178] Леза Темряви і розподілі його іграшок-пасток на території острова, на що той відповів радісною згодою. Протягом дня я крутився в будівлі лабораторії, допомагаючи в розрахунках пересувань чудовиська, визначенні оптимальних місць розташування автоматичних гармат, а також в розвантаженні нової партії бойових роботів, проте ніяких підозр до себе не виявив. До речі, ця нова модель роботів «Голіафів» - «Мелеагріси» - просто чудо військової техніки! Рухома амортизаційна платформа, турбінні прискорювачі, фотоелектричні перетворювачі сьомого покоління, інфрачервоні і ультрафіолетові сенсори в поєднанні з великокаліберним кулеметом, кванто-стійкою лазерною гарматою і теплонаводячими ракетами - все це ставить «Голіафів-Мелеагрісов» в ряд як найбільш ефективних машин в зоні бойових дій, так і улюблених іграшок для мисливських сафарі в непрохідних джунглях, - захлинаючись від захвату, поінформував нас Джек, а потім з дитячою заздрістю мрійливо додав: - от би мені осідлати такого лапочку ...

Я окликом повернула мисливця з небес на землю і ми остаточно домовилися, що завтра о четвертій годині ранку я і Джек вийдемо з хатини, тихо проникнемо до печери Леза Темряви, присвятимо годину на її обстеження і постараємося повернутися до сьомої години, щоб пан Мірандерік не дізнався про наш похід. Якщо ми не встигнемо вивчити печеру за цей час, то повторимо вилазку на наступний ранок. Азул залишиться в хатині і на випадок раптового візиту Лео або його агентів придумає про нас якусь історію.

Усвідомлюючи, що завтра потрібно буде дуже рано вставати, та й ранок обіцяє бути напруженим, ми без зайвих розмов розійшлися по своїх кімнатах і лягли спати.

Однак я ще довго не могла заснути, думаючи про Альфреда і Джека. «І що це я сьогодні так на Джека накинулася? - крутилося у мене в голові. - Чи тільки від образи через зникнення щоденника або є ще якась причина? Може, мені хочеться, щоб він звернув на мене увагу?». Я тихо усміхнулася від цієї думки, але, тим не менш, вона довго ще висіла важким вантажем в моїй свідомості.

За вікном почувся стукіт важких крапель об землю і листя трави - починався дощ. Поступово він ставав все сильніше і сильніше. І під його рівномірний, заспокійливий дріб я, нарешті, провалилася в сон.

---

[178] Ареал (лат. "Area" - простір, область) - територія розповсюдження певного виду чи роду живих організмів. Є одним з основних термінів в фіто- і зоогеографії - біологічних дисциплінах, які вивчають географічне поширення рослин і тварин.

Розділ XVI.
Лігво таємниць.

Я прокинулася ще до сигналу будильника на своєму годиннику. У кімнаті і за вікном панувала непроглядна темрява. Повітря було насичене вологою після дощу, що пройшов вночі.

У сусідній кімнаті почувся шурхіт, потім неголосний стук, немов хтось вдарив по металевому предмету і пішла за ним пролунала низка ледве чутних нецензурних висловів - це прокинувся Джек.

Я встала, вимкнула будильник, намацала свій одяг і стала швидко одягатися. Ми з мисливцем заздалегідь домовились не вмикати світло, щоб не викликати жодних підозр, у разі стеження за нашою хатиною. Лише в разі крайньої необхідності для освітлення ми вирішили користуватися кишеньковими ліхтарями.

Незабаром з'явився Джек зі своїм рюкзаком, костюмами з лабораторії і довгою снайперською рушницею, що стріляла стійким лазерним променем і мала оптичний приціл і додатковий зарядний пристрій для накачування робочого середовища лазера всередині рушниці електричним розрядом. Я ж вирішила взяти з собою крім ліхтарика, блокнота з ручкою, передавача з картою і компасом та пістолета-транквілізатора ще й свій складаний ножик. Ми одяглися в захисні костюми, Джек надів на очі лінзи «Хіткетчер», приготував свою рушницю, і ми вийшли з хатини.

Ззовні стояв похмуро-сірий туман, що утворився в результаті нічного дощу. Це було нам на руку: на додаток до досвітнього мороку він дозволяв нам непоміченими пробратися до джунглів і далі до поля Скорпіонової трави. А маючи при собі теплоулавлюючі лінзи, карту з Джі-Пі-Ес навігацією і компас, ми досить вільно могли орієнтуватися в цьому густому і вологому серпанку.

Мисливець повільно оглянув територію, намагаючись засікти теплову енергію людського тіла за допомогою лінз. Не виявивши нікого і нічого підозрілого, він повідомив, що можна рушати. І ми вирушили в дорогу: попереду - Джек, який сканував місцевість своїми лінзами; позаду - я, що вказувала потрібний напрямок відповідно до карти і компасу. Так ми подолали відкриту місцевість між будинком Азула і кордоном тропічного лісу і заглибилися в темну стіну дерев, чагарників і ліан.

Туман тут був ще густіше, так що нам доводилося пробиратися дуже обережно. Краплі вологи конденсувалися на наших обличчях, тим самим замінюючи ранкове вмивання. Дрібні чагарники і гілки, що встеляли ґрунт, приємно хрустіли під нашими ногами.

Раптом я почула попереду гучний шум, ніби хтось енергійно тер напилком по металу. Ми зупинилися - шум дещо послабшав. Ми зробили кілька кроків - і незрозумілі звуки відновилися з новою силою. Джек силкувався визначити джерело шуму за допомогою своїх лінз, але безрезультатно. Я обережно водила променем ліхтарика по землі і завісі густого туману, що оточувала нас, проте також не помічала нічого особливого.

І тут в промені світла щось ворухнулося. Шум відразу ж припинився. Я завмерла на місці, пильно розглядаючи грунт і зарості в колі спрямованого світла. Незабаром я помітила поруч з одним з кущів невеликий шматок протухлого м'яса ... від якого відходило згорнуте в кільце довге лускате тіло багряного кольору. У повітрі з'явився вкрай неприємний запах падалі.

Я підійшла ближче, оглянула шматок м'яса і довгий зміїний тулуб і мимоволі посміхнулася. Погукавши мисливця, я вказала йому на знахідку:

- Ось воно - джерело шуму.

Джек глянув на нього і спохмурнів.

- Це труп змії, - зауважив він на той випадок, якщо на мене раптом напала сліпота.

- Не зовсім, - відповіла я, оглядаючи знахідку, - це, наскільки я можу розгледіти, місцевий різновид свиноносої змії[179] в своїй красі і повному здоров'ї. Зараз ми бачимо її коронний виверт - імітацію власної смерті. При небезпеці свиноноса змія активно тре хвостом по тілу, створюючи загрозливий шум. Якщо ж цей спосіб не допомагає, то ця «актриса» моментально згортається в клубок і прикидається мертвою, відкривши рот і лежачи абсолютно нерухомо. При цьому, як ти бачиш, паща змії схожа на шматок тухлого м'яса, та й запах падалі відчувається - це теж справа рук ... точніше спеціальних залоз рептилії. Все це призначено для того, щоб переконати хижаків у раптовій «кончині» свиноносої змії, адже багато з них не їдять падаль, яка для них може бути отруйною. Переконавшись, що небезпека минула, змія швидко «воскресає» і спокійно відповзає геть.

Вирішивши довести свою правоту наочним прикладом, я злегка штовхнула «труп» носком свого напівчобіту. Змія відкотилася під кущ, швидко розгорнулася, закрила пащу і зникла в трав'яному покрові.

---

[179] Свіноносі змії або крючконосі вужі (лат. "Heterodon") - невеликі, часто строкатого забарвлення змії із сімейства вужеподібних (Colubridae). Ці змії характеризуються своєрідним способом захисту, при якому вони спочатку загрозливо шумлять і витягають шию, а потім звиваються в судомах і імітують власну смерть. Поширені в основному в пустельних областях Північної Америки.

— Здається, зустрічав я схожих тварюк в Техасі, — сказав мій напарник. — Тільки ми тоді не розбиралися, які з них вдавали, а які дійсно здохли ... Але ми відволіклися від мети, — зауважив він, — треба рухатися далі.

І ми продовжили свій шлях крізь занурені в сіру млу вологі ранкові джунглі. З інших представників цієї галузі тропічного лісу нам трапилися кілька великих коричневих слимаків, страхітливого вигляду, але абсолютно нешкідливих для людини джгутоногих павуків[180] і товсту жабу ага, що вистрибнула прямо з-під ніг Джека. Будучи, як і всі представники класу земноводних, холоднокровним організмом, вона була непомітною для теплоулавлюючих лінз мисливця.

Жаба ага[181] – тварина отруйна: за очима у неї знаходяться великі отруйні залози, а яскраве забарвлення тулуба попереджає хижаків про небезпеку, що ховається в ньому. Як і багато інших жаб, цей вид віддає перевагу прохолодній і сирій погоді - в цей час вони виходять з нір у величезних кількостях. У цьому ми незабаром переконалися, помітивши ще близько десятка цих товстих лупатих амфібій на нашому шляху.

Поступово ранковий морок і туман почали розсіюватися. На небі згасли цятки далеких зірок, які мерехтіли, а саме небо змінювало свій колір з синяво-чорного до попелясто-сірого, а потім і до ніжно-блакитного. Ранні пташки стали сповіщати своїми заливчастими піснями про швидкий світанок. І він не змусив себе довго чекати: спочатку східна частина небосхилу посвітліла до ніжно-кремового відтінку, після чого через верхівки дерев в тому напрямку простяглися довгі золотисті промені, немов товсті нитки павутини, по якій дерся павук. Ось нижній край хмар біля горизонту спалахнув яскраво-помаранчевим полум'ям і, нарешті, між могутніх стовбурів дерев і переплітаючих між собою ліан з'явився сяючий диск сонця, що повільно виповзав з-за океану і далеких земель. Йому не було необхідності поспішати, та й не потрібно було.

---

[180] Джгутоногі павуки або фріни (лат. "Amblypygi") - розряд тропічних павукоподібних (Arachnida). Розмірами досягають від 5мм до 4см. Характеризуються сплощеним тілом, великими педипальпами (друга пара передніх кінцівок) і довгими передніми ногами, схожими на джгути. Водяться в тропіках і субтропіках. Відомо близько 136 видів джгутоногих павуків.

[181] Жаби аги або очеретяні жаби (лат. "Bufo marinus") - великі (до 24 см) отруйні земноводні з сімейства справжніх жаб (Bufonidae). Забарвлення зверху темно-буре з великими темними плямами, знизу жовтувата з частими бурими цятками. Жаби аги всеїдні, що нехарактерно для жаб: вони харчуються крабами, павуками, комахами, іншими земноводними, пташенятами і дрібними ссавцями, а також падлом і відходами. Зустрічаються на піщаних приморських дюнах та узліссях тропічних лісів у Південній Америці, Австралії та на тихоокеанських островах.

Адже навіть невеликі зміни в часі сходу і заходу привели б до відчутних і необоротних наслідків на Землі. Таке вже крихке життя на цій планеті і так сильно воно залежить від центрального світила.

На момент сходу сонця ми вже підійшли до широкого поля Скорпіонової трави. Блідо-сірий серпанок туману ще висів над вицвілими сухими квітками і колючими стеблами численних рослин на цьому полі, але вже можна було розгледіти предмети приблизно в двадцяти кроках від себе. Нам треба було поспішати, щоб встигнути перетнути поле і не потрапити на очі, тобто, камери роботів-фуражирів, роботів-спостерігачів або «Голіафів».

Ми швидко одягли дихальні маски і захисні окуляри і, пригнувшись, щоб сховатися в туманному серпанку, швидко продовжили шлях вже між рівних грядок Скорпіонової трави, яка вже відцвітала. Довгі, міцні і гострі шипи над квітками смертоносних рослин дряпали наші захисні костюми, створюючи при цьому неприємний звук, злегка схожий на скрегіт нігтів по шкільній дошці. Однак вони не могли проколоти еластичне зовнішнє покриття спеціально створених для таких умов комбінезонів. Маски, хоча і ускладнювали наше прискорене дихання, та й були не особливо потрібні - Скорпіонова трава ще не дала плоди і не розкидала свої дрібні отруйні насінини - ми все ж не наважувалися знімати. Таким чином ми хотіли уникнути випадкового потрапляння шматочків листочків, шипиків і волосків рослини на обличчя і в дихальні шляхи: адже навіть у найменших частках Скорпіонової трави могла міститися небезпечна доза отрути метанолу та баскіліноліну.

Так серед численних зразків одного з найбільш отруйних організмів на планеті ми, зігнувшись у три погибелі, в поспіху подолали більшу частину території поля. У теплих променях сонця, що піднімалося над горизонтом, повільно розсіювався туман, змушуючи нас поспішати ще більше.

Ось попереду в серпанку, що розсіювався, став вимальовуватися великий прямокутний силует. По карті я визначила, що це була будівля хімічної лабораторії компанії і що нам залишалося лише оминути її, щоб опинитися на іншій стороні поля, де ми зможемо знову пірнути в густі зарості тропічного лісу. Там вони нас сховають від небажаних очей і камер. Ми ще прискорили наш крок, перейшовши мало не в біг.

До невисокої двоповерхової будівлі з різноманітними антенами і трубами на даху залишалося трохи більше десятка метрів. Скоро ми зможемо сховатися за її стіною і під її прикриттям подолати решту відкритої місцевості. Але раптово Джек, який швидко йшов попереду мене, різко махнув рукою вниз - знак команди «Лягай!», і швидко впав долілиць на сиру землю. Я повторила за ним. По захисному склу очок щось дряпнуло. Я злегка відскочила і побачила вістря шипа Скорпіонової трави на рівні свого правого ока. Все ж таки не даремно ми вжили заходів обережності і наділи маски з окулярами!

Джек лежав на животі, припавши до землі, і вдивлявся в шар туману над грядками смертоносних рослин зліва від нас, що продовжував рідшати. Я простежила за його поглядом і через кілька секунд побачила вдалині опуклі корпуси трьох кібернетичних фуражирів.

- Роботи, - тихо дала я зрозуміти, що теж помітила їх.
- Ні, - також тихо відповів мій напарник, - не тільки ... Люди.

Я уважно придивилася до жукоподібних силуетів роботів-фуражирів, що маячали в туманному серпанку і незабаром помітила групу людей, яка йшла за ними, в таких же захисних комбінезонах, як і у нас. Я невдоволено насупилася.

- Пам'ятається мені, як пан Мірандерік стверджував, що працівники GEC не допускаються на поле Скорпіонової трави, оскільки тут дуже небезпечно, - прошепотіла я, - та й нас не підпускав до північної частини острова через це поле. Ну а кого ж ми тепер тут бачимо? - додала я, ніби звертаючись до самого директору компанії.

- Здається, це не робочі GEC, - заявив Джек, розглядаючи теплові фігури в свої високотехнологічні лінзи, - по статурі ці хлопці більше схожі на чоловіків Сололеадас.

- Сололеадас? Але що вони тут роблять? - здивувалася я, підвівшись на ліктях, щоб краще розгледіти загадкову групу. В ту ж мить сильна рука мисливця різко схопила і притиснула мою голову до самого ґрунту, а її володар вказав мені на ще два силуети, які замикали незвичайну ранкову процесію. Вдивляючись у них крізь переплетіння стебел Скорпіонової трави, я впізнала у великих циліндричних корпусах з короткими механічними кінцівками і великими променевими пушками нагорі «мечохвостів» - одну з моделей малих охоронних роботів GEC. Я зустрічала таких в коридорах лабораторії, коли Альфред проводжав мене до свого кабінету.

- На цьому великому полі стає досить тісно - обурено зауважив мій напарник. - Якщо будемо так і далі вилежуватися, то нас точно знайдуть і прямо ж тут застрелять і закопають. Треба швидше дістатися до будівлі попереду, а потім і до заростей. Так що давай, швидко за мною!

З цими словами Джек жваво поповз по-пластунськи у напрямку до хімічної лабораторії. Я без зволікання пішла за ним.

Час від часу мисливець озирався крізь грядки Скорпіонової трави на загін роботів і людей, щоб переконатися, що ми залишилися непоміченими. Під час чергової такої процедури він тихо покликав мене і кивнув головою в напрямку загону, який повільно наближався до нас. Я повернула голову, вдивилася в тонкий серпанок туману, який вже майже розчинився в повітрі і помітила віддалік обриси ще двох подібних груп машин і людей в захисних костюмах.

«Хто ж це там, під комбінезонами? - подумки запитала себе я. - Може, це інженери GEC прийшли налагодити обладнання в хімічній лабораторії? Але якщо це Сололеадас, як припустив Джек, то навіщо їх сюди направили, та ще у супроводі охоронних роботів? А раптом це частина тих жахливих експериментів над людьми, про які розповідав Азул?». Звичайно ж, отримати відповіді зараз не представлялося можливим. Якщо тільки раптом не піднятися, гукнути незнайомців і запитати у них: «Вибачте, будь ласка! Ми тут проповзали повз і помітили вас. Не могли б ви нам допомогти, пояснивши, хто ви і що робите на цьому полі смертоносних рослин? Потім ви зробите вигляд, що нас не бачили, і ми спокійно проповземо геть». Я посміхнулася від цієї думки і продовжила шлях за напарником.

Туман вже зовсім розвіявся, коли ми дійшли до будівлі лабораторії на полі. Але тепер він нам був не потрібен, оскільки стіна будівлі була набагато більш надійним укриттям. І нарешті ми змогли піднятися і випростатися на повний зріст. Масажуючи втомлені стегна, коліна і ікри, ми крадькома визирнули з-за рогу. Три групи, що складалися з роботів-фуражирів, «мечохвостів» і людей, неквапливо пробиралися серед рівних грядок отруйних рослин з блідими сухими квітками.

- Вони прямують сюди, в лабораторію, - визначив Джек. - Потрібно рухатися далі. Але тепер ми можемо просто пробігти відстань, що залишилася.

І сховавшись за високою стіною, ми жвавою спритністю минули будівлю, потім швидко подолали невелику відкриту ділянку поля між нею і джунглями і, нарешті, пірнули в їх густі зарості.

Подальший шлях проходив в більш легкому, а, отже, і в більш швидкому темпі, тому що тепер ми могли пересуватися в природному вертикальному положенні. Та й визначити напрямок вже можна було без електронної карти - між високих стовбурів деревовидних папоротей і хитромудрих переплетень ліан праворуч проглядала верхівка невисокої самотньої гори, що була покрита рідкісним трав'яним покривом і сяяла в променях ранкового сонця своїми оголеними скелястими кручами. Десь у схилі цієї гори і повинна була знаходитися загадкова печера з лігвом Леза Темряви. Ми додали кроку.

Через деякий час ми вийшли з лісу і, опинившись біля підніжжя цього рельєфного виступу, стали оглядати його пологі кам'янисті схили, на яких подекуди росли низькі дерева і колючі чагарники. Вершина гори йшла в блакитне небо з білосніжними хмарами, різко контрастуючи зі звичним більш-менш рівним ландшафтом острова С***.

Не помітивши нічого схожого на печеру, ми повільно пішли вздовж схилу, попутно пильно оглядаючи його. Я перша помітила ціль: широкий темний отвір у скелі, злегка прикритий гілками папороті, що звисали над ним, і молодого деревця, що росло біля входу. Печера знаходилася не дуже високо, біля невеликого плоского виступу, який представляв собою своєрідний майданчик перед нею. Я вказала своєму напарникові на печеру, і ми почали сходження по кам'яних уступах з ділянками зеленої, сірої і рудої порослі з дрібної трави, моху і лишайника. Опинившись на уступі, ми включили свої кишенькові ліхтарі і поринули в розкриту пащу таємничої печери.

Всередині було прохолодно і темно з огляду на те, що печера розташовувалася на південному схилі гори і прямі сонячні промені ніколи не проникали в її глибини. Та й наші очі ще не звикли до мороку, що поглинув нас. Лише в невеликих плямах світла від наших ліхтарів ми могли розгледіти звисаючі зі стелі довгасті бурульки сталактитів[182] та гострі піки сталагмітів[183], що стирчали навпроти них, і потужні колони сталагнат, коли перші два типи печерних утворень, нарешті, зустрічалися один з одним. Процес формування сталагнат, що протікає багато десятків або навіть сотні років, я порівнювала з самою любов'ю: самотні серця довго шукають один одного, потім знаходять і прагнуть доторкнутися, обійняти, приголубити, утримати, злитися зі своєю другою половинкою ... і ось, нарешті, вони разом, тим самим створивши ще одну єдину могутню опору для суспільства - сім'ю. «Ох, якби людська любов завжди була такою ж довгою і міцною, як ці вікові колони ...» - промайнула в мене думка.

Промені ліхтарів полоснули по нерівному зводу печери і вихопили з темряви скупчення великих темно-бурих волохатих грудочок, що звисали з кам'яних виступів. Розбуджені яскравим спрямованим світлом, грудочки ці обурено запищали, заворушилися, розкрили шкіряні крила і в наступну мить печера наповнилася хмарою стурбованих кажанів[184].

---

[182] Сталактити (грец. "Σταλακτίτης" - натік по краплі) - відкладення хімічного походження, що спостерігаються в печерах у вигляді бурульок, які звисають з її стелі, соломинок або гребінок. Утворюються в результаті хімічної реакції розчинення вапняку у воді і відкладення карбонату кальцію при певних умовах протягом десятків років.

[183] Сталагміти (грец. "Σταλαγμίτης" - крапля) - натічні мінеральні утворення хімічного походження, які ростуть з дна печер назустріч сталактитами. Мають вигляд конусів або стовпів.

[184] Кажани (лат. "Microchiroptera") - невеликі (3-14см) крилаті ссавці з розряду рукокрилих (Chiroptera). Характеризуються видозміною передніх кінцівок у шкіряні крила, відсутністю кігтя на другому пальці передніх кінцівок, розвиненим ехолокаційним апаратом, укороченим лицьовим

Вони метушилися в променях наших ліхтарів, безперестанку видаючи писк і хотіли сховатися від непрошених гостей. Однак, незважаючи на хаотичність їхнього польоту, жоден кажан не наштовхнувся на нас. Це означало, що вони добре орієнтувалися в темряві, що було обумовлено їх здатністю «бачити звуками», тобто випускати ультразвуки, вловлювати відбите від об'єкта відлуння і з нього оцінювати відстань до об'єкту, розмір, форму і навіть структуру об'єкта. Саме така здатність науковою мовою і називається ехолокацією.

Хоча я і впізнала цей вид рукокрилих - ушани[185], які харчуються безхребетними і дрібними хребетними і абсолютно нешкідливі для людини, я мимоволі пригорнулася до широких грудей Джека. Той, у свою чергу, обійняв мене своєю сильною рукою, а іншою продовжував відганяти більшовухих літунів. Так я відчувала себе набагато безпечніше. Коли ж зграя зникла у темряві навколо нас, ми відсторонилися один від одного і, як ні в чому не бувало в повному мовчанні продовжили шлях у глиб печери.

Кажани нам більше не траплялися. З інших печерних мешканців ми помітили лише окремі види тарганів і багатоніжок. І один раз промінь від мого ліхтарика перетнув досить великого птаха в бурому з дрібними світлими плямами оперенні. Я здогадалася, що це був місцевий різновид жиряку[186] – печерної птиці, що мешкає виключно в темряві і також користується способом ехолокації. Вдень вона ховається в темних печерах, де і влаштовує свої гнізда, а вночі вилітає поживитися різними плодами.

Минуло ще трохи часу, перш ніж ми, нарешті, натрапили на них - таємничі символи, які згадував у своєму неймовірному оповіданні Азул. На кам'яній стіні поруч з товстим сталагмітом пляма від ліхтаря Джека вихопила кілька знаків, про які нагадували давньоєгипетські ієрогліфи. Ми підійшли ближче, щоб уважніше їх розглянути.

Знаки ці чітко виділялися на поверхні скелі. Вони були вирізані в камені, притому настільки тонко і рівно, ніби їх творець працював

відділом черепа та іншими ознаками. Поширені на всіх континентах. Класифікуються на 16 сімейств, що включають близько 700 видів.

[185] Ушани (лат. "Plecotus") - крилаті ссавці з сімейства гладконосих кажанів (Vespertilionidae). Зустрічаються в північній і південно-східній частині Азії, гірських районах Європи, Африці і на Канарських островах. Розрізняють 19 видів ушанів.

[186] Жиряки або гуахаро (лат. "Steatornis caripensis") - нічний птах із розряду дрімлюгоподібних (Caprimulgiformes). Довжина тіла до 55 см. Розмах крил до 1м. Жиряки гніздяться групами і населяють печери на півночі Південної Америки і на острові Тринідад.

лазерним дрилем. Однак ми не могли пригадати жодної стародавньої або сучасної мови, до якої могли належати ці символи:

```
∇ S ▯ ⌴ ⌐ ⌴ A
⌐ ∇ 6 // ⌴ ⌐ ▦ 6
⌐ ∇ 6 ▦ ⊠ A ⌴ ⌐ ▯
```

Тим не менш, важко сказати, що нас здивувало більше - ці незрозумілі знаки або ж ті, що перебували поруч, але набагато менш акуратно виконані написи на різних більш знайомих нам мовах: давньокитайській, давньоєгипетській, давньогрецькій, латині і деяких інших. Було схоже, що печеру цю відвідували різні народи з дуже давніх часів, і відвідувачі намагалися розшифрувати загадкові символи тут. «Тільки от яким чином мандрівники з Стародавньої Греції, Риму та інших країн опинилися в печері, яка лише кілька століть тому що піднялася з глибин Тихого океану?» - подумала я, відчуваючи себе героїнею якогось науково-фантастичного роману про машину часу. Потім я дістала блокнот з ручкою і стала замальовувати ієрогліфи, які незрозуміло звідки взялися на стінах печери і їх більш знайомі інтерпретації на різних мовах.

- Можеш прочитати тут що-небудь? - глухо прокотився по печері голос Джека, за яким відразу почулося відлуння.

Я пройшлася променем ліхтарика по всім символам і буквах, знайшла напис латинською мовою: «Lienis Deae Dianae» і стала перекладати:

- Так, що тут у нас є ... Перше слово означає «селезінка». Далі у нас йде «богиня». А останнє - це, швидше за все, її ім'я - «Діана» ... І того виходить: «Селезінка Богині Діани».

- Бідолаха, - прокоментував переклад Джек, - так і уявляю собі нещасного римлянина, який чорт знає яким чином опинився на цьому острові, в цій печері. Поступово він починає сходити з розуму від самотності і безвиході і мріяти про прекрасну богиню Діану, яка зійде до бідолахи і врятує його. От тільки не розумію, причому тут її селезінка? Невже у богині не було нічого іншого, про що можна було помріяти?

- Я вважаю, ця фраза містить прихований сенс, - зауважила я і стала розмірковувати вголос. - Богиня Діана в давньоримській міфології була як Артеміда[187] у стародавніх греків і вважалася уособленням

---

[187] Артеміда (др.-греч. "Ἄρτεμις") - у давньогрецькій міфології юна богиня полювання, родючості та жіночої цнотливості. Вона протегує всьому живому, дає щастя в шлюбі і допомогу при пологах. Є дочкою Зевса і Літо і сестрою Аполлона. Культ Артеміди отримав найбільше поширення в Ефесі

живої природи, покровителькою рослин і тварин, а також помічницею при пологах і захисницею цнотливості. Так що в оригіналі написи під «Богинею Діаною», можливо, мається на увазі навколишній світ, сутність всього живого, Мати Природа. Тепер про «селезінку»: у всіх хребетних тварин, у тому числі і в людини, вона є одним з основних органів кровотворення та обміну речовин. Також вона виробляє антитіла для підтримки імунітету організму, затримує і знешкоджує шкідливі бактерії і токсини і руйнує віджилі клітини крові. Враховуючи це, слово «селезінка» тут може означати якусь важливу складову, життєву силу, народження, захист або щось в цьому сенсі ...

— І все разом? — нетерпляче вставив мисливець.

— І вся разом ця фраза може вказувати на якусь важливу річ або сутність, призначену для захисту життя на острові С***, а може і всього навколишнього світу.

— А може бути просто маренням божевільного мандрівника, — наполіг на своїй теорії Джек.

— Все може бути, — не стала сперечатися я, розглядаючи сіру вологу стіну печери, — в усякому разі, інших символів і підказок я тут не знаходжу. Вони повинні бути далі.

Ми продовжили шлях у глиб печери. І він виправдав мій здогад: все частіше нам почали траплятися акуратні ієрогліфи таємничої мови, а також більш грубо виконані, але відомі нам письмена. Окрім них, на холодних і вологих стінах печери ми знайшли напрочуд чітко і детально вирізані в скелястій поверхні зображення різних рослин і тварин. Уважно придивившись до них, я розпізнала таких представників флори, як стародавні водорості, перші наземні рослини псилофіти[188], гігантські деревовидні папороті та інші вже більш сучасні рослини. З царства тварин тут були зображені копалини молюсків та хробаків, вимерлі морські

на західному узбережжі Малої Азії, де знаходився її храм - одне з семи чудес античного світу.

[188] Псилофіти (лат. "Psilophyta") - примітивні рослини-копалини з класу псилотовидних (Psilotopsida). Характеризуються відсутністю справжніх коренів, горизонтальної підземною частиною, що нагадує кореневище, і прямостоячими стеблами, що гілкуються. Ростуть на стовбурах пальм і деревовидних папоротей, на гумусному ґрунті і в тріщинах скель.

членистоногі трилобіти[189] і ракоскорпіони[190], кістепері риби[191] з довгими плавниками, гігантські динозаври та інші драконоподібні напіврептиліінапівптахи, перші пернаті літуни археоптерикси[192], шерстисті мамоти[193], могутні мастодонти[194] і неймовірна безліч інших організмів, як ті, що давно вимерли, так і ті, що нині живуть на планеті Земля.

По мірі вивчення цих наскальних малюнків мій інтерес поступово переходив в хвилювання, а потім і в невимовне захоплення. Адже ця печера була унікальним науковим відкриттям, представляючи собою величезну ілюстровану енциклопедію живої природи протягом усього процесу еволюції донині. І здогадка почала набувати обриси.

Я з легким хвилюванням у голосі звернулася до свого напарника, який з цікавістю розглядав зображення великого дельфіноподібного іхтіозавра[195]:

---

[189] Трилобіти (лат. "Trilobita") - вимерлі морські членистоногі. У довжину були до 90см і характеризувалися сегментованим тілом з кількома парами кінцівок, вкритому зверху твердим панциром. Відомо понад 10 тисяч викопних видів, що мешкали в палеозойську еру близько 500 - 300 млн. років тому.

[190] Ракоскорпіони або евріптеріди (лат. "Eurypterida") - вимерлі членистоногі з класу меростомові (Merostomata). Мали велику головогрудину з довгим членистим черевцем. У довжину мали зазвичай 20 см, але були знайдені і двометрові представники. Мешкали на мілководді і в морях палеозойської ери приблизно 500 - 200 млн. років тому.

[191] Кістепері риби (лат. "Crossopterygii") - стародавня і майже повністю вимерла група риб. Характеризуються наявністю м'язових лопатей біля основи плавців. Вважається, що кістепері риби дали початок земноводним і виходу хребетних на сушу. До теперішнього часу зберігся лише один рід кістеперих - латимерії (Latimeria), що живуть біля Коморських островів.

[192] Археоптерикси (лат. "Archaeopteryx") - вимерлі птахи, які вважаються проміжною ланкою між плазунами і птахами. Володіли одночасно щелепами із зубами, довгим хвостом, передніми кінцівками з трьома добре розвиненими пальцями і маховими пір'ям і тілом, також повністю вкритому пір'ям. Мешкали близько 150 - 147 млн. років тому.

[193] Мамонти (лат. "Mammuthus") - вимерлі ссавці з сімейства слонових (Elephantidae). Сягали 5 метрів у висоту і важили до 12 тонн. Відмінні характеристики - величезні (до 4 метрів в довжину) загнуті бивні і товстий шерстяний покрив. Жили в четвертинному періоді приблизно 4,8 млн. - 4500 років тому.

[194] Мастодонти (лат. "Mammutidae") - вимерлі ссавці із hjphzle хоботних (Proboscidea). Досягали 3 метрів у висоту. Від мамонтів та інших слонів відрізнялися будовою зубів, наявністю бивнів як у верхній, так і в нижній щелепі, і низкою інших ознак. Описано близько 20 видів мастодонтів, що мешкали в олігоцені приблизно 35 млн. років тому.

[195] Іхтіозаври (лат. "Ichthyosauria") - вимерлі морські рептилії. Досягали 24 метра в довжину. За формою тіла схожі з акулами і дельфінами. Населяли

- Джек, це ж неймовірно! Судячи з усіх цих символів, написів і малюнків, острову С***, мабуть, сотні або навіть тисячі мільйонів років! Я вважаю, що ще в палеозойську еру, що панувала на Землі близько п'ятисот мільйонів років тому, він, як і всі сучасні материки, був частиною гігантського суперконтиненту, званого Пангея[196]. Під час глобального катаклізму, що стався на початку мезозойської ери приблизно сотню мільйонів років тому і який розділив Пангею на окремі материки, острів С*** також став самостійною ділянкою суші. Можливо, тоді він був набагато більший, представляючи собою цілий невеликий континент. Однак його існування тривало недовго. Активний рух літосферних плит і виниклі при цьому гігантські цунамі через деякий час затопили цей клаптик суші і все, що на ньому знаходилося. Однак потоки магми, які утворювали вогняні річки і моря в земній корі, створили великий порожній простір під островом С***. При зіткненні з морською водою лава застигала, зміцнюючи стіни цієї порожнини в земній корі і роблячи їх більш стійкими до фізичних і хімічних впливів ззовні. Так під островом сформувалася якась подоба Ноєвого ковчега[197] для представників давньої флори і фауни. Організми, які потрапили туди, ймовірно, через цю печеру, виявилися замурованими там камінням, що обсипалося, і застиглими потоками лави. Це їх і врятувало від наслідків планетарного катаклізму. Умови в тому підземному світі виявилися більш-менш сприятливими для формування та підтримки стійкої екосистеми, і вцілілі рослини і тварини стали розвиватися в географічній ізоляції незалежно від еволюційного процесу на поверхні суші ...

Мій голос розкотистим відлунням відбивався від стін печери, наче вона сама вторила моїй теорії, вселяючи впевненість у її близькості до істини. Я перевела подих і продовжила:

- Проте в результаті динаміки літосферних плит і бурхливої вулканічної активності в цьому регіоні в наступний час острів С***

моря протягом майже всієї мезозойської ери близько 250 - 90 млн. років тому.
[196] Пангея (др.-греч. "Πανγαῖα" - вся земля) – супер-континент, що виник в еру палеозою приблизно 300 млн. років тому і дав початок сучасної континентальної структурі Землі. Спочатку, близько 200 млн. років тому, Пангея розділилася на континенти Лавразія і Гондвана, які згодом розпалися на сучасні континенти Євразію, Північну Америку, Південну Америку, Африку, Австралію і Антарктиду.
[197] Ноїв ковчег - в Біблії величезне судно, побудоване праведником Ноєм за велінням Бога для порятунку від Всесвітнього потопу своєї родини і по парі кожного представника тваринного царства. Передбачається, що останки ковчега знаходяться десь біля гори Арарат у Туреччині. Експедиції по його пошуків ні доказів, ні спростувань цього припущення не принесли.

періодично підіймався над поверхнею океану, а потім знову занурювався в його глибини. За ці відносно недовгі проміжки підняття острова він ставав притулком для мандрівних комах і птахів і родючим ґрунтом для насіння рослин, принесених сюди вітром або тими ж мандрівними тваринами. Також на острів зрідка потрапляли мореплавці, що зазнали аварії і дивом врятувалися. Вони-то, швидше за все, і написали на стінах цієї печери, де ховалися від негоди, всі ці написи і зображення тварин, побачених в її глибинах.

Однак поступово активність літосфери тут знижувалася. Це призвело до того, що острів С*** на багато тисячоліть зник у вирі Тихого океану, приховавши від людських очей унікальний світ його надр. І лише таке потужне зіткнення Австралійської і Тихоокеанської тектонічних плит, яке сталося кілька сотень років тому, змогло знову виштовхнути цю ділянку суші на поверхню океану. Рослини і тварини, що процвітали в надрах острова, вийшли на поверхню і швидко обжилися на ній. Тобто, вони не створили нову екосистему, як ми вважали досі, а лише продовжили існувати тут багато мільйонів років.

Я зупинилася, часто дихаючи від усього цього монологу і хвилювання. Джек, який уважно слухав мене весь цей час, провів променем ліхтаря по зображеннях доісторичних тварин на стіні печери і, як зазвичай, в задумі почухав своє неголене підборіддя.

- Десь я вже чув схоже, - нарешті вимовив він, - точніше, читав. Ще в дитинстві. У одного англійського письменника ... Артура Конан Дойла[198], здається. «Загублений світ»[199] - так називався роман. Там теж було місце, де збереглися динозаври та інші давні тваринки. Але роман був вигадкою, <u>науковою фантастикою</u>.

[198] Артур Ігнатіус Конан Дойл (1859 - 1930) - широко відомий шотландський і англійський письменник. Знаменитий своїми детективними творами про детектива Шерлока Холмса («Скандал в Богемії», «Остання справа Холмса», «Собака Баскервілій», «Долина Жаху» і т.д.) і науково-фантастичними романами про пригоди професора Челленджера («Загублений світ», «Отруєний пояс», «Коли Земля скрикнула» та інші). Крім цих творів є автором ще кількох історичних романів, віршів, п'єс, філософських творів і автобіографічних нарисів.

[199] «Загублений світ» (англ. "The Lost World") - науково-фантастичний роман Артура Конана Дойля, опублікований в 1912р. Це перший твір із циклу про професора Челленджера. Тут описуються пригоди британської експедиції в Південній Америці, де вона знайшла місце, населене динозаврами, доісторичними ссавцями і примітивними людьми кам'яного віку. Прототипом цієї експедиції стала реальна експедиція друга Артура Конан Дойла майора П. Г. Фоссета, а протитопом місцевості «загубленого світу» - плато Рорайма на стику Бразилії, Венесуели і Гайани.

- Так, я теж пам'ятаю цей твір, - сказала я, - і погоджуюсь, що моя теорія, як і «Загублений світ», звучить неймовірно і неправдоподібно. Але це єдине, що мені зараз спадає на думку, враховуючи все побачене тут. Щоб цю теорію підтвердити або спростувати, сюди потрібно спорядити цілу наукову експедицію, ... чим я і займуся після повернення в Дослідницький центр біологічних наук.

Ми вирішили присвятити ще деякий час вивченню загадкової печери, та й знайти, нарешті, гніздо не менше загадкового Леза Темряви. Отже, наша пара рушила далі, обшаруючи довгими променями ліхтарів вологе дно з невеликими калюжами в його виїмках, високу стелю, обвішану сталактитами, і стіни печери, поцятковані ілюстраціями як знайомих, так і досі небачених чудовиськ.

Джек хмикнув. Гучне відлуння глузливо хмикнуло кілька разів у відповідь.

- Виходить, що наш рогатий і лускатий приятель - це виходець з далекого минулого? - припустив він, висвітлюючи ліхтарем зображення якогось доісторичного виду ящера, невідомого науці.

- Виходить, що так, - відповіла я, - і, судячи з його поведінки, Лезо Темряви в цьому прихованому ізольованому світі знаходиться на вищому щаблі еволюції. Як людина на всій іншій частині планети.

- От же ж, мізкувата бестія ... - пробурмотів мисливець і, задумавшись, замовк.

Ми пройшли ще кілька метрів, перш ніж побачили попереду акуратно викладений на гладкій гранітній поверхні дна печери і злегка прим'ятий оберемок сухих стебел і листя Скорпіонової трави. Поруч з цим своєрідним ложе ми виявили невелику купку пережованої молодої порослі цієї ж рослини і кілька довгих обгризених на кінцях гілок дерев, розкладених на широкій порослі моху. А трохи далі Джек помітив і вказав мені на поглиблення в гранітній скелі з акуратно викладеними навколо каменями, куди зі стелі печери капала кристально чиста, відфільтрована декількома шарами ґрунту вода. Ми відразу здогадалися, що це і було лігво Леза Темряви.

- Добре ж звірюка влаштувалася! - вигукнув мисливець. - Практично всі житлово-комунальні умови: і зручне ... для Леза Темряви ... ліжко, і до сніданку рукою, тобто лапою, подати, і умивальник разом з поїлкою із завжди свіжою, чистою і прохолодною водою. Не здивуюся, якщо десь тут ще виявиться ванна з джакузі[200] і туалет з каналізацією.

---

[200] Джакузі або гідромасажна ванна - профілактична ванна, призначена для відпочинку, масажу і прийняття водних процедур. Винайдена італійцем Кандідо Якуцці (Candido Jacuzzi) в 1956р. В середині двадцятого століття родина Якуцці почала промисловий випуск цих ванн.

Було проведено ретельне дослідження місця навколо гнізда. Ні ванни, ні джакузі, ні каналізації ми, звичайно, не знайшли, але натомість я зробила дуже важливе, хоча й очікуване спостереження.

- Заувaж, Джек, - звернулася я до свого напарника, обводячи рукою лігво чудовиська, - тут ніде немає кісток та інших останків тварин, поруч з місцем ночівлі хижака. Це остаточно доводить, що Лезо Темряви - істота травоїдна ...

- Навіщо ж йому тоді гострі зуби і довгі кігті, характерні для м'ясоїдних бестій? - перервав мене мисливець.

- Не можу сказати напевно, - зізналася я, - можливо, вони слугують засобами захисту або для змагань під час шлюбного періоду.

Я замовкла, замислившись, а потім продовжила:

- Між іншим, вегетаріанські уподобання чудовиська підтверджують ще одне наше недавнє припущення, а саме його малоймовірну причетність до всіх випадків загибелі людей на цьому острові. І з цього випливає, що або тут бродить якийсь інший звір-людожер, або ...

- ... Наш друг Азул виявився абсолютно правий і Колобок зі своїми поплічниками з GEC займаються тут вкрай непристойний і незаконними справами, прикриваючись уявним іміджем кровожерливого Леза Темряви, - закінчив за мене Джек. - От тільки що це за експерименти над нещасними Сололеадас? І, до речі, можливо, саме для цих експериментів компанія і тримає членів племені Сололеадас на острові С*** і не дає їм повернутися на континент?

- Це ми обговоримо після повернення в хатину Азула. Я вважаю, що нам потрібно буде викликати підтримку і разом відвідати і допитати пана Мірандеріка про реальну діяльність його компанії на острові, - твердо заявила я. - А до цього мені б хотілося ще деякий час пройтися по печері і подивитися зображення і написи на стінах - можливо вони підкажуть що-небудь про походження Леза Темряви і всього цього загадкового місця.

І поки Джек оглядав далеку частину печери, я повільно просувалася вздовж протилежної стіни, що знаходилася недалеко від лігва чудовиська, пильно вдивлялася в горезвісні наскальні малюнки і зарисовуючи деякі з них в свій блокнот. Однак ця галерея зображень доісторичних істот не давала ніяких натяків на предків Леза Темряви. Також не було і вказівок на історію походження острова С***.

Раптово я натрапила на вже знайомі символи невідомої мови. Знайшовши збляклий часом переклад на латиниці, я прочитала напис.

- Джек, йди сюди! - рознісся луною по печері мій заклик.

Коли мисливець наблизився, я висвітлила променем ліхтаря латинський текст і, намагаючись дотримуватися оригінального віршування, перевела його вголос:

У той похмурий час, коли Богиня Діана буде хвора,
До останніх своїх ліків вирішить вдатися Вона.
І тоді підніметься військо з метою людського мору.
І збере його грізний Клинок, що тут з'явиться скоро...

... Скоро ... - відлуння кілька разів повторило останнє слово, ніби знущально нагадувало мені про ті шалені моменти, коли воно нахабно влазило в мою голову.

- Ця Богиня Діана тут явно була дуже популярна, - після паузи зауважив мисливець, - і цей віршик в її честь, звісно ж, гарний ... хоч і злегка лякає. Тільки от я не до кінця розумію його сенсу.

- Я теж, - сказала я, намагаючись вгамувати звідкись взяте внутрішнє тремтіння, - але я готова присягнутися, що він якимось чином пов'язаний з Лезом Темряви ... і з моїми недавніми нічними кошмарами.

Мені стало дуже незатишно в цій величезній, темній та холодній печері. Мені хотілося вирватися з темряви, що огортало мене, на світло і простір і знову опинитися серед зеленої трави, високих дерев і різних тварин. Я висловила бажання покинути це місце і повернутися до хатини Азула, а вивчення печери відкласти на інший раз. Джек погодився без будь-яких заперечень, оскільки ми були відсутні вже досить довгий час, і якщо пан Мірандерік раптом навідається до нашої хатини, то в Азула може не вистачити фантазії придумати казку про причину нашої відсутності.

Отже, останній раз швидко оглянувши лігво чудовиська, ми повернули до виходу. Темрява, яку ми турбували променями світла від наших ліхтарів, поступово наступала позаду нас, відвойовуючи простір, який тисячоліттями належав їй, і приховуючи від сторонніх очей написи і малюнки загадкової печери.

Розділ XVII.
Чудовисько і рятівник.

Сонце стояло вже високо над обрієм, коли ми вийшли з печери Леза Темряви. Ми обережно спустилися до підніжжя гори і поринули в рослинний лабіринт тропічного лісу. Там ми прискорили крок, іноді переходячи на біг, бо розуміли, що зворотний шлях займе набагато більше часу: навпростець через поле Скорпіонової трави ми вже не могли йти, бо відразу ризикували бути поміченими роботами-фуражирами або невідомими в комбінезонах. Доводилося пробиратися в обхід.

Таким чином, діставшись до околиці поля, наша маленька команда стала обходити його, прикриваючись густими заростями чагарнику і папороті навколо. При цьому кожен з нас періодично кидав погляд на довгі численні грядки Скорпіонової трави, щоб переконатися, що наше просування залишалося непоміченим. Це не було зайвою пересторогою, оскільки тепер на широкому полі стало досить тісно. Уздовж грядок отруйних рослин повільно рухалися роботи-фуражири, акуратно зрізуючи стебла і листя і складаючи їх в циліндричні ємності на своєму куполоподібному панцирі. За ними йшли незнайомці в захисних костюмах з мішками і різними інструментами і поливали, удобрювали, підрізали рослини, а також підбирали все те, що кидали машини, які шкандибали попереду. Замикали кожну таку групу також роботи - кремезні «Мечохвости» не здійснювали ніяких маніпуляцій зі Скорпіоновою травою, а лише грізно помахували променевими пушками в бік людей.

«Цікаво, що «Мечохвости» там роблять? - подумала я. - Адже якщо ці роботи охороняють робітників від хижака-людожера, то їх слід було б розмістити по периметру поля».

Через деякий час все стало зрозуміло зрозумілою. Ми помітили, як один з незнайомців в комбінезонах спіткнувся, впав і перекинув мішок з органічними добривами[201], розсипавши весь його вміст. В ту ж мить найближчий з «Мечохвостів» різко повернувся до нього і вистрілив яскравим лазерним променем в землю в декількох сантиметрах від голови винного. Це був попереджувальний залп - мовляв, ще раз подібне повториться, і приціл буде скорегований не на твою користь. Робочий вже зрозумів це, швидко схопився на ноги і почав збирати розсипану кашку добрив назад в мішок.

Я в подиві озирнулася на Джека. Той повільно підняв брову і прошепотів:

- Як при стародавньому рабовласницькому ладі. Тільки тепер з високотехнологічними методами примусу і контролю.

---

[201] Органічні добрива - речовини для живлення рослин, поліпшення властивостей ґрунту і підвищення врожаю, засновані на переважно на органічних сполуках. Сюди відносять гній, пташиний послід, торф, мул, солому, комплексні органічні добрива, господарські та промислові відходи.

- Хіба таке можливо в сучасному високорозвиненому суспільстві, в основі якого стоять загальноприйняті норми моралі, моральності і гуманізму? - жахнулася я.

- І в наливне яблучко пролізе старий черв'як. Тим більше що воно особливо привабливе для нього, - суворо зауважив мисливець. - А взагалі, Колобку доведеться дуже багато чого нам пояснити.

Минувши поле Скорпіонової трави, ми знову опинилися одні серед високих стовбурів дерев і деревовидних папоротей і могли прискорити пересування. Тим не менш, через необхідність обхідного шляху ми суттєво віддалилися від села Сололеадас і тепер прагнули швидше подолати цю відстань.

У такому поспіху ми не встигли вчасно помітити робота-спостерігача, який причаївся серед густого переплетення ліан в кроні молодого коп'євіка зонтичного. Лише коли «косарик» поворухнувся, Джек помітив рух і прямо на ходу влучним пострілом зі снайперської рушниці розніс механічного шпигуна на десяток розпечених уламків.

- Набридли мені ці окаті іграшки Колобка! - невдоволено висловився мій напарник. - А якщо він запитає про цей випадок, то скажемо, що я цілився в чудовисько, а випадково потрапив на робота.

Я мовчки кивнула, а сама подумала: «Щось всі тут вже зовсім забрехалися. Взагалі, брехня зараз стала звичайним явищем практично в усіх справах. Через це факти доводиться збирати по крихтах. Коли ж тут, нарешті, з'явиться пані Істина?». Однак я відчувала, що чекати залишилося недовго.

Через кілька хвилин запеклої боротьби з ліанами і гілками чагарників на нашому шляху ми вийшли на невелику галявину. Тут Джек раптово зупинився. Я завмерла поруч з ним.

- До нас хтось швидко наближається, - тихо пояснив він, розглядаючи буйну рослинність в декількох десятках метрів попереду нас крізь свої теплоуловлюючі лінзи.

Ми насторожилися, тримаючи зброю напоготові.

- Близько, - шепотів мисливець, - ще ближче ... це людина ... невеличкого зросту ... він вже тут ... зараз з'явиться.

У наступну секунду з заростей вибіг змилений і важко дихавший Азул, помітив нас і з криком кинувся в нашу сторону. Тут же слідом за ним вискочив Лезо Темряви і кинувся за хлопчиком. Великі жовті очі ящера з вузькими чорними зіницями зосередилися на Азулі. Величезна паща була прочинена, оголюючи ряди довгих, гострих, загнутих всередину зубів. Могутні ноги переслідувача робили широкі кроки, швидко скорочуючи дистанцію між ним і хлопчиком, який втікав.

- Він сказився! - в паніці закричала я.

Джек сприйняв це як мотив до негайних дій. У кілька секунд він скинув свою рушницю і прицілився.

Але тут Азул повів себе абсолютно непередбачувано. Хлопчик, мабуть, вгадавши намір мисливця, закричав ще голосніше і кинувся під приціл, намагаючись закрити своїм тілом величезну фігуру чудовиська позаду. І в цю ж мить Джек вистрілив.

Тонкий білий з блакитним відтінком промінь лазера прочертив в повітрі смертоносну лінію й пробив праву частину грудей Азула. Той тяжко зітхнув, скляними очима глянув на нас і звалився на землю, за інерцією прокотившись ще кілька метрів. Лезо Темряви ж, залишившись неушкодженим, видав переляканий рик, на ходу різко розвернувся і зник у колючому чагарнику зліва від нас.

Секунду ми перебували в шоковому стані від такого повороту подій. Отямившись, ми зразу ж кинулися до хлопчика. Потерпілий ше був живий: він важко дихав, час від часу судорожно кашляючи кров'ю, і дивився в небо помутнілим поглядом. З акуратного круглого отвору над правим соском безперервно струїлася червона кров. Джек зірвав з себе захисний комбінезон, потім майку і з останньої заходився робити перев'язь, щоб зупинити кровотечу. Однак ми розуміли, що кров, ймовірно, вже заливала легені і жити хлопцеві залишалося недовго. Викликати допомогу не було сенсу: коли вона настигне, буде вже пізно.

Я помітила, як з очей Джека потекли великі сльози - він напевно відчував провину за неминучу смерть Азула і все ж нічим не міг йому допомогти. Та й я сама не приховувала горя, хоча і не звинувачувала тут мисливця - адже він, навпаки, хотів врятувати хлопчика.

Велика сльоза скотилася по моїй щоці, повисла на ній і впала на плече Азула. Той відчув це, обернувся до нас і слабо посміхнувся. Ми натягнуто посміхнулися у відповідь і стали переконувати його, що все буде добре, хоча самі в це не вірили. В цей же час Джек наклав на груди хлопчини свою саморобну перев'язку.

Азул зробив жест, щоб ми замовкли, і, часто кашляючи, розповів про те, що рано вранці пан Мірандерік і доктор Краймерс заходили в його хатину. Виявивши нашу відсутність і не повіривши історії, вигаданої на ходу хлопчиком, директор GEC наказав відправити всіх спостерігачів і бойових роботів на пошуки нас. Після цього він і доктор Краймерс вийшли з хати, залишивши Азула під охороною двох агентів компанії. Однак, він зміг вирватися і втекти в джунглі, щоб попередити нас. Агенти могли б швидко наздогнати хлопчика, але тут йому на виручку прийшло Лезо Темряви, який дивом опинився поряд. Розправившись з поплічниками пана Мірандеріка, ящір дав зрозуміти Азулу, що буде супроводжувати його, після чого людина і чудовисько вирушили на пошуки нас. Так вони і з'явилися на наших очах перед фатальним пострілом.

Ця розповідь ще більш посилив наше горе. Адже наша необдумана реакція привела до смертельного поранення того, хто ризикував собою заради нашого блага. Та й юний герой поступово згасав на наших очах: голос його слабшав, дихання і пульс його сповільнювалися, а погляд його блакитних очей помутнів і більше не реагував на навколишній світ... Ось його головка зі скошланим волоссячком повільно повернулася, торкнувшись щокою сирого ґрунту з рідкою зеленою пороcлю, вираз його красивого личка застиг, а з рота потекла тонка цівка крові.

Джек припав до грудей Азула і голосно заплакав. Я ж притиснула маленьку, ніжну долоньку хлопчика до свого серця і важко схлипувала. Ми цілком віддались горю втрати нашого юного друга і нашої прямої провини в цьому. Весь навколишній світ перестав існувати. Ми відмовлялися що-небудь бачити, чути, відчувати ...

Сильна луската лапа схопила Джека за шию і різким ривком відкинула в сторону. Не встигнувши отямитися, я відчула потужний удар пазуристої ноги в живіт, який відкинув мене до стовбура деревоподібної папороті, що стояла поруч. Я вдарилася об нього і зразу ж відчула, немов у мене з очей феєрверком бризнули зірки. Потім я згорнулася біля підніжжя стовбура, нестямно кашляючи і тримаючись за живіт, який пронизала моторошна біль.

Трохи оговтавшись і потираючи живіт і забиті місця, я побачила перед собою Лезо Темряви з тілом Азула в передніх лапах. Пригнувшись, чудовисько видало протяжний страхітливий рев, блиснуло на мене очима і разом з тілом рвонулось геть до раніше виконаної нами прогалині серед переплетень гілок дерев, чагарників і ліан.

- Це все твоя вина, тварюко! - пролунав повний сліпої люті крик Джека. - Тепер ти не втечеш! Я вб'ю тебе!

І мисливець, сповнений гнівної рішучості, промчав повз мене. Забувши про біль і удари, я швидко схопилася на ноги і кинулася слідом за своїм напарником.

Звичайно ж, наші відносно короткі і слабкі ноги не могли змагатися з довгими, м'язистими і пружинистими задніми кінцівками луската бестії, і вона швидко зникла з очей. Однак зламані гілки і чіткі сліди трипалих пазуристих лап дозволяли нам продовжувати переслідування.

Так сліди привели нас на широку галявину, яскраво освітлену сонячними променями, що струменіли через верхівки високих дерев. Будучи відкритою їх цілющій енергії, поляна ця густо заросла квітковими рослинами різноманітних форм і відтінків. Серед них некваплио пурхали великі строкаті метелики, дзижчали важкі жуки і волохаті джмелі, стрімко проносилися стрункі бабки. З гілок дерев навколо долинав заливистий спів птахів різних тональностей, звучань і ритму. Просто дивно, яке розмаїття життя змогли зібрати тут теплі промені далекого сонця!

У центрі галявини ми побачили Лезо Темряви, що схилився над ледве помітним в густій траві тілом Азула. Відірвана ящером перев'язь Джека валялася на траві поруч. Мисливець метнувся вперед, піднімаючи рушницю, проте я його зупинила, схопивши за плече.

- Зачекай! - прошепотіла я. - Мені здається, що чудовисько хоче допомогти Азулу. Наскільки я бачу, воно намагається залікувати його рану.

Мій напарник недовірливо глянув на мене, але стріляти все ж не став. Ми тихо стояли в десятці метрів від ящера і спостерігали, як він відкушував молоду поросль скорпіонової трави, що росла поруч, пережовував її, а потім обережно облизував рану на грудях хлопчика, змочуючи її чудотворним басіліксоліном обробленим. Цю процедуру він повторив приблизно сім разів. Після лікування Лезо Темряви піднявся, пильно оглянув юне людське тіло, потім перевів погляд на нас, видав короткий, повний докору рик і відбіг у протилежну від нас сторону. Зупинившись на краю галявини, він обернувся і став спостерігати за нашими подальшими діями.

Не зволікаючи більше ні секунди, ми підбігли до тіла Азула, впали на коліна і схилилися над ним, щоб оглянути рану. Вона була покрита темно-зеленою кашкою з неприємним запахом, яка злегка пінилась і пузирилася. Я помацала зап'ясті хлопчика і з радістю повідомила Джеку, що пульс є, хоча і дуже слабкий.

- Схоже, що Лезо Темряви зупинив кровотечу, висмоктав з легких кров і замазав рану відновлювальною сумішшю зі своєї слини і басіліксоліна обробленого, - оцінювала я результат лікування ящера. - Тепер потрібен час, щоб ця лікувальна суміш залікувала пошкоджені тканини і органи, а організм відновив свої сили. От тільки не знаю, що тепер робити: залишитися з хлопчиком тут, на свіжому повітрі і під життєдайними сонячними променями, або ж викликати лікарів GEC і відвести його в медичний центр, де є всі необхідні препарати на екстрений випадок?

Мисливець приготувався було відкрити рот, щоб висловити свою думку, як раптом над галявиною пролунав застережливий вигук чудовиська. Ми підняли голови: Лезо Темряви, весь напружившись і піднявши свій спинний гребінь з шипами, неспокійно озирався на всі боки і глухо гарчав. Потім він круто повернувся, кинувся до високого розкидистого камфорного дерева[202] на краю галявини, стрімко виліз по його стовбуру і зник у густій кроні.

Ми теж стали пильно розглядати зарості тропічного лісу, що оточували нас. Джек незадоволено сплюнув.

- Іграшки Колобка, - пояснив він, - всюди.

Тепер і я помітила близько десятка камер «Сінокосця», що стежили за нами з верхівок дерев.

Зашелестів високий кущ копаіфери праворуч від нас. Ми насторожилися. За мить на галявину виповзла трійця автоматичних гармат «Каракурта», супроводжувана парою важкоозброєних роботів «Голіафів-Мелеагрісов», якими так захоплювався Джек. Ми обережно піднялися з колін. Мій напарник стиснув в руках снайперську рушницю, а я намацала рукоятку свого пістолета-транквілізатора. Хоча, звичайно ж, ми розуміли, що не могли з такою зброєю протистояти п'яти бойовим машинам.

«Каракурти» повільно обійшли нас і взяли в півкільце: дві гармати по сторонах і одна позаду нас. «Мелеагріси» зупинилися прямо перед нами. Їх великокаліберні кулемети і потужні лазерні гармати націлили свої дула на нас.

Ми чекали, що буде далі.

З боку правого «Мелеагріса» почулося клацання, і затемнене лобове бронестекло його кабіни плавно від'їхало назад, відкривши нашому погляду добродушну посмішку пана Мірандеріка. У кабіні іншого робота, звичайно ж, виявився доктор Краймерс.

- Добрий день, мої дорогі! - як ні в чому не бувало проворкотів Лео, - Ось ми вас і знайшли.

---

[202] Камфорні дерева, камфорні лаври або коричники камфорні (лат. "Cinnamómum cámphora") - вічнозелені дерева з сімейства лаврових (Lauraceae). Ростуть порівняно швидко, досягаючи 20 - 50м. у висоту. Поширені в Східній Азії і на японських островах. Камфорні дерева також існують в Південній Африці, Австралії, на Канарських островах, Мадагаскарі та деяких районах Європи та Північної Америки. Використовуються для отримання ефірного і камфорного масла, яке використовують як медичний препарат.

- Пане Мірандерік, що тут відбувається ?! - обурено відповіла я. - І що все це означає?! - я обвела рукою, спрямовані на нас дула «Каракурта».

Однак, директор GEC проігнорував мої запитання.

- Я ж вже казав вам, що поле Скорпіонової трави і територія за ним є забороненою зоною, - якомога м'якше нагадав Лео, проте в його голосі я почула сталеві нотки, - там дуже небезпечно. Там ...

- ... Знаходиться те, що ми не повинні бачити, - закінчив за нього Джек, - як, наприклад, робітники в цій самій небезпечній зоні, бойові роботи, що загрожують відстрелити черепушку за найменшу помилку, і печера Леза Темряви з таємничими символами, але без єдиного натяку на плотолюбність господаря.

- Так, ваш позаплановий огляд визначних пам'яток, схоже, пройшов не даремно, - відповів на це пан Мірандерік.

А доктор Краймерс додав:

- Напевно у вас є певні міркування з цього приводу. Чи не бажаєте поділитися?

- З превеликим задоволенням! - активно виступила я, сподіваючись на підтримку Альфреда. - Отже, в результаті проведених нами спостережень і аналізів з'ясувалося, що Лезо Темряви є травоїдною твариною, а, отже, його причетність до загибелі людей на цьому острові надзвичайно сумнівна. У лігві ж Леза Темряви ми остаточно переконалися в цьому. Тим не менш, GEC активно просуває образ кровожерливого чудовиська, тим самим приховуючи справжню причину страшних подій, що відбуваються тут, до чого причетна сама компанії. Це знаходить підтвердження в розповіді Азула, в якій він повідомив нам про агентів GEC, які викрали його батьків для якихось жорстоких експериментів. А це, як відомо, є грубим порушенням глобальних норм етики і гуманізму. Крім того, ми виявили, що ваша компанія експлуатує своїх робітників і членів племені Сололеадас, піддаючи їх смертельної небезпеці на полі Скорпіонової трави. Можливо навіть, що ви навмисне не хочете допомогти Сололеадас повернутися на материк, щоб не втратити своїх «рабів». Таким чином, можна зробити висновок про те, що GEC нелегально використовує робочу силу, експлуатує її в надзвичайно небезпечних умовах праці і, що найгірше, проводить тестування своїх розробок на живих людях, тим самим порушуючи чинне законодавство Союзу Об'єднаної Землі і загальноприйняті людські норми, - урочисто уклала я.

Директор терпляче вислухав всю цю промову і в кінці загадково посміхнувся.

- Вельми сміливе твердження. Особливо, якщо враховувати справжній стан справ, - він багатозначно поплескав по контрольній панелі свого «Мелеагріса». - Тим не менш, ви так і не змогли усвідомити всій геніальності нашої ідеї і широти розмаху діяльності цієї корпорації. Що ж, я дозволю вам заповнити цю прогалину.

Джек нахилився до мого вуха і прошепотів:

- Схоже, зараз буде традиційна сцена з традиційного фільму: перед тим як отримати по заслугах, головний лиходій присвячує останні хвилини свого життя довгим балачкам, захоплюючись самим собою і розкриваючи всі свої карти.

В цей же час пан Мірандерік, наче демонструючи слова мисливця, оперся на контрольну панель свого робота і почав показувати нам всі деталі картини діяльності GEC і подій, що сталися на острові С ***.

- Купуючи цей клаптик землі посеред океану і засновуючи тут «Healthy Life Company», мій батько навіть не підозрював, яку багату «золотоносну жилу» він придбав, - спокійно, з нотками самозакоханого торжества говорив він, - але «жила» ця цінна не завдяки блискучому золоту, а невисоким рослинам з темно-синіми квітками і гострими отруйними шипами над ними. Так, саме завдяки чудодійній Скорпіоновій траві. Звичайно ж, її вирощування, одержання з неї чудотворних лікарських препаратів та їх продаж зробили нашу сім'ю неймовірно багатою, а «Healthy Life Company», нині «Genetical Enjoyment Company» - лідером світового ринку фармацевтичної продукції. Однак саме я виявив і почав застосовувати найприбутковіший спосіб використання Скорпіонової трави - розробку і виробництво біологічної зброї, а точніше його найбільш ефективні різновиди - зброї генетичної ...

При цих словах ми з Джеком обмінялися багатозначними поглядами. Лео помітив це, посміхнувся і продовжив:

- Реальність така, що сучасне людство - це в більшості своїй ні що інше як натовп дуже розумних, дуже егоїстичних і надзвичайно жадібних до влади істот. Багаті бізнесмени, корумповані політики, продажні чиновники, релігійні фанатики, бездушні терористичні організації, навіть цілі країни та їх об'єднання - кожен з них п'яніє від солодкого запаху влади і кожен готовий викинути великі гроші, щоб дістати її. Так за законами ринку попит народжує пропозицію. І ми, звісно ж, відповідаємо на цей попит і пропонуємо їм усім владу контролювати покірних і позбавлятися від непокірних, влада для завоювання і панування, влада зброї ... непомітної, непереможної, неповторної. Саме таку унікальну і високоефективну зброю за останнім словом генетики та біоінженерії і випускає GEC! - урочисто продекламував директор на одному диханні, ніби робив презентацію перед потенційними клієнтами.

Запанувала важка пауза. Тропічні птахи в кронах дерев навколо безтурботно виводили свої пісні, купаючись в променях полуденного сонця, що пронизують листя. Їм не було діла до жорстоких і безглуздих ігор людей.

Нарешті Джек суворо запитав:

- І ... що ж це за зброя?

- О-о ... - самовдоволено, з палаючими очима простягнув Лео, який схоже чекав цього питання, - уявіть собі невеликі автоматичні міни і бомби, які під час вибуху розкидають десятки тисяч смертоносного насіння Скорпіонової трави, які розносяться вітром на багато кілометрів і вражають практично всю живу силу супротивника. Або газові рушниці і гармати, що стріляють зарядами з розсіяним басілісколіном. При зіткненні з ціллю заряд розривається і випускає велику хмару небезпечної отрути. На те вона і отрута, щоб отруювати, чи не так? Ну а як вам модифікація басілісколіна в безбарвний токсин, молекули якого можна «програмувати» для впливу на певну структуру і гени ДНК? Додайте невелику його кількість в розподільник питної води і побачите пречудовий ефект: всі люди, які вип'ють її, будуть почувати себе нормально, а обрані вами цілі, які також скуштували водички з токсином, на місці помруть в страшних муках. Звичайно ж, ця розробка є однією з найбажаніших з боку клієнтів, а, отже, однією з найдорожчих.

Пан Мірандерік знову зробив паузу, обмінявся поглядами з доктором Краймерсом, який йому схвально кивнув, і, перевівши радісний погляд знову на нас, відновив свою жахливу розповідь:

- Безсумнівно, для забезпечення високої якості продукції, що поставляється кожна розробка потребує ретельної перевірки. А оскільки ефект нашої зброї спрямований на людину та її генофонд[203], то і для цих перевірок нам необхідний людський матеріал. Ось тут дуже до речі і трапилося плем'я нещасних Сололеадас. Після Великого Атлантичного Катаклізму, що позбавив їх батьківщини, кинув у відкритий океан і, нарешті, залишив їх одних на цьому невеликому і небезпечному острівці, Сололеадас ще десятки років чекали допомоги з материка. Але людство в цілому і Організація з реабілітації жертв стихії, зокрема, були зайняті порятунком мільйонів інших жертв лиха нашої планети, а необхідних установ та устаткування

---

[203] Генофонд - сукупність всіх генетичних особливостей певного виду або популяції організмів.

вкрай не вистачало. І люди випустили з виду і поступово забули про жменьку іспанців, португальців та представників деяких інших національностей, які по жорстокому велінню долі опинилися на ледве помітному на карті клаптику суші посеред Тихого Океану. Через хаос, що панував у комунікаційних мережах, вони не могли викликати допомогу. Та й практично нікому було їм допомогти ...

- І, звичайно ж, тут з прапором в зубах з'явилася ваша компанія, - похмуро пожартував Джек.

- Абсолютно вірно! - посміхнувся у відповідь Лео. - Купуючи острів С***, мій батько, Фредерік Мірандерік, вже знав про існування на ньому племені Сололеадас і під час свого першого візиту сюди щедро обдарував жертв катаклізму, що вижили і стали місцевими жителями, запасами продовольства, одягу і деякого обладнання. Також він забезпечив їх робочими місцями в лабораторії «Healthy Life Company», що почала будуватися ...

- Якщо Ваш батько був таким милосердним, - перервала я директора, - то чому він не допоміг Сололеадас повернутися на материк і знайти новий будинок?

- Вам, мила Джессі, не зрозуміти суворих законів бізнесу, - відповів на це директор, - Сололеадас - це ж ідеальна робоча сила: вкрай дешева, чи не дуже вимоглива, що дісталася нам абсолютно безкоштовно, та ще й не здатна нікуди піти з місця роботи - адже навкруги один океан. Та й крім відданих співробітників HLC, а згодом GEC, про їх існування ніхто і не підозрював, а відповідно, і не намагався їх врятувати. Та й у нас наївні Сололеадас спочатку бачили своїх рятівників, поки не зрозуміли, що в наших інтересах залишити їх усіх на острові. Будь-які спроби поплисти з острова або налагодити зв'язок з Союзом Об'єднаної Землі жорстко припинялися. Крім цього, в якості запобіжного заходу мій батько підкупив чимало чиновників, щоб ті оголосили практично всіх членів Сололеадас загиблими при катаклізм, а профілі і найменші згадки про минуле деяких з них і зовсім стерли з урядових баз даних. Це обійшлося йому дорогувато, але все ж таки в десятки разів дешевше, ніж стандартний підбір кадрів та управління ними. Та й роботи-фуражири вимагають набагато більших витрат з транспортування і експлуатації, ніж невибагливі Сололеадас ...

«Це ж справжнє рабство!» - вигукнула я про себе, але вголос нічого не сказала, намагаючись зберігати незворушний вираз обличчя. Коли на тебе спрямована трійця плазмових гармат і пара кулеметів, з емоціями треба бути обережніше. А пан Мірандерік тим часом натхненно продовжував:

- Однак, на цьому переваги нашої ... «співпраці» з племенем Сололедас не обмежувалися. З самого початку орієнтації діяльності GEC на виробництво генетичного зброї ці люди самі того не знаючи стали невід'ємним елементом цього процесу. Адже, завдяки Сололеадас, наші вчені мають унікальну можливість вивчати вплив своїх розробок на живому людському матеріалі, прямо на місці удосконалюючи їх і домагаючись бажаного смертоносного результату. Для цього агенти нашої компанії час від часу вміло викрадали окремих жителів села, а ми придумували різні казки про їхню загибель і годували цими історіями інших Сололеадас. То той порізався об шип Скорпіонової трави і помер від отрути, то цей ненароком звалився в подрібнювачі врожаю, і його перемолола на дрібні шматочки, то та стала здобиччю місцевих хижаків і так далі в тому ж дусі. Але запас нашої фантазії швидко висихав, а Сололеадас ставали все більш уважними та обережними ...

- І тут на сцені несподіваним чином з'являється Лезо Темряви. І вся ваша компанія аплодує йому і з задоволенням зваює на нового актора роль головного лиходія острова С***, - знову додав свій коментар Джек, поступово розуміючи весь хід подій.

- О, так! Однак роль ця була не єдиною, яку повинен був зіграти Лезо Темряви. Адже самі того не усвідомлюючи, Сололеадас принесли нам в руки не те що золоте, ... платинове яєчко! - пан Мірандерік потер руки від задоволення. - Коли ми просканували його, то побачили не зародка безмозкої ящіроподібної бестії, ні! Ми побачили унікального солдата передової лінії атаки: могутнього, швидкого, спритного, граціозного, неймовірно розумного, та ще й здатного самому виліковувати свої поранення і відновлювати пошкоджені органи і тканини. Це був практично подарунок з небес, що обіцяв солідні капіталовкладення, але і ще більш солідний прибуток. Звичайно ж, з метою запобігання поширення інформації про цю більш ніж цікаву істоту і наших планів щодо нього, мисливця, який знайшов яйце, ми швидко прибрали ... назавжди. Яйце ж, як я згадував при нашій першій зустрічі, ми піддали опроміненню ксі-хвилями гіперакселератору, щоб скоріше отримати дитинча ящера для роботи - нам дійсно не терпілося виліпити з нього унікальну органічну бойову машину. Ми вже уявляли собі довгі цифри інвестицій у цей проект з боку наших вірних партнерів і клієнтів. Але ...

- Але лускатий малюк виявився куди більш кмітливим, ніж ви розраховували, - вкотре вставив уїдливу фразу мій напарник.

- Що правда, то правда, - підтвердив директор GEC. - Несподівана і незрозуміла втеча дитинча завдало серйозного удару нашим планам, що виблискували багатствами. Тим не менш, з кожної невдачі можна отримати зиск. І ми вирішили використовувати свободу Леза Темряви в як причину зникнення людей з села Сололеадас. Це була чудова ідея! Ми змогли зняти з нас всі підозри і перенести їх на ящера. Крім того, пообіцявши Сололеадас захист від «Прокляття Темряви», ми завоювали велику довіру з їхнього боку, чим не забарилися скористатися, збільшивши навантаження на наших працівників з племені і здобувши нових «лабораторних мишей» для наших експериментів. Але все ж для реалізації нашого нового проекту зі створення супер-воїнів, що вміють само виліковуватися, нам необхідний був організм втікача в живому або мертвому стані. І ми почали полювання...

- Яке в результаті виявилася безуспішним, - я вирішила сама закінчити цю жахливу розповідь. - Лезо Темряви показав себе більш спритним і кмітливим, ніж всі роботи і снайпери компанії. І тоді ви вирішили вдатися до нашої допомоги. Заманивши нас на цей острів великою винагородою і приховавши всю цю моторошну реальність, ви змогли втягнути нас в полювання на ящера. Однак наше перебування в невіданні було недовгим. Бо чим сильніше ви стискали в кулаці істину, ховаючи її від нас, тим більше її просочилося у вас між пальців. І коли ми ковтнули занадто багато її крапель і стали усвідомлювати, що тут насправді відбувається, GEC прийняла рішення скоріше прибрати нас, щоб не допустити поширення небажаної інформації, здатної покласти кінець її брудній діяльності. Ось навіщо Ви тут, пан Мірандерік, разом зі своїми улюбленими гарматами. Вирішили особисто взяти участь у видаленні нас з Вашого рівняння, чи не так? А після того, як нас не стане, Ви просто знайдете собі нових мисливців, ще більш вміло замаскувавши реальний стан речей.

Лео посміхнувся, встав в кабіні свого «Мелеагріса» і награно зааплодував.

- Браво, браво! Ви абсолютно правильно все зрозуміли і підвели фінальну межу нашої спільної історії. Мушу визнати, що у вас чудові навички детективів. Але і ви погодитеся, що мої ідеї про орієнтацію діяльності компанії на генетичну зброю і використання Леза Темряви в цьому також чудові. Чи не так?

Деякий час ми мовчали, втупивши погляди в фігуру пана Мірандеріка, яка переможно посміхалася, і жахаючись того, що подібне ще можливо в сучасному високорозвиненому і цивілізованому суспільстві. Ні я, ні мій напарник не могли підібрати слів, які здатні були б висловити наші почуття в той момент. Нарешті Джек гнівно прогарчав:

- Ви... ЧУДОВИСЬКО!

- Вам це так просто з рук не зійде! - додала я. - Одного разу Ви будете покарані за все це зло!

- Це малоймовірно, моя дорога Джессі, - раптово долинуло з боку доктора Краймерса, який весь цей час зберігав мовчання. - Бачите, ми знаходимося під охороною у безлічі терористичних організацій, злочинних угруповань, продажних чиновників і жадібних до влади політиків у багатьох країнах. Вони наші постійні клієнти та інвестори і, звісно, не дозволять зникнути такому багатому джерелу високоефективної зброї, як GEC. Єдина істотна загроза для нас зараз - це ви, тому що інформація, яку ви розповсюдите, залишившись в живих, може підірвати нашу співпрацю з деякими клієнтами. Але ми скоро позбудемося цієї малесенькій проблемки.

Я не вірила своїм вухам.

- Альфред, - здивовано звернулася я до того, якого з недавніх пір вважала найближчою мені по розуму і духу людиною на цьому острові, - я не розумію ... А як же ... як же наші зустрічі, прогулянки, бесіди ... поцілунки? ...

Я відчула, ніби великий твердий клубок встав у мене в горлі, заважаючи говорити. Серце несамовито калатало, немов намагалося вискочити з грудей і показати Альфреду, як багато він для мене значив. «Що ж він відповість?» - схвильовано думала я.

Доктор Краймерс і бровою не повів, зберігши незворушний вираз обличчя. Дивлячись на мене з висоти свого робота, він спокійно сказав:

- Не будьте наївною дитиною, Джессі! Ви, безсумнівно, дуже приваблива, але кругленькі багатозначні суми на моїх рахунках обіцяють бути набагато привабливими завдяки нашому проекту. Адже з ними я зможу мати скільки завгодно дівчат, навіть ще більш молодих, красивих і сексуальних, ніж Ви. О так, в сучасному суспільстві багато з них готові віддатися повністю всього лише за купку новеньких хрустких папірців. Людина ж і створила гроші для того, щоб купити все, навіть самого себе, - посміхнувся він, глянувши кудись удалину. Потім керівник генетичних проектів GEC окинув мене презирливим поглядом і продовжив: - Я прикидався закоханим у Вас, Джессі, щоб бути в курсі всього, що Ви з'ясували. Так, ми мали намір убезпечити себе від втрати контролю над інформацією, яка могла бути компрометуючою для GEC. Дізнавшись про те, що Ви ведете щоденник, я запросив Вас до себе на сніданок і обід, тим самим давши можливість нашим агентам викрасти його. Із щоденника-то ми і дізналися про результати Ваших досліджень, про Ваші теорії і підозри, а також плани вирушити до печери Леза Темряви. Завдяки цьому, ми і змогли застати вас обох на зворотному шляху. Так що, Джессі, як Ви вже, напевно, зрозуміли, я до Вас зовсім байдужий і абсолютно спокійно подивлюся на Вашу загибель. Хоча, мушу визнати, ми добре провели час разом, моя мила. Однак бізнес - жорстока штука, що не терпить почуттів. Зрозумійте це. І прощайте, Джессі!

Останні слова доктора Краймерса я майже не сприймала. Похмурий, важкий, отруйний туман поглинув моє серце і розум. Я не плакала, ні. Не було про що горювати, так як всі мої думки і спогади про Альфреда немов провалилися в нікуди, в утворену всередині мене чорну діру. Не було більше ніякого Альфреда. Залишилася лише порожнеча ... Колись давно вона вже була тут ...

А потім порожнеча ця почала заповнюватися. З чорної діри, ніби біблійний Левіафан[204], почала підніматися ненависть і розтікатися по всій порожнечі в моїй душі. Жагою помсти наповнилися мої судини. Я грізно і рішуче глянула на колишнього колись «чоловіка моєї мрії». Одночасно рука моя до болю в суглобах стиснула руків'я пістолета-транквілізатора.

В цей же час пан Мірандерік додав до монологу свого поплічника:

- Альфред правий: пора з вами попрощатися! Я подбаю про те, щоб знайти і начисто стерти всю інформацію про мету вашої поїздки на острів С***. Тут же все буде виглядати так, ніби ви загинули від порізів Скорпіонової трави, і ніяких зайвих питань не виникне. Як ви самі зрозуміли, у нас вже накопичився великий досвід у приховуванні несподіваного зникнення людей, - посміхнувся директор, а потім награно відсалютував нам: - Що ж, приємно було познайомитися, Джессі, Джек ...

- Пішов до диявола, ЧУДОВИСЬКО! - огризнувся у відповідь Джек.

- Прощайте друзі м ..., - хотів було закінчити свою фінальну фразу пан Мірандерік, але тут завмер, здивовано втупившись на щось позаду нас. Доктор Краймерс також втупив свій погляд в тому напрямку.

---

[204] Левіафан (іврит "лів'ятан" - скручений, звитий) - гігантський морський змій, згадується в Старому Завіті Біблії як «цар над усіма синами гордості». Іноді ототожнюється з сатаною.

Ми швидко озирнулися: прямо до нас, роблячи гігантські стрибки, стрімко наближався Лезо Темряви. Розкритий спинний гребінь з шипами, напружені м'язи по всьому лускатому тілу і холодний зосереджений погляд звужених очей видавав його намір до атаки. Ні звуку не долинало з боку ящера, немов сама Темрява швидко насувалася на нас, готуючи до влучному удару своє гостре Лезо.

«Як він вчасно з'явився, - промайнуло у мене в голові, - ніби чекав закінчення розмови».

Тепер і «Каракурти» засікли атакуючу бестію. Діючи відповідно до своєї базової програми по знищенню Леза Темряви, вони в одну мить розгорнули свої гармати, що виблискували на сонці, до нової цілі. Але було вже пізно.

Відштовхнувшись сильними задніми кінцівками і хвостом, новий учасник дії на галявині зробив величезний стрибок, на мить завис на тлі ніжно-блакитного неба ... і з цієї миті події закрутилися, наче в центрифузі.

Лезо Темряви граціозно зігнувся в повітрі, розчепіривши лапи з великими і гострими кігтями, зі скреготом цих кігтів по металу впав на платформу крайнього «Каракурта», різким рухом зірвав з кріплень його плазмову гармату і з розвороту жбурнув її в павукоподібну машину праворуч від нього. Та вистрілила згустком концентрованої плазми в ящера; снаряд зустрівся з кинутою твариною гарматою, викликавши сліпучий вибух, який відкинув спотворений корпус «Каракурта», який вистрелив, далеко вбік. Сам ящір ж у цей час обробляв кігтями першого робота, що залишився беззбройним, обриваючи його дроти й вириваючи з металевого корпусу мікросхеми. Третій «Каракурт» вирішив спробувати свою вдачу і послав снаряд плазми в Лезо Темряви, але той вчасно помітив його і зіскочив зі своєї жертви, в результаті чого плазма пронеслася повз нього, перетворивши на обвуглені друзки стовбур одного з дерев на краю галявини.

У цьому хаосі я раптом відчула, як хтось міцно схопив мене за зап'ястя.

- Треба швидше сховатися! - прокричав мені в саме вухо Джек і смикнув мене за руку.

Ми побігли до платформи першого робота, подряпаного і міцними кігтями нашого несподіваного рятівника. Не зупиняючись, мисливець різко жбурнув мене за корпус платформи, потім скинув свою снайперську рушницю, розвернувся і, падаючи поруч зі мною, вистрілив у останнього «Каракурта». Постріл виявився надзвичайно влучним: тонкий промінь лазера прошив наскрізь металевий корпус робота і, мабуть, пошкодив його центральний процесор, оскільки бойова машина раптово завмерла, всі чотири ноги її підкосилися, і вона впала в густу траву, де і залишилася лежати без руху.

Так з автоматичними гарматами було покінчено. Але залишалася ще більш серйозна загроза - «Голіафи-Мелеагріси», забезпечені набагато більш значним озброєнням і керовані людським мозком. «І де зараз Лезо Темряви?», - промайнуло у мене в голові.

Я обережно визирнула з-за нашого укриття. Пан Мірандерік і доктор Краймерс зникли в кабінах своїх роботів. При цьому «Мелеагріс» директора крутився на місці як дзиґа, намагаючись скинути ящера, який повзав по ньому. Схоже, той шукав вразливе місце на сталевий обшивці бойової машини.

- Бережися! - долинув голос Джека, і його сильна рука смикнула мене назад за плече. І вчасно: кулеметна черга зметнула в повітря землю і траву поруч зі мною.

- Твій дружок Альфред, - пояснив мисливець.

- Він мені не дружок! - грізно відповіла я, відчуваючи, як у мені знову закипає ненависть. - І взагалі, він ще заплатить за все! Дай мені рушницю!

Я було простягнула руки до зброї, але Джек відвів її в сторону.

- Не гарячкуй, красуне, - спокійно сказав він, - жага помсти додає сили, але забирає розум. А оскільки за силою ми значно поступаємося Колобку і Доктору, то розум нам зараз вкрай необхідний...

Корпус нашого укриття весь затрусився від нової кулеметної черги, яка пройшла по ньому, але витримав. Мій напарник стиснув рушницю і виглянув між нерухомих кінцівок платформи поваленого «Каракурта».

- Добре, що я брав участь в розвантаженні партії цих механічних тварюк, - повідомив він, - тоді я зміг вивчити їх конструкцію і тепер знаю всі слабко захищені місця. Так що зараз ми цього нахабу акуратно прооперуємо.

З цими словами Джек прицілився і вистрілив. В ту ж мить від робота доктора Краймерса долинув гучний хлопок, скрегіт і глухий звук падіння на землю чогось дуже важкого. Я обережно визирнула з-за укриття і побачила, що права частина бойової машини диміла і іскрилася, у той час як його крупнокаліберний кулемет нешкідливо валявся в траві.

Проте у «Мелеагріса» ще залишалася лазерна гармата, якою він не забув скористатися. Яскраво-червоний промінь концентрованої енергії вдарив у платформу «Каракурта», відкинувши її і нас разом з нею на кілька метрів назад. На щастя, ні я, ні мій напарник серйозно не

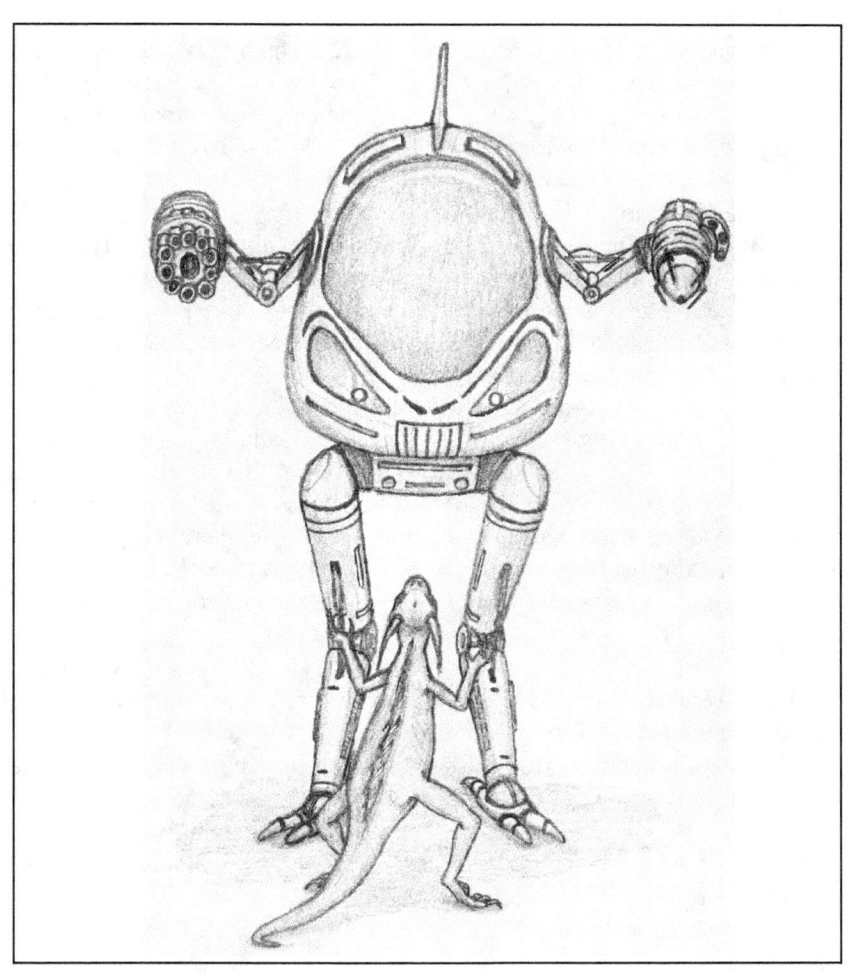

Лезо Темряви проти Голіафа. Ілюстрація Олександра Іщенко.

постраждали, відбившись лише забоями та подряпинами. Джек навіть не звернув на них уваги і продовжив наступ. Секунда - націлювання, друга - постріл, третя - і страхітлива лазерна гармата зникла у спалаху вибуху власного генератора. Могутній робот похитнувся, але встояв на ногах.

- Ще не впав, - навіщось зауважила я.

Мисливець промовчав і зробив два послідовних пострілу по суглобах механічних кінцівок супротивника. З них тут же бризнули іскри, повалив дим, ноги вивернулися в сторони, підтримувана ними платформа похилилась, і вся махина «Голіафа-Мелеагріса» звалилася на бік, здійнявши фонтан землі, трави та каміння.

- Впав, - переможно констатував Джек.

Я підвелася і перевела погляд на робота пана Мірандеріка і Лезо Темряви, який повзав по ньому: моторний ящір вже встиг знешкодити кулеметну установку і тепер підбирався до генератора лазерної гармати. Можна було здогадатися, що він підгледів тактику Джека і намагався слідувати їй.

«Вельми кмітлива істота», - подумала я, вкотре дивуючись розумовим здібностям нашого лускатого одного.

Ось Лезо Темряви повис на стовбурі гармати і почав віддирати обшивку генератора. «Мелеагріс» різко смикнувся в черговій спробі скинути невловиму тварину ...

- Джессі, бережися! А-АРХ-Х! - почула я крик, і Джек впав на траву поруч зі мною. З його правого плеча сочилася кров.

- Що тра ..., - почала було я, але мисливець сильним поштовхом уклав мене на землю. У наступну секунду над нашими головами прочертив тонку лінію лазерний промінь.

- Краймерс вибрався з кабіни. У нього пістолет, - роз'яснив все Джек, тримаючись рукою за рану в плечі. Я відразу зрозуміла, що мій напарник мене прикривав, прийнявши постріл на себе. Незрозумілим чином це знову підігріло мою кров і підняло з глибин свідомості новий напад гніву.

Недовго думаючи, я вихопила снайперську рушницю з руки Джека і схопилася на одне коліно. У декількох сантиметрах від мого правого вуха промайнув смертоносний промінь, але я навіть не звернула на нього уваги.

Я глянула в оптичний приціл. Хоча це, здавалося, було зайвим - я знала ... я відчувала свою ціль.

Я вистрілила.

В окуляр прицілу я з похмурим задоволенням побачила, як тонка біла з блакитним відтінком нитка лазера наскрізь пронизала ліву частину грудей противника, його серце і випалила маленьку плямочку в обшивці кабіни робота позаду нього. Доктор Краймерс впав замертво.

— Твоє серце завжди було холодним до мене. Так нехай воно взагалі таким і залишиться, — мимоволі процідила я крізь зуби, після чого опустила рушницю.

Туман ненависті відступив. Чорна діра в моїй душі зникла, забравши з собою все, що колись пов'язувало мене з Альфредом Гюстафом Краймерсом. «Як же швидко це сталося! — подумала я, — Може, Краймерсу там було не місце? Може, це місце призначалося для когось іншого? І це був вже не інший, а саме ТОЙ ... І це був ... ».

Джек взяв назад свою рушницю й докірливо подивився на мене.

— Ти, будь ласка, обережніше, красуне. Я не хочу втратити тебе.

У відповідь я з подякою і вдячністю глянула на мисливця, і наші погляди зустрілися. І було таке відчуття, ніби вони тільки цього й чекали, шукали, сподівалися і, нарешті, серед хаосу, небезпеки і смерті знайшли один одного. Весь світ раптом відійшов на задній план; навіть гуркіт від падіння «Мелеагріса» пана Мірандеріка здавався далеким відлунням зруйнованих ілюзій ...

Я в збентеженні відвела очі. Помітивши рану Джека, яка все ще кровоточила, я поспішно відірвала свій рукав і стала перев'язувати їм постраждале плече свого напарника. Той мовчки стежив за цією польовою медичною допомогою.

Раптом до нас донісся хлопок, а потім приглушене гарчання і кашель. Ми повернулися на звук і побачили, як пан Мірандерік поспішно вибирався з кабіни пошкодженого «Мелеагріса», а неподалік Лезо Темряви, задихаючись, намагався знайти вихід з величезної хмари сірого диму, що клубився над полем битви.

— Газова граната, щоб зупинити занадто нахабного противника, — прокричав Лео, помітивши нас, — невід'ємний елемент прихованого боєкомплекту «Мелеагрісов».

Потім директор GEC зістрибнув з корпуса робота на землю, випростався і, взявшись у боки, обвів поглядом покручені купи металобрухту, що були колись бойовими машинами «Каракурта» і «Голіафами-Мелеагрісамі».

— І створили же ви мені проблемок, — знову почули ми його голос, — ну нічого, скоро цей спектакль закінчиться. Я вже викликав агентів компанії, так що приблизно через півгодини сюди нагрянуть мої бравi хлопці. А до їх прибуття я встигну, нарешті, поставити велику жирну крапку в нашій угоді.

За той час, поки пан Мірандерік виголошував свою чергову фінальну мову, Джек встиг підібрати рушницю, перезарядити її і націлитися на супротивника. Однак, поглянувши в окуляр прицілу, він голосно вилаявся, пославши директора далеко і надовго.

- Що там таке? - поцікавилася я, обережно визираючи з-за високої трави. Як виявилося, пан Мірандерік встиг сховатися за платформу другого «Каракурта», поваленого пострілом Джека, і зараз наводив на нас його плазмову гармату. Схоже, що вона залишилася в робочому стані. І в наступну секунду ми в цьому переконалися: пролунав постріл, і невелика яскраво-блакитна куля плазмового заряду майнула в нашу сторону.

Тим не менш, вона так і не досягла своєї мети. Раптово на шляху заряду виникло велике лускате тіло, яке і взяло весь його удар на себе. Блиснув яскравий спалах, в усі сторони бризнула синьо-зелена кров, і Лезо Темряви з ревом від болю відлетів на кілька метрів назад.

Джек не став чекати другого залпу і влучним пострілом у саме дуло гармати розірвав її на частини. Вибухом пана Мірандеріка відкинуло до околиці галявини, до стовбура невисокого мускатного дерева[205].

Я глянула на Лезо Темряви: тварина постраждала від сильного опіку, в правому боці виднілася велика рвана рана, з якої текла кров, але все ж вона була жива. І зараз наш відважний рятівник сидів на траві і крутив своєю рогатою головою, намагаючись прийти в себе після пострілу.

- Він зможе відновитися, - повідомив мені Джек. - На щастя, гармата була пошкоджена і видала лише третину своєї енергії. В іншому випадку нашого безрозсудного друга розірвало б на шматки. Однак у нас ще залишилася незакінчена справа, - з цими словами мисливець вказав на директора GEC, який встав на ноги і, похитуючись від оглушення вибухом гармати, поспішив сховатися серед дерев і чагарників.

---

[205] Мускатні дерева, мускатники або мірістіки (лат. "Myristica") - невеликі вічнозелені дерева із сімейства мускатникових (Myristicaceae). У висоту досягають 9-12 метрів. Характеризуються великим шкірястим листям, світло-жовтими квітками і костянкоподібними плодами. Спочатку були поширені на Молуккських островах, звідки завезені в тропічні регіони усього світу. Відомо 9 видів. Насіння мускатника (мускатний горіх) використовується в харчовій промисловості, медицині, парфумерії, ароматерапії і тютюновій промисловості.

- Нам потрібно не дати Колобку воззʼєднатися зі своїми агентами, - говорив Джек, скочивши на ноги і допомагаючи піднятися мені, - інакше ми вже не зможемо йому протистояти.

Отже, залишивши на полі недавньої битви несвідомого Азула і пораненого Леза Темряви, ми погналися за паном Мірандеріком. Минувши галявину, поцятковану уламками бойових роботів, ми пірнули в прохолодну напівтемряву тропічного лісу. Слідами в ґрунті і зламаним гілкам чагарників ми легко визначали шлях, яким пробирався утікач, і, мабуть, швидко його наганяли.

Через хвилин десять - пʼятнадцять погоні я почула ззаду шерех листя. Швидко озирнувшись, я помітила могутнє лускате тіло з раною в боці, що промайнуло серед переплетення ліан. Джек теж побачив Лезо Темряви.

- Давай, красавчик! - прокричав йому мисливець, немов звертаючись до свого вірного пса. - Візьми його, мій хлопчик! Фас!

Сам же Джек помітно відставав - видно було, що втрата значної кількості крові при пораненні погано позначилася на його силах. Тим не менш, мій напарник намагався цього не показувати і навпаки підбадьорював мене і Лезо Темряви.

Раптом дерева переді мною розступилися і я опинилася на краю досить високого обриву. Знизу долинав шум річки, що подолала камʼянисті пороги. А попереду виднілася вершина єдиної гори острова С***, що височила над джунглями.

Озирнувшись, я помітила втікача - пан Мірандерік стомлено біг по краю обриву, кожну мить ризикуючи зірватися і впасти в пінистий потік внизу. Зібравши останні сили, я вирушила за ним. За спиною почувся важкий тупіт армійських черевиків Джека, а праворуч в густому листі - шурхіт від ящера, який перестрибував з дерева на дерево.

Тепер ціль була в межах досяжності для пострілу, і я вирішила скористатися своїм пістолетом-транквілізатором. Не зменшуючи ходу, я витягла його з кишені, як змогла націлилась і натиснула на курок. З тихим вихлопом дротик зі снодійною речовиною вилетів зі ствола, подолав відстань між мною і паном Мірандеріком і вперся йому в спину трохи нижче лівої лопатки. Директор скрикнув і, зігнувшись, спробував дістати дротик, однак під дією снодійного похитнувся, втратив рівновагу і в наступну секунду впав з обриву.

«От і кінець!» - з полегшенням подумала я.

Але тут сталося щось несподіване. Із зеленої завіси джунглів, вчепившись передніми лапами і хвостом за довгий пучок ліан, вискочив Лезо Темряви і без зволікання пірнув вниз в обрив. Ліани натягнулися, різко сіпнулися і, немов трос при стрибках банджі[206], витягли ящера разом з обм'якнувшим тілом пана Мірандеріка, якого той тримав зубами за ногу, назад на край обриву. Лезо Темряви стомлено опустився на всі чотири лапи і недбало відкинув тіло директора в сторону. Воно, як ганчіркова лялька, відлетіло до найближчого стовбуру деревоподібної папороті, вдарилося об нього, та так і залишилося лежати там в безглуздій позі.

- Схоже, що пан Мірандерік навіщось ще потрібен нашому другові, - важко дихаючи, сказала я підоспілому в цей час Джеку.

На цьому мій організм, який не випробовував раніше таких важких навантажень і стресу, просто відключився, і я повалилася на землю. Відчувши сильний удар головою об щось тверде, можливо, камінь, я втратила свідомість.

Розділ XVIII.
Кінець початку.

Я прокинулася від гучного безперервного стрекотіння та легкої тряски. Розплющивши очі і озирнувшись, я з подивом зрозуміла, щознаходилась у вертольоті GEC, що летів над кронами дерев. Зліва від мене сидів Азул, який прийшов до тями, його рана майже затягнулася, а праворуч розвалився приспаний мною пан Мірандерік. Поруч з ним, вчепившись передніми лапами і хвостом за поручні, стояв Лезо Темряви. Він наполовину висунувся з відкритих дверей кабіни і, немов собака, насолоджувався прохолодними потоками повітря, що били йому в морду. Керував вертольотом Джек, який посів крісло пілота попереду.

Помітивши, що свідомість повернулася до мене, Азул повернувся, привітав мене і широко посміхнувся.

- З поверненням в наш світ пригод і сюрпризів! - долинув з місця пілота радісний голос мого напарника. - Ти в порядку, красуне?

- Так, тільки забилася ... трішки, - відповіла я, потираючи здоровенну шишку у себе на потилиці, - як ми опинилися тут? Що взагалі сталося?

І Джек розповів мені, як через кілька хвилин після того, як я втратила свідомість, нас знайшли агенти компанії, викликані її директором. У їх розпорядженні було два вертольоти, чотири снайпери з гвинтівками і шістка охоронців з пістолетами. Однак у Джека в руках опинився

---

[206] Стрибки банджі або банджі-джампінг (англ. «Bungee jumping») - різновид атракціону, в якому учасники, прив'язані до довгого гумовому канату, стрибають з висоти. Після максимального розтягування канат скорочується і різко піднімає стрибуна назад вгору.

козир на ім'я Леонардо Мірандерік, яким він і не забув скористатися. Націливши дуло своєї снайперської рушниці у вухо директору GEC, який глибоко спав, мисливець наказав усім агентам скласти зброю в один з вертольотів і відійти до краю обриву, що вони зробили беззастережно. Адже нікому не хотілося брати на себе відповідальність за смерть глави всієї компанії.

Після цього Джек вивів з ладу другий вертоліт, прострілявши його контрольну панель, і став заносити моє несвідоме тіло і сплячого пана Мірандеріка в першу літальну машину, в той час як Лезо Темряви не зводив очей з загону снайперів і охоронців. Закінчивши з навантаженням, мисливець завів вертоліт, свиснув ящерові, той заскочив у кабіну, і разом вони злетіли геть від агентів. Далі Джек направив машину на галявину, де сталася битва з роботами пана Мірандеріка і доктора Краймерса. Забравши звідти Азула, мій напарник взяв курс на село Сололеадас.

- Наш план такий, - говорив Джек, вміло керуючи вертольотом, - спочатку ми заскочимо до Сололеадас, їм Азул повідає всю бридку історію про Колобка і його компанію. Ми роздамо їх мисливцям зброю і запропонуємо допомогти нам у штурмі лабораторії GEC. Поки молодці Сололеадас будуть роз'яснювати охоронцям компанії етичні принципи і демонструвати своє право на свободу, ми використовуємо це чудовисько, - мій партнер кивнув у бік пана Мірандеріка, - як прикриття і ключ доступу до його особистого кабінету. Звідти ми зробимо кілька дзвінків до відповідних органів типу Глобального комітету з етики, які швидко спорядять на острів загін поліції, щоб назавжди прикрити цю капость під назвою GEC. Разом, один-нуль на користь хороших хлопців. Прям як у кіно, - посміхнувся тут мисливець.

Я погодилася із запропонованим планом, висловивши сподівання на його безперешкодну та успішну реалізацію. В цілому так і вийшло.

Сонце вже сідало за верхівки дерев, змушуючи їх спалахувати золотим полум'ям на тлі темніючого неба, коли наш вертоліт завис над хатиною Кабеза Релампагеі, вождя Сололеадас. За допомогою гучномовця Азул скликав на площу жителів села і розповів їм всі подробиці про брудну і нелюдську діяльність пана Мірандеріка і його дітища, GEC. Багато хто вже підозрював нечисте відносно компанії до Сололеадас, але або не знали всіх деталей, або не наважувалися про них говорити, побоюючись агентів GEC. Далі хлопчик звернувся до чоловіків свого племені з проханням про допомогу в нападі на лабораторний комплекс компанії і відверненні її основних охоронних сил для того, щоб ми змогли проникнути в кабінет директора. Він розповів їм, що всі добровольці отримають зброю, і попросив їх використовувати її лише за нагальної потреби проти охоронців і агентів GEC. Сололеадас з радістю зустріли наш намір покінчити із злочинними справами компанії, що експлуатувала їх, і швидко розхапали скинуті нами гвинтівки і пістолети. Як я вже згадувала, багато з цих людей знали або підозрювали про кривавий зв'язок діяльності GEC зі зникненням своїх друзів і близьких. Тому ми не могли приборкати їх спрагу помсти, проте все ж сподівалися уникнути безглуздої бійні і людських жертв.

Отримавши підтримку Сололеадас в реалізації нашого плану, Джек розвернув вертоліт і направив його до будівлі лабораторії. За ним без зволікання рушив загін озброєних мисливців племені. Всі ми були сповнені рішучості і впевненості в успіху.

Звісно ж, охорона GEC була сповіщена про нашу перемогу в протистоянні з паном Мірандеріком і доктором Краймерсом, захопленні в заручники директора та викраденні вертольота. Вона також передбачала, що ми попрямуємо в головну лабораторію компанії. Однак охоронці, які вибігли нам назустріч, не очікували побачити натовп готових до битви Сололеадас з гвинтівками в руках. Вони відразу ж поспішили відступити і сховатися в будівлі, надавши дюжині «Каракуртів» і четвірці «Голіафів» зустрічати непроханих гостей. Зав'язалася запекла стрілянина.

Серед куль, що свистіли у повітрі, і смертоносної павутини лазерних променів Джек зумів посадити вертоліт навпроти головного входу в лабораторію. Користуючись все ще несвідомим тілом пана Мірандеріка як щитом, ми попрямували до будівлі: попереду мій напарник тягнув директора, за ним йшла я, допомагаючи ослаблому від недавнього поранення Азулу, а замикав наш загін збуджений пригодою Лезо Темряви. Джек ще встиг скористатися своєю снайперською рушницею і знищити найближчого «Каракурта», перш ніж ми сховалися за вхідними дверима лабораторії.

У самій будівлі ми не зустріли опору: вчені та обслуговуючий персонал від страху розбіглися по сусідніх приміщеннях, а охоронці, помічаючи полоненого начальника, давали нам пройти. З системою безпеки теж не виникло проблем: ідентифікаційна картка з кодами доступу, знайдена в кишені піджака пана Мірандеріка, його долоня і очі відкривали перед нами всі потрібні двері. До того ж, двічі завітавши до кабінету доктора Краймерса, я без труднощів ці двері знаходила. Так ми безперешкодно дісталися до сектору персоналу і проникли в нього.

Особистий кабінет директора GEC неважко було знайти - я відразу вказала на величезні різьблені двері в кінці коридору поруч з апартаментами доктора Краймерса. Проникнути всередину також не склало особливих труднощів. В черговий раз використавши пана Мірандеріка як ключ, ми відкрили двері й опинилися в величезному залі, обставленому шикарними меблями з мармурового кедра ручної роботи, витонченими мармуровими статуями верховних богів з Пантеону[207] різних древніх релігій і декількома мініатюрними, але не менш красивими водоспадами і фонтанчиками. На стінах між статуй богів висіли великі портрети деяких дуже важливих персон, ймовірно, членів родинного дерева Мірандеріків. А в кінці залу прямо навпроти вхідних дверей розміщувався широкий різьблений письмовий стіл і шкіряне крісло з високою спинкою і логотипом GEC на ній. Все це в черговий раз підтверджувало вже давно відомий нам факт: пан Мірандерік обожнював розкіш і підвищену увагу до себе коханого.

Пройшовши по залу, ми побачили ще двоє дверей: ті, що була праворуч від нас, вели в не менш шикарну спальню з величезним ліжком, а ліворуч - в центр зв'язку і управління комплексом лабораторії. Туди-то нам і потрібно було.

Центр управління являв собою досить велике приміщення, суцільно заставлене потужними комп'ютерами, рядами серверів, широкими дисплеями, голографічними проекторами і шафами з інформаційними носіями. За допомогою такого комп'ютерного комплексу можна було б командувати цілою армією бойових роботів.

Посадивши пана Мірандеріка в одне з крісел і залишивши його під наглядом Азула і Леза Темряви, ми цілком занурилися в роботу на комп'ютерах. В першу чергу Джек знайшов термінал охоронної системи та перепрограмував всіх роботів, задавши їм команду змінити мету і наступати на охоронців і агентів GEC, відкриваючи вогонь тільки як попередження. У цей самий час я розкопала в нетрях архівних файлів все, що стосувалося діяльності компанії з розробки та тестування генетичної зброї, і передала її своєму напарнику. Той потім почав зв'язуватися з відповідними міжнародними організаціями і повідомляти їм про наше розслідування та відкриття, відправляючи знайдені мною матеріали як докази. Так нам вдалося поінформувати про події на острові С*** Центр з корпоративних злочинів Союзу Об'єднаної Землі, Глобальний комітет з етики та Міждержавну раду тихоокеанського регіону. Остання висловила готовність найближчим часом виділити загін спеціального призначення для взяття під охорону лабораторію GEC з усім її персоналом. Представник Ради пообіцяв, що спецназівці прибудуть на острів до завтрашнього ранку. Це нас цілком влаштовувало, оскільки, маючи в своєму розпорядженні центр управління пана Мірандеріка, ми могли швидко припиняти можливі спроби агентів компанії дістатися до нас.

Під час обговорення з Радою заключних деталей висадки її спецназу на острів ми раптом почули попереджувальний рик Леза Темряви.

---

[207] Пантеон (грец. "Πάνθειον" - храм усіх богів) - група богів, що належать до однієї релігії та міфології.

- Пане Мірандерік отямився, - пояснив Азул.

І дійсно, директор GEC почав соватися в кріслі, відкрив очі і обвів здивованим поглядом приміщення свого центру управління і всіх нас. Усвідомивши, нарешті, в якому становищі він перебував, пан Мірандерік відразу ж схопився на ноги і зробив спробу втекти. Однак дія транквілізатора проходила поступово, і організм директора ще погано слухався свого господаря. Та й Лезо Темряви був напоготові. Він обхопив ноги втікача своїм довгим і гнучким хвостом, перекинувши того горілиць, потім згріб його передніми кінцівками за відворот піджака і жбурнув назад у крісло. Я зразу ж притиснула його до спинки крісла, в той час як Джек, від'єднавши від найближчого сервера довгий і товстий дріт, почав прив'язувати до нього коротуна, що брикався. Після декількох відчайдушних спроб вирватися пан Мірандерік усвідомив, що силою нас не взяти, і вирішив пустити в хід свої улесливі промови.

Він пропонував нам стати разом з ним на чолі компанії і пожинати багаті плоди її діяльності, обіцяв нечувані суми на наших банківських рахунках, клявся відкрити нам необмежений доступ до надсекретних наукових розробок і технологій GEC ... Коли й це не допомогло, пан Мірандерік перейшов до погроз.

- Не робіть помилку, за яку можете поплатитися своєю свободою і життям, - суворо говорив він, поки Джек зв'язував йому ноги. - Ви зараз кидаєте виклик силі, якій не зможете протистояти. Сила ця об'єднує жадібних до влади чиновників і політиків, релігійних фанатиків і їх секти, мілітаристські і терористичні організації, самопроголошені держави та інших наших клієнтів. Вони скрізь: на всіх рівнях економічної, політичної та соціальної структури людського суспільства. І вони не допустять зникнення такого надійного постачальника влади зброї, як GEC... - наш бранець зробив паузу, багатозначно глянув на нас, після чого задумливо продовжив: - Так, зрозуміло, завдяки створенню і продажу зброї ми сприяємо вбивству людей і руйнуванню. Проте її використання - це вибір кожної окремої людини... її право як домінуючої істоти на цій планеті. Наша компанія просто дає можливість використовувати це право, а вибір вже робить сама людина. І як показує високий попит на нашу продукцію, вона їм обов'язково скористається. Особливо в час надзвичайної виснаженості природних ресурсів та назріваючих міжнародних конфліктів за їх володіння і використання... Адже визнайте ж, що боротися, володіти, управляти, домінувати і панувати - це все закладено в самій сутності Людини і її ролі в цьому світі. І, виступаючи проти всього цього, проти Людини, ви стаєте ворогом суспільства...

На цьому мова пана Мірандеріка завершилася, тому що мисливець засунув йому в рот кляп з ганчірки для чищення моніторів, що валялася неподалік. Потім Джек нахилився до директора, пильно глянув йому в очі і промовив:

- Що ж, згідно з Вашою логікою, якщо ти виступаєш проти неетичних і руйнівних дій, це означає, що ти - ворог суспільства. Якщо ти борешся проти жадібності і несправедливості, це означає, що ти - ворог суспільства. Якщо ти вибираєш жити згідно з власними віруваннями і цінностям, то ти - ворог суспільства. Якщо ти настільки відрізняєшся від таких, як ви, пане Мірандерік, то ти - ворог суспільства... На мою думку, досить дивна і обмежена логіка. Однак я не буду Вас в ній переконувати - такий вибір зробили Ви. Я лише скажу, що у нас теж є вибір. І ми вважаємо, що набагато краще бути засудженим як «ворог суспільства» і пожертвувати всім за істинне Добро, ніж вважатися спільним «другом» і схилятися перед замаскованим Злом.

Мисливець замовк і випростався. У кімнаті запанувала тиша. Навіть Лезо Темряви мовчки дивився на Джека, немов зрозумів зміст його слів.

Через деякий час я порушила мовчання, запропонувавши ще раз приспати директора, але мій напарник похитав головою.

- Бадьорий Колобок нам буде корисніше. На випадок, якщо знадобиться пароль до засекречених файлів, з директора, який мирно сопе, ми навряд чи зможемо що-небудь вивудити. Так що нехай так сидить.

І ми залишили пана Мірандеріка, що брикався та мукав крізь кляп, і повернулися до переговорів з Радою та іншими міжнародними правоохоронними організаціями.

Закінчили ми вже пізно вночі. Відправивши останнім голографічне повідомлення, я втомлено обперлася на спинку крісла. Постійна напруга і стрес протягом усього дня давали про себе знати: голова гула і розколювалася, у всьому тілі відчувалася слабкість, а ніг я майже не відчувала. Джек, схоже, зауважив мій стан, тому що підійшов до мене, ніжно поклав руку на моє плече і лагідно поцікавився:

- Ти як, красуне? Втомилася?

- О так! - відгукнулася я. - Скажений видався день, чи не так? Але все начебто закінчилося добре, і це радує.

- Тоді, може, ляжеш відпочити в спальні Колобка? - запропонував мій напарник. - Я можу... загалом... побути з тобою.

- А як же пан Мірандерік? - озирнулася я на директора, який дивився на нас поглядом, повним ненависті.

- Цей карапуз вже досить попустував і тепер нікуди не дінеться. Я міцно зв'язав вартових собак, - з цими словами мисливець кивнув у бік Леза Темряви. Рогатий ящір разом з Азулом з цікавістю вивчав комп'ютерні термінали, виколупуючи клавіші з клавіатур, пробуючи на смак мишки і розкручуючи кігтями електронну начинку системних блоків. Однак за цими захоплюючими справами він не забував про нашого бранця, часто поглядаючи в його сторону. Вірно, з такою сильною, спритною, чуйною і кмітливою твариною можна було не побоюватися непередбачених фокусів пана Мірандеріка.

- Надзвичайно дивовижне створіння! - промовила я вголос, розглядаючи Лезо Темряви. - Хотіла б я відвезти його до нашого Дослідницького центру для більш детального вивчення його повадок і роботи мозку... Ну гаразд, ходімо.

Я спробувала підвестись, але Джек, не кажучи ні слова, схопив мене, легко, немов пушинку, підняв з крісла й поніс на руках у спальню. Виходячи з центру управління, він попередив Азула, щоб той наглядав за паном Мірандеріком і Лезом Темряви і в разі чого біг до спальні оповістити нас. Хлопчик слухняно кивнув і побажав нам на добраніч. Директор GEC провів нас злобним поглядом. Ящір ж був занадто захоплений жуванням ізоляційного покриття на проводах голографічного проектора і не звернув на нас уваги.

Джек приніс мене в спальню директора і з ніжністю поклав на величезне ліжко. Я відразу ж потонула в її м'яких обіймах. Мисливець присів поруч, глянув на мене і посміхнувся. Я посміхнулася йому у відповідь.

- Як твоє плече? - через деякий час запитала я, згадавши про поранення від пострілу доктора Краймерса.

- О, все гаразд, - відповів мій напарник і показав ледве помітний рубець на правому плечі, - досить було нашому лускатому доктору лизнути його декілька разів, щоб рана швидко загоїлася.

Знову запанувала мовчанка. Однак вона була не обтяжливою, а скоріше приємною: ми насолоджувалися присутністю один одного. І в словах тут не було необхідності. Та й дуже важко описати словами те, що коїлося у мене в душі. Там більше не було порожнечі - вся моя сутність наповнилася чимось всеосяжним, світлим, чистим і чудовим. Тим, що накопичувалося в глибинах мого серця з самого початку пригод на острові С***.

Це був образ чоловіка, але не того ідеального чоловіка, якого я шукала всі минулі роки. У цього образу було безліч недоліків... Парадоксально, але це мені подобалося! Недоліки ці надавали образу реалістичності, досяжності, унікальності і відкритості. І поруч з ним я не відчувала себе обмеженою і непотрібною - ми були на одному рівні.

Звісно ж, у цього образу були й переваги: відданість, турбота про ближніх, готовність завжди прийти на допомогу, впевненість у собі та своїх товаришах, цілеспрямованість, безстрашність, почуття гумору, нехай і не завжди успішне, і багато іншого. І всі разом: переваги і недоліки в поєднанні з привабливими зовнішніми даними, надавали образу неповторності і наділяли його притягальною і досяжною енергією життя. І він зараз, та й весь час, проведений на острові С***, був тут, поруч зі мною. Просто досі я відмовлялася це усвідомлювати.

Так деколи ми самі створюємо собі проблеми в особистому житті: весь час ми шукаємо ідеал, який навряд чи нам підійде і якого, можливо, і не існує, коли поруч може бути той «недосконалий», який ідеально доповнює нас і, на якого слід звернути увагу. Адже саме гармонія переваг і недоліків, сильних і слабких сторін, плюсів і мінусів робить кожну істоту унікальною, цікавою і привабливою. Це і є Ідеал Матері Природи.

Хоча, можливо, життя спочатку навмисне зводить нас з «невідповідними» людьми, щоб коли ми зустрінемо того Єдиного і Свого, ми дійсно цінували і любили Його...

Я, нарешті, цілком відчула, що гармонія образу в моїй душі ідеально підходила до мене і що я дійсно знайшла Його...

- Я дуже переживав за тебе, - раптом вимовив Джек, дивлячись мені в очі.

- Я знаю, - відповіла, погладжуючи його сильну жилаву руку.

Мисливець взяв мою долоню в свої руки, потупився, густо почервонів, потім різко видихнув і знов звернув на мене свій погляд. Я побачила в ньому рішучість і...

- Джессі, ти мені дуже подобаєшся...

Я вже знала, що він скаже далі.

- Я кохаю тебе.

Серце моє затремтіло від щастя. Нарешті! Ніякого більше обману і підлих намірів! Це було чисте, щире зізнання. Освідчення в коханні від образу, який став реальністю. Тут і зараз.

Я привернула Джека до себе, ніжно обійняла його за шию і потилицю, а потім, заглядаючи в його прекрасні чорні очі, прошепотіла:

- Я так чекала цих слів, Джек. Дякую, що наважився висловитися. І... я теж... кохаю тебе.

Ми були зовсім близько. Ми дихали одним повітрям. Ми відчували звабливий запах один одного. Ми линули один до одного.

Відстань між нами повільно скорочувалася. Ми не поспішали - час ніби завмер, зачарований єднанням двох до цього моменту самотніх сердець.

І ось губи наші торкнулися... і стали єдиним пристрасним, гарячим, збуджуючим поцілунком.

Але ми жадали бути ще ближче, повністю відчути один одного і з'єднати наші почуття, серця і тіла воєдино, в одну єдину чудотворну любов. І ми зважилися на це. І стала ця ніч для нас чарівною, коли всі наші почуття і бажання, досі приховувані всередині, вирвалися на волю...

І поки ми насолоджувалися взаємною любов'ю, через вікно з чистого зоряного неба нами милувався яскравий молодий місяць. Його ніжно-блакитне світло осявало наші тіла, що з'єдналися в любовній пристрасті, а також розливався по верхівках дерев тропічного лісу за вікном, тонкими стрілами пронизуючи їх крону і встромлюючись в родючий ґрунт під нею. І там, в напівтемряві, наповненим життям, Мати Природа, як і ми, любила і творила...

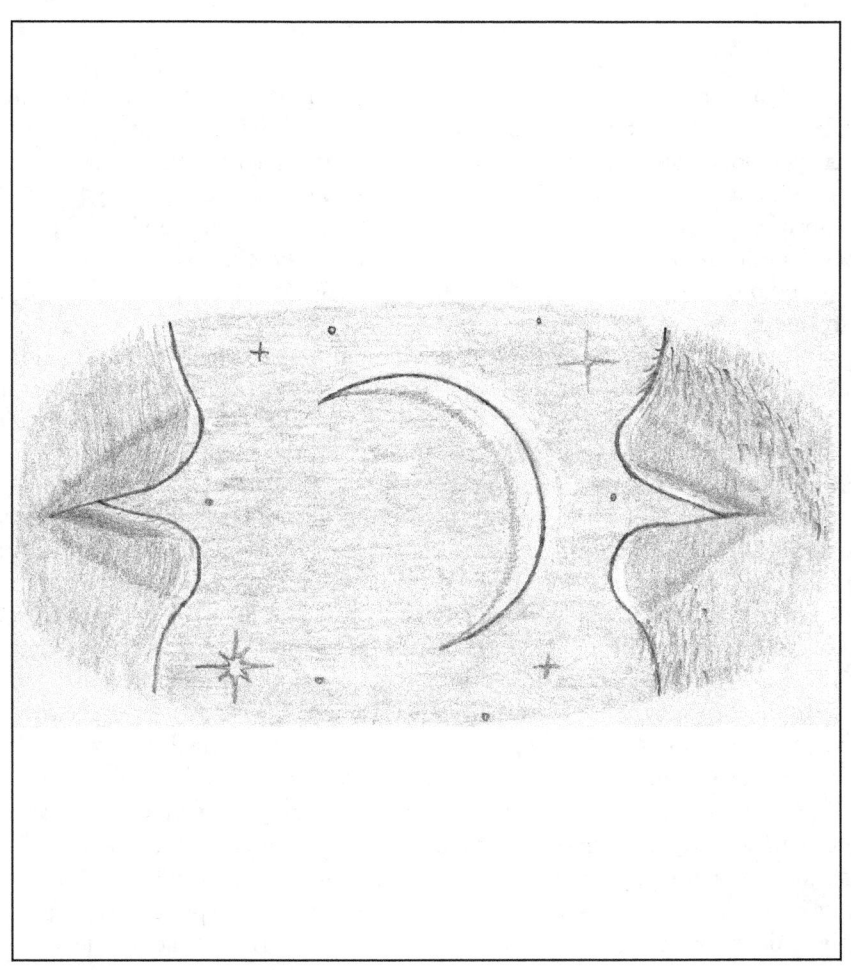

Поцілунок в ночі. Ілюстрація Олександра Іщенко.

Епілог.

Рано вранці прибув загін спеціального призначення Міждержавної ради тихоокеанського регіону. Чотири тригвинтові бойових вертольоти класу «Неофрон» висадили на острів С*** близько двадцяти озброєних променевими рушницями азіатів різної національності у камуфляжній формі. Вони зразу ж взяли під охорону комплекс лабораторії GEC разом з усім його персоналом і стали чекати прибуття офіційної робочої групи по відкритій завдяки нам справі про незаконну і нелюдську діяльність компанії пана Мірандеріка.

Довго чекати не довелося - опівдні на посадковий майданчик поруч з будівлею лабораторії опустився невеликий сріблястий пасажирський літак «Ібіс». З нього вийшли голова Міждержавної ради тихоокеанського регіону Найя Ханна, директор Центру з корпоративних злочинів Сіро Акарус, заступник керуючого Глобального комітету з етики Олексій Форміков, представник Організації з реабілітації жертв стихії (ORNDV) Марія-Міхаела Крістатус, а також засновник і керівник глобальної неурядової організації з охорони навколишнього середовища «Свобода Землі» Рікардо Дінастіс. Всі вони вже встигли ознайомитися з відправленими нами документами, які відкрили справжнє обличчя GEC, тому група негайно взялася до роботи. Вони взяли у нас інтерв'ю, допитали співробітників компанії, самого директора, деяких представників Сололеадас і їх вождя, оглянули і зареєстрували приміщення і обладнання, що використовувалися для експериментів над Сололеадас, а також провели ретельний пошук і аналіз всіх доказів, що підтверджували проведення цих експериментів. Ми, звичайно ж, допомагали новоприбулим, як могли. В результаті на наступний день відбулася нарада робочої групи, на якій було прийнято рішення зупинити діяльність компанії, заморозити її рахунку, заарештувати весь її персонал і винести справу на розгляд Верховного Суду Союзу Об'єднаної Землі.

Таким чином, всі робітники, вчені та охоронці GEC, включаючи самого директора, були взяті під арешт і відправлені в модернізований тюремний комплекс підвищеної охорони на острові Норфолк[208] для очікування суду. Засідання Верховного Суду відбулося через місяць, на якому всім особам прямо або побічно причетним до жахливих експериментів GEC була винесена вища міра покарання - довічне

---

[208] Норфолк (англ. "Norfolk Island") - невеликий острів в Тихому Океані, розташований між Австралією, Новою Зеландією і Новою Каледонією. Площа - 34,6 км2, довжина берегової лінії - приблизно 32км. Чисельність населення - близько 2300 осіб. З 1788 по 1854 Норфолк був колонією суворого режиму для різних злочинців з Англії та Австралії.

ув'язнення з повною конфіскацією майна на користь Союзу Об'єднаної Землі і Сололеадас. При цьому пан Мірандерік отримав ще додатковий вирок як організатор корпоративного злочину і головний відповідальний за смерть людей на острові С***. Вирок складався в ув'язненні його в сучасній тюремній фортеці особливо суворого режиму «Новий Алькатрас» на відомому острові Алькатрас[209], куди колишній директор злощасної компанії і був переправлений відразу ж після засідання суду.

Також за рішенням Верховного Суду всі ліцензії та сертифікати на проведення досліджень та здійснення ділових операцій у GEC були відкликані, що ознаменувало кінець існування компанії. Будівля лабораторії і все обладнання всередині були передані ORNDV. На сьогодні там знаходиться Центр медичної допомоги та притулок для постраждалих від природних катаклізмів і «кліматичних біженців»[210] в Тихоокеанському регіоні. Керує Центром одна з учасниць робочої групи і з тих пір наш дуже хороший друг - Марія-Міхаела Крістатус.

Саме вона від імені ORNDV запропонувала племені Сололеадас безоплатну допомогу для повернення на материк, придбанні житла, працевлаштуванні і в цілому в поверненні до цивілізованої суспільного життя. Однак, ті на наш подив відмовилися залишати острів С***. Як стверджували самі Сололеадас, за межами цієї невеликої ділянки суші у них нікого не було, а тут вони вже звикли до місцевих умов і згуртувалися як єдина соціальна група. Так плем'я Сололеадас залишилося на острові і незабаром отримало повне право володіння і розпорядження ним. Зараз їх поселення розширюється і процвітає, а його жителі складають основний персонал Центру медичної допомоги ORNDV і охороняють заповідну територію острова С*** з її унікальною екосистемою, полем смертоносної і водночас чудодійною Скорпіоновою травою і таємничим лігвом ще більш таємничого Леза Темряви.

Що ж можна розповісти про нас: про мене, Джека, Азула і Лезо Темряви?

Як я вже згадувала на самому початку цієї незвичайної історії, моїм чоловіком є найкраща людина у світі, як я вважаю. Звісно ж, це Джек Андер. Через два місяці спільного проживання після повернення

---

[209] Алькатрас (англ. "Alcatraz") - невеликий острів в затоці Сан-Франциско в штаті Каліфорнія, США. В ході історії острів використовувався як захисний форт, пізніше як військова в'язниця, а потім як в'язниця посиленої охорони для особливо небезпечних злочинців.

[210] Кліматичні біженці або екологічні мігранти - особи, які залишили країну проживання під впливом наслідків глобальної зміни клімату або інших причин, пов'язаних з негативним впливом забрудненого навколишнього середовища на мешканців країни.

з острова С*** ми зіграли скромне, але воістину чудову весілля у Флориді, США. Воно пройшла в тісному колі найближчих друзів серед чудової дикої природи Національного парку Еверглейдс[211]. Зараз ми насолоджуємося сімейним життям недалеко від цього парку у великому, але затишному особняку Джека.

Я продовжила наукову та природоохоронну роботу в Дослідницькому центрі біологічних наук (BSRC). Чоловік мій теж захопився захистом природи і збереженням біорізноманіття на нашій планеті. Разом ми вступили в організацію «Свобода Землі» і беремо активну участь у різних проектах разом із ще одним нашим вірним другом, знайденим на острові С***, Рікардо Дінастісом та іншими її членами.

Пліхати разом з нами в Америку ми запросили Азула, який з радістю погодився. Хлопчик дуже прив'язався до нас, і був вдячний за нашу допомогу його племені і турботу про нього самого. Зараз він щасливо живе з нами, вже ходить до школи і там швидко наздоганяє своїх однолітків. Я впевнена, що з нього виросте чудова людина з великим розумом, добрим серцем і широкою душею.

Поза сумнівами, ми взяли з собою і Лезо Темряви. Цікаве тварина нітрохи не чинило опір і, здавалося, було раде подивитися новий для нього світ. Воно з майже свідомою готовністю зайшло в клітку для транспортування великих ссавців і пролетіло на літаку, спокійно поглядаючи в ілюмінатори і жуючи Скорпіонову траву та інші рослини. І ось вже три місяці ящір насолоджується нашою турботою та увагою в спеціально створеному для нього просторому вольєрі в американській філії BSRC. Тут я і ще група друзів-учених займаємося дослідженням його способу життя, звичок, раціону харчування, інтелектуальних здібностей і так далі. Я вже закінчую свою першу наукову працю під назвою «Описова характеристика сімейства мегаловасілісків і його єдиного представника» на основі наших спостережень і дослідів. Слід зауважити, що за весь цей час Лезо Темряви жодного разу ні на кого не напав. Лише одного разу він злегка огризнувся, коли один з дослідників спробував запровадити йому під шкіру мініатюрний датчик для стеження за станом організму тварини і його пересувань. Після чого ми більше не пробували це зробити, а лише намагалися якомога доброзичливіше поводитися з нашим незвичайним вихованцем. І ми переконалися в

---

[211] Національний парк Еверглейдс (англ. "Everglades National Park") - національний парк, розташований в південній частині півострова Флорида в США. Займає територію в 6105 км2, яка в основному представлена болотистою місцевістю. У 1979 р парк Еверглейдс був включений в список Всесвітньої спадщини ЮНЕСКО.

тому, що навіть саме дике серце пом'якшає від чар ласки та любові.

Отже, ось і кінець моєї історії. Вона сповнена незвичайних моментів, незрозумілих явищ та невирішених загадок. Отже, нам ще доведеться повернутися на острів С*** і знову поринути в морок печери з незрозумілими написами і горезвісним лігвом Леза Темряви. У BSRC ми вже готуємо першу наукову експедицію, здатну пролити яскраве світло на таємниці цього острову, який виник раптово та круто змінив наші долі. Хоча, з іншого боку, ми самі приймали рішення, які і визначили весь наш подальший шлях.

Життя підносить лише полотно, але саме ти вибираєш фарби.

Оригінал: Серпень 2013 р.
Переклад: Травень 2016 р.

Замітка від 17 червня

  Кілька днів тому Лезо Темряви зник.
  Як і у випадку з його втечею з лабораторії ДЕС, ніхто не зміг зрозуміти, яким чином ця тварина змогла вибратися з вольєра, пройти повз охоронні системи і камери спостереження і при цьому залишитися абсолютно непоміченою. Пошуки, що велися по всьому Дослідному центру і навколо нього, ні до чого не призвели. Тільки вчора в вечірніх новинах повідомили, що робітник одного з навантажувальних кранів в морському порту Майамі-Біч нібито помітив гігантського рогатого ящера серед вантажних контейнерів, які він завантажував на судно з курсом на Нову Зеландію.
  Схоже, що Лезо Темряви вирішив спробувати повернутися на острів С***. Ну що ж, там його ареал, його рідна територія, його будинок. Безсумнівно, цей досить кмітливий ящір успішно добереться до острова. Там ми з ним і зустрінемося знову. Адже скоро експедиція на острів С*** буде готова.
  До скорої зустрічі, Лезо Темряви!

Джессі Сирок

Про автора.

Олександр Іщенко

Олександр Іщенко народився 9 травня 1985 року в місті Кишинів, столиці Республіки Молдова. З дитинства цікавився астрономією, анатомією тварин і людини, ентомологією, генетикою і екологією.

Олександр отримав освіту в Міжнародному університеті Молдови (www.ulim.md) і в Університеті Копенгагена (www.ku.dk) в області Економіки навколишнього середовища і природних ресурсів. Також він брав участь у кількох освітніх програмах у сфері захисту навколишнього середовища, лідерства та підприємництва в університетах Данії, Естонії, Латвії, Литви, Угорщини, Австралії та США.

Олександр пропрацював 4 роки науковим дослідником в Інституті економіки, фінансів і статистики (www.iefs.md) в Молдові. Як волонтер активно брав участь у розвитку та діяльності неурядових організацій AIESEC (www.aiesec.md) і JCI (www.jci.md) в Молдові. Також сприяв організації національної екологічної кампанії Hai, Moldova! (www.hai.md) і створенню унікального віртуального інструменту по візуалізації глобальної статистики забруднення відходами Waste Explorer (www.wasteexplorer.org). З 2012 року Олександр почав займатися соціальним підприємництвом і разом зі своїми колегами сприяв створенню глобальної платформи по документації, реалізації та оцінці еко-інновацій Dreamups (www.dreamups.org). А в 2013 році він разом з командою з 5 молодих людей також заснував і почав розвивати власну екологічну організацію - Академію з управління навколишнім середовищем в Молдові.

Літературну діяльність Олександр почав з 2003 року. Тоді з'явилися його перші пробні вірші, поетичні переклади і перший об'ємний та інтерактивний роман «Скорпіон». Тематика віршів і роману була зосереджена на красі і мудрості Природи, важливості і необхідності її збереження, філософських роздумах про місце і роль Людини в світі і про принади жіночої статі. За ранніми творами були ще сотні віршів і автобіографічна повість «З головою у світ інший» про поїздку автора в село Куниче в Молдові.

Перша книга Олександра була опублікована в 2007 році. Це був невеликий збірник творів під назвою «Роздуми: світ душі і серця мого. Вибране», який містив кілька десятків віршів, п'ять поетичних перекладів і дві короткі повісті - «Чорна діра» і «Дорога до щастя». Також кілька поетичних творів були опубліковані в 2009 році в альманасі «Золота строфа». Інші вірші автор розмістив на своєму літературному блозі «Роздуми» (www.ischenco-thoughts.blogspot.com).

Олександр почав роботу над романом «Чудовисько: Лезо Темряви» в 2000 році. У 2010 році був закінчений перший чорновий варіант твору. У 2013 році завершилася робота над редакцією і правкою тексту. І лише в 2014 році цей роман побачив світ. Це трапилося за підтримки батьків автора, Віри і Віктора Іщенко, яким Олександр безмежно вдячний.

ЗМІСТ:

Вдячність. 2
Слово автора. 4
Вступ. 5
Розділ I. 7
Розділ II. 10
Розділ III. 20
Розділ IV. 34
Розділ V. 42
Розділ VI. 48
Розділ VII. 53
Розділ VIII. 63
Розділ IX. 69
Розділ X. 79
Розділ XI. 94
Розділ XII. 107
Розділ XIII. 113
Розділ XIV. 128
Розділ XV. 146
Розділ XVI. 167
Розділ XVII. 182
Розділ XVIII. 204
Епілог. 214
Про автора. 219

Олександр Іщенко, Олександра Полівана, Лада Меркулова, Олександра Пахуріна.
Монстр. Лезо Темряви. Науково-фантастичний роман. 2000 – 2016 р. – Кишинів, 2016.

Олександр Іщенко
Олександра Полівана
Лада Меркулова
Олександра Пахуріна

МОНСТР:
Лезо Темряви

Науково-фантастичний роман

www.ingramcontent.com/pod-product-compliance
Lightning Source LLC
Chambersburg PA
CBHW071206240526
45470CB00018B/1521